老科学家学术成长资料采集工程
中国科学院院士传记丛书
中国工程院院士传记

铁轨丹心
沈志云传

田永秀 ◎ 著

1949 年	1957 年	1982 年	1991 年	1994 年
考入唐山工学院	赴俄国列宁格勒铁道学院机械系深造	赴美国麻省理工学院做访问学者 发明"沈-赫-叶氏理论"	当选中国科学院学部委员	当选中国工程院院士

老科学家学术成长资料采集工程
中国科学院院士传记丛书
中国工程院院士传记

轮轨丹心
沈志云 传

田永秀 ◎ 著

中国科学技术出版社
上海交通大学出版社

图书在版编目（CIP）数据

轮轨丹心：沈志云传／田永秀著．—北京：中国科学技术出版社，2017.4

（老科学家学术成长资料采集工程　中国科学院院士传记　中国工程院院士传记丛书）

ISBN 978-7-5046-7437-1

Ⅰ.①轮…　Ⅱ.①田…　Ⅲ.①沈志云-传记　Ⅳ.①K826.16

中国版本图书馆 CIP 数据核字（2017）第 067749 号

责任编辑	韩　颖　何红哲
责任校对	杨京华
责任印制	张建农
版式设计	中文天地

出　　版	中国科学技术出版社　上海交通大学出版社
发　　行	中国科学技术出版社发行部
地　　址	北京市海淀区中关村南大街 16 号
邮　　编	100081
发行电话	010-62173865
传　　真	010-62179148
网　　址	http://www.cspbooks.com.cn

开　　本	787mm×1092mm　1/16
字　　数	240 千字
印　　张	15.25
彩　　插	2
版　　次	2017 年 5 月第 1 版
印　　次	2017 年 5 月第 1 次印刷
印　　刷	北京华联印刷有限公司
书　　号	ISBN 978-7-5046-7437-1 / K・211
定　　价	65.00 元

（凡购买本社图书，如有缺页、倒页、脱页者，本社发行部负责调换）

老科学家学术成长资料采集工程
领导小组专家委员会

主　任：杜祥琬
委　员：（以姓氏拼音为序）
　　　　巴德年　陈佳洱　胡启恒　李振声
　　　　齐　让　王礼恒　王春法

老科学家学术成长资料采集工程
丛书组织机构

特邀顾问（以姓氏拼音为序）
　　　　樊洪业　方　新　谢克昌

编委会

主　编：王春法　张　藜
编　委：（以姓氏拼音为序）
　　　　艾素珍　崔宇红　定宜庄　董庆九　郭　哲
　　　　韩建民　何素兴　胡化凯　胡宗刚　刘晓勘
　　　　罗　晖　吕瑞花　秦德继　王　挺　王扬宗
　　　　熊卫民　姚　力　张大庆　张　剑　周德进

编委会办公室

主　任：孟令耘　张利洁
副主任：许　慧　刘佩英
成　员：（以姓氏拼音为序）
　　　　董亚峥　冯　勤　高文静　韩　颖　李　梅
　　　　刘如溪　罗兴波　沈林苣　田　田　王传超
　　　　余　君　张海新　张佳静

老科学家学术成长资料采集工程简介

　　老科学家学术成长资料采集工程（以下简称"采集工程"）是根据国务院领导同志的指示精神，由国家科教领导小组于2010年正式启动，中国科协牵头，联合中组部、教育部、科技部、工信部、财政部、文化部、国资委、解放军总政治部、中国科学院、中国工程院、国家自然科学基金委员会等11部委共同实施的一项抢救性工程，旨在通过实物采集、口述访谈、录音录像等方法，把反映老科学家学术成长历程的关键事件、重要节点、师承关系等各方面的资料保存下来，为深入研究科技人才成长规律，宣传优秀科技人物提供第一手资料和原始素材。

　　采集工程是一项开创性工作。为确保采集工作规范科学，启动之初即成立了由中国科协主要领导任组长、12个部委分管领导任成员的领导小组，负责采集工程的宏观指导和重要政策措施制定，同时成立领导小组专家委员会负责采集原则确定、采集名单审定和学术咨询，委托科学史学者承担学术指导与组织工作，建立专门的馆藏基地确保采集资料的永久性收藏和提供使用，并研究制定了《采集工作流程》《采集工作规范》等一系列基础文件，作为采集人员的工作指南。截至2016年6月，已启动400多位老科学家的学术成长资料采集工作，获得手稿、书信等实物原件资料73968件，数字化资料178326件，视频资料4037小时，音频资料4963小时，具有重要的史料价值。

采集工程的成果目前主要有三种体现形式，一是建设"中国科学家博物馆网络版"，提供学术研究和弘扬科学精神、宣传科学家之用；二是编辑制作科学家专题资料片系列，以视频形式播出；三是研究撰写客观反映老科学家学术成长经历的研究报告，以学术传记的形式，与中国科学院、中国工程院联合出版。随着采集工程的不断拓展和深入，将有更多形式的采集成果问世，为社会公众了解老科学家的感人事迹，探索科技人才成长规律，研究中国科技事业的发展历程提供客观翔实的史料支撑。

总序一

中国科学技术协会主席　韩启德

老科学家是共和国建设的重要参与者，也是新中国科技发展历史的亲历者和见证者，他们的学术成长历程生动反映了近现代中国科技事业与科技教育的进展，本身就是新中国科技发展历史的重要组成部分。针对近年来老科学家相继辞世、学术成长资料大量散失的突出问题，中国科协于2009年向国务院提出抢救老科学家学术成长资料的建议，受到国务院领导同志的高度重视和充分肯定，并明确责成中国科协牵头，联合相关部门共同组织实施。根据国务院批复的《老科学家学术成长资料采集工程实施方案》，中国科协联合中组部、教育部、科技部、工业和信息化部、财政部、文化部、国资委、解放军总政治部、中国科学院、中国工程院、国家自然科学基金委员会等11部委共同组成领导小组，从2010年开始组织实施老科学家学术成长资料采集工程。

老科学家学术成长资料采集是一项系统工程，通过文献与口述资料的搜集和整理、录音录像、实物采集等形式，把反映老科学家求学历程、师承关系、科研活动、学术成就等学术成长中关键节点和重要事件的口述资料、实物资料和音像资料完整系统地保存下来，对于充实新中国科技发展的历史文献，理清我国科技界学术传承脉络，探索我国科技发展规律和科技人才成长规律，弘扬我国科技工作者求真务实、无私奉献的精神，在全社会营造爱科学、学科学、用科学的良好氛围，是一件很有意义的事情。采集工程把重点放在年龄在 80 岁以上、学术成长经历丰富的两院院士，以及虽然不是两院院士、但在我国科技事业发展中作出突出贡献的老科技工作者，充分体现了党和国家对老科学家的关心和爱护。

自 2010 年启动实施以来，采集工程以对历史负责、对国家负责、对科技事业负责的精神，开展了一系列工作，获得大量反映老科学家学术成长历程的文字资料、实物资料和音视频资料，其中有一些资料具有很高的史料价值和学术价值，弥足珍贵。

以传记丛书的形式把采集工程的成果展现给社会公众，是采集工程的目标之一，也是社会各界的共同期待。在我看来，这些传记丛书大都是在充分挖掘档案和书信等各种文献资料、与口述访谈相互印证校核、严密考证的基础之上形成的，内中还有许多很有价值的照片、手稿影印件等珍贵图片，基本做到了图文并茂，语言生动，既体现了历史的鲜活，又立体化地刻画了人物，较好地实现了真实性、专业性、可读性的有机统一。通过这套传记丛书，学者能够获得更加丰富扎实的文献依据，公众能够更加系统深入地了解老一辈科学家的成就、贡献、经历和品格，青少年可以更真实地了解科学家、了解科技活动，进而充分激发对科学家职业的浓厚兴趣。

借此机会，向所有接受采集的老科学家及其亲属朋友，向参与采集工程的工作人员和单位，表示衷心感谢。真诚希望这套丛书能够得到学术界的认可和读者的喜爱，希望采集工程能够得到更广泛的关注和支持。我期待并相信，随着时间的流逝，采集工程的成果将以更加丰富多样的形式呈现给社会公众，采集工程的意义也将越来越彰显于天下。

是为序。

总序二

中国科学院院长 白春礼

由国家科教领导小组直接启动，中国科学技术协会和中国科学院等12个部门和单位共同组织实施的老科学家学术成长资料采集工程，是国务院交办的一项重要任务，也是中国科技界的一件大事。值此采集工程传记丛书出版之际，我向采集工程的顺利实施表示热烈祝贺，向参与采集工程的老科学家和工作人员表示衷心感谢！

按照国务院批准实施的《老科学家学术成长资料采集工程实施方案》，开展这一工作的主要目的就是要通过录音录像、实物采集等多种方式，把反映老科学家学术成长历史的重要资料保存下来，丰富新中国科技发展的历史资料，推动形成新中国的学术传统，激发科技工作者的创新热情和创造活力，在全社会营造爱科学、学科学、用科学的良好氛围。通过实施采集工程，系统搜集、整理反映这些老科学家学术成长历程的关键事件、重要节点、学术传承关系等的各类文献、实物和音视频资料，并结合不同时期的社会发展和国际相关学科领域的发展背景加以梳理和研究，不仅有利于深入了解新中国科学发展的进程特别是老科学家所在学科的发展脉络，而且有利于发现老科学家成长成才中的关键人物、关键事件、关键因素，探索和把握高层次人才培养规律和创新人才成长规律，更有利于理清我国科技界学术传承脉络，深入了解我国科学传统的形成过程，在全社会范围内宣传弘扬老科学家的科学思想、卓越贡献和高尚品质，推动社会主义科学文化和创新文化建设。从这个意义上说，采集工程不仅是一项文化工程，更是一项严肃认真的学术建设工作。

中国科学院是科技事业的国家队，也是凝聚和团结广大院士的大家庭。早在1955年，中国科学院选举产生了第一批学部委员，1993年国务院决定中国科学院学部委员改称中国科学院院士。半个多世纪以来，从学部委员到院士，经历了一个艰难的制度化进程，在我国科学事业发展史上书写了浓墨重彩的一笔。在目前已接受采集的老科学家中，有很大一部分即是上个世纪80、90年代当选的中国科学院学部委员、院士，其中既有学科领域的奠基人和开拓者，也有作出过重大科学成就的著名科学家，更有毕生在专门学科领域默默耕耘的一流学者。作为声誉卓著的学术带头人，他们以发展科技、服务国家、造福人民为己任，求真务实、开拓创新，为我国经济建设、社会发展、科技进步和国家安全作出了重要贡献；作为杰出的科学教育家，他们着力培养、大力提携青年人才，在弘扬科学精神、倡树科学理念方面书写了可歌可泣的光辉篇章。他们的学术成就和成长经历既是新中国科技发展的一个缩影，也是国家和社会的宝贵财富。通过采集工程为老科学家树碑立传，不仅对老科学家们的成就和贡献是一份肯定和安慰，也使我们多年的夙愿得偿！

鲁迅说过，"跨过那站着的前人"。过去的辉煌历史是老一辈科学家铸就的，新的历史篇章需要我们来谱写。衷心希望广大科技工作者能够通过"采集工程"的这套老科学家传记丛书和院士丛书等类似著作，深入具体地了解和学习老一辈科学家学术成长历程中的感人事迹和优秀品质；继承和弘扬老一辈科学家求真务实、勇于创新的科学精神，不畏艰险、勇攀高峰的探索精神，团结协作、淡泊名利的团队精神，报效祖国、服务社会的奉献精神，在推动科技发展和创新型国家建设的广阔道路上取得更辉煌的成绩。

总序三

中国工程院院长　周　济

由中国科协联合相关部门共同组织实施的老科学家学术成长资料采集工程，是一项经国务院批准开展的弘扬老一辈科技专家崇高精神、加强科学道德建设的重要工作，也是我国科技界的共同责任。中国工程院作为采集工程领导小组的成员单位，能够直接参与此项工作，深感责任重大、意义非凡。

在新的历史时期，科学技术作为第一生产力，已经日益成为经济社会发展的主要驱动力。科技工作者作为先进生产力的开拓者和先进文化的传播者，在推动科学技术进步和科技事业发展方面发挥着关键的决定的作用。

新中国成立以来，特别是改革开放 30 多年来，我们国家的工程科技取得了伟大的历史性成就，为祖国的现代化事业作出了巨大的历史性贡献。两弹一星、三峡工程、高速铁路、载人航天、杂交水稻、载人深潜、超级计算机……一项项重大工程为社会主义事业的蓬勃发展和祖国富强书写了浓墨重彩的篇章。

这些伟大的重大工程成就，凝聚和倾注了以钱学森、朱光亚、周光召、侯祥麟、袁隆平等为代表的一代又一代科技专家们的心血和智慧。他们克服重重困难，攻克无数技术难关，潜心开展科技研究，致力推动创新发展，为实现我国工程科技水平大幅提升和国家综合实力显著增强作出了杰出贡献。他们热爱祖国，忠于人民，自觉把个人事业融入到国家建设大局之中，为实现国家富强而不断奋斗；他们求真务实，勇于创新，用科技为中华民族的伟大复兴铸就了辉煌；他们治学严谨，鞠躬尽瘁，具有崇高的科学精神和科学道德，是我们后代学习的楷模。科学家们的一生是一本珍贵的教科书，他们坚定的理想信念和淡泊名利的崇高品格是中华民族自强不息精神的宝贵财富，永远值得后人铭记和敬仰。

通过实施采集工程，把反映老科学家学术成长经历的重要文字资料、实物资料和音像资料保存下来，把他们卓越的技术成就和可贵的精神品质记录下来，并编辑出版他们的学术传记，对于进一步宣传他们为我国科技发展和民族进步作出的不朽功勋，引导青年科技工作者学习继承他们的可贵精神和优秀品质，不断攀登世界科技高峰，推动在全社会弘扬科学精神，营造爱科学、讲科学、学科学、用科学的良好氛围，无疑有着十分重要的意义。

中国工程院是我国工程科技界的最高荣誉性、咨询性学术机构，集中了一大批成就卓著、德高望重的老科技专家。以各种形式把他们的学术成长经历留存下来，为后人提供启迪，为社会提供借鉴，为共和国的科技发展留下一份珍贵资料。这是我们的愿望和责任，也是科技界和全社会的共同期待。

周济

沈志云

采集小组和沈志云一起辨识照片

采集小组整理资料

序

我属蛇，36岁得子，72岁得孙，再过一轮84岁，就是2013年，又是蛇年，三蛇共舞，的确遇到一个大好年景，高速铁路复苏了！

自从进了西南交通大学，我这一生就交付给了铁路，全部心思都在我国铁路发展上。无论上大学、当教师，无论留苏、留美，无论教学、科研，都离不开铁路，离不开机车车辆，离不开轮轨。"一片丹心在轮轨"，透过轮轨丹心，才能看到我生命的真实，才能读懂我的思想和行为。田永秀教授要写我的传记，以"轮轨丹心"为题，邀我写篇自序，我欣然同意。

田永秀教授和她领导的由西南交通大学和四川省科协联合组成的团队做了大量访谈和收集资料的工作。有些资料很难得，如新中国成立前我在国立师范学院附属中学念书时的全班学期成绩表，他们居然在我原籍找到好几张，我自己都是第一次看到。他们写的书《轮轨丹心：沈志云传》内容丰富，有史有论，资料翔实，讨论深入，我看了很受感动。美中不足是对我评价过高，超过我的实际。例如全书最后的结束语用了三国魏晋时期晋军将领王濬向皇帝讲的话"披布丹心，输写肝脑，竭股肱之力"！王濬统七万大军，用七年时间造战船从成都出发，顺长江而下，只用40天就直捣建业，灭了吴国。功劳越大，越有人攻击，他这才上书表明自己的一片丹心，说了上面的话。我作为一名教师，只能培养点人才和搞点科研，为铁路建设服务。或者当宣传员，为铁路发展鼓劲，谈不上在铁路建设中有什么大贡献。我的一片丹心只是我事业心、敬业感的集中表现而已，哪能和王濬这样的大将军相提并论。

我的一生，机遇与挑战同在，收获与耕耘并存。说机遇，在战火纷飞的年代，我却在水平较高的国立师范学院附属中学念完6年中学。这个逃难中成立的中学，从创办到并转，单独存在只有9年，却培养出三名院士，除我以外，还有龙驭球、刘新垣。长沙刚解放，我就考上了大学，成为班上唯一应届升学的幸运儿。大学毕业分配到理论力学，却为夯实基础赢得机遇。留苏限定我研究车辆修理，却养成我重视生产实际的科研轨迹。最大的机遇来自铁路，大学入学考试后，放弃已被录取的清华大学、武汉大学，入学唐山，成全了我的"铁路梦"，铸就了我的"轮轨心"，使我的一生都和铁路紧密相连，都在和机车车辆打交道。喜也轮轨，悲也轮轨，在和磁浮派论战时，听他们骂轮轨是"万恶之源"，我拍案而起，高声说轮轨是"万利之本"。"一片丹心在轮轨"。货运可以做到轮轨低动力作用，客运可以做到轮轨蛇行临界速度在600千米/时以上，如今轮轨高速铁路如日中天，情系高铁使我获得无穷无尽的科研灵感，使我的科研团队获得无穷无尽的发展动力。

有机遇就有挑战，有顺境就有逆境。最大的逆境就是"文化大革命"耽误我整整10年，37岁到47岁本是人生最佳年龄，我却什么学术都不能沾边。冉冉时光流逝，当我再回到机车车辆研究所时已年过半百。我儿子是做软件工作的，快50岁了，他就担心过50岁就得走下坡路。我对他说："我50岁才刚起步啊。年龄大就是'逆境'，好在不是官场，官场50岁就到天花板，升不上去了。"我在年龄逆境中起步，苦心耕耘，艰难前行，动力就是这颗"轮轨丹心"。52岁出国发表第一篇论文，54岁发表"沈氏理论"，57岁升教授，60岁开建国家重点实验室，62岁当选中科院学部委员，70岁才获得国家科技进步奖一等奖。一路走来，就到了可以"倚老卖老"的时候。还好，这时高龄却又转变成正能量了。

有记者问过我，一生中最满意的是什么事情，我立刻回答：是成长起来的科研团队，我的"倚老卖老"就是为了这个团队的成长。1996年我就退下来，不再担任牵引动力国家重点实验室主任，请钱清泉院士当了两年，使张卫华得到锻炼后再当主任，我只在旁边出些主意。张卫华果然不负众望，连续两届（五年一届）国家评估得A。我还花了两年时间，把翟婉明拉回实验室当副主任，他2011年当选中科院院士。同时合并进来的还有罗世辉当头的机车车辆研究所。罗世辉在上海交通大学博士毕业，他研制的140千米时速的磁浮车很快就要上路了。这个团队还有曾京、金学松、林建辉等教授，都是铁路上小有名气的专家了。后继有人，我这颗"轮轨丹心"颇为欣慰。

三蛇共舞的2013年，春风劲吹。国家开始了改革开放的第二阶段，经济进入转型升级的新常态，政治改革提上日程，加强法治，人民做主，反腐倡廉。与人民生活息息相关的铁路，重新恢复到国家战略地位。尤其高速铁路网增加到1.1万千米，日开行高速动车组1300多对，占铁路客运量的4成。高速铁路成了中国的名片，走出国门的势头强劲。"高铁春风暖丹心"，这一年我参与修改出版的书就有三本：湖南教育出版社编印的《100个人的中国梦》，把我写的"中国人的高铁梦"放在第一篇。张天明记录我口述的《我的高铁情缘》和田永秀教授他们写的这本《轮轨丹心：沈志云传》，都即将出版。本来写传记之类的书，应当在其人就木以后，盖棺"论定"了，才好下笔。我的事到2013年应当可以"论定"了，圆中国人的高铁梦，那是年轻一代人一定会做成的事。田教授的这本书标明："沈志云传"，恰如其分，而且使我有机会、有可能由我本人在这里来向亲爱的作者们和读者们衷心说一声"谢谢"！

沈志云
2014年9月于峨眉山

目 录

老科学家学术成长资料采集工程简介

总序一 ························· 韩启德

总序二 ························· 白春礼

总序三 ························· 周 济

序 ··························· 沈志云

导 言 ···························· 1

第一章　辗转求学 ······················· 7

　耕读世家 ·························· 7
　长兄引路 ························· 12
　穷人的孩子早当家 ····················· 15
　逃难湘西 ························· 17

苦读备考国立师范学院附属中学 …………………………… 19
年年第一 …………………………………………………… 23

第二章 | 大学时光 … 29

武汉赶考 …………………………………………………… 29
初进唐山工学院 …………………………………………… 31
"书呆子"的转变 ………………………………………… 33
实践教学的影响 …………………………………………… 36

第三章 | 留学苏联 … 39

毕业留校 …………………………………………………… 39
留苏预备 …………………………………………………… 42
留苏生活 …………………………………………………… 46
从生产实际到理论创新 …………………………………… 49

第四章 | 蛟龙困浅滩 … 54

搞半工半读 ………………………………………………… 54
十八顶"高帽" …………………………………………… 57
任职教学方法科 …………………………………………… 61

第五章 | 沈－赫－叶氏理论 … 64

回到基础课部 ……………………………………………… 64
如饥似渴更新知识 ………………………………………… 66
参与韶山Ⅳ型电力机车研制 ……………………………… 71
迈向国际学术舞台 ………………………………………… 74
夜以继日的留美生涯 ……………………………………… 78
沈－赫－叶氏理论 ………………………………………… 80

第六章　迫导向转向架的研制 …… 89

就任力学研究所所长 …… 89
IAVSD 学术年会的意外收获 …… 92
零磨损迫导向转向架的研制 …… 94
低动力作用货车转向架 …… 99
高速列车转向架的探索 …… 101
欧洲讲学 …… 104

第七章　建设国际一流的实验室 …… 108

倡议建设试验台 …… 108
国家重点实验室的申报 …… 111
脑袋别在裤腰带上 …… 115
高铁大发展中的牵引动力实验室 …… 125
建设国家轨道交通实验室的期望 …… 134

第八章　交通运输创新人才培养 …… 137

培养创新人才 …… 137
获选两院院士 …… 144
交通运输工程学科的诞生 …… 146

第九章　为发展高速铁路奔走 …… 151

高铁"缓建""急建"之争 …… 151
轮轨与磁浮 …… 157
中国高铁技术创新辩论 …… 165
退一步，进两步 …… 170
高铁春风暖丹心 …… 173
中国人的高铁梦 …… 177

结　语 ································· 180

附录一　沈志云年表 ······················ 187

附录二　沈志云主要论著目录 ··············· 210

参考文献 ································ 215

后　记 ································· 216

图片目录

图 1-1　沈志云的父母亲 …………………………………………… 10
图 1-2　沈健纯、沈立芸、沈志云合影 ………………………… 11
图 1-3　当初国立师范学院附属中学的教室——湖南南岳大庙回廊 …… 26
图 1-4　沈志云与格致社人员的合影 …………………………… 27
图 2-1　20 世纪 40 年代末的唐山工学院校园 ………………… 32
图 3-1　沈志云姜矗荣结婚照 …………………………………… 44
图 3-2　留苏时的沈志云 ………………………………………… 45
图 3-3　沈志云在列宁山上眺望莫斯科大学 …………………… 47
图 3-4　沈志云再访圣彼得堡交通大学时在当初上课的教室留影 …… 48
图 3-5　沈志云副博士论文手写初稿其中一页 ………………… 51
图 3-6　沈志云的副博士学位证书 ……………………………… 53
图 4-1　1962 年沈志云夫妇与父母、女儿在唐山 ……………… 54
图 4-2　"文化大革命"前夕沈志云与儿子女儿在一起 ………… 58
图 5-1　沈志云正在上机 ………………………………………… 67
图 5-2　1979 年董平首次来西南交通大学讲学合影 …………… 69
图 5-3　韶山Ⅳ型电力机车 SS4 ………………………………… 73
图 5-4　1981 年沈志云在国际会议上发表的第一篇论文 ……… 75
图 5-5　沈志云与赫追克教授合影 ……………………………… 76
图 5-6　1983 年沈志云在麻省理工学院办公室外留影 ………… 79
图 5-7　20 世纪 80 年代沈志云与卡尔克讨论轮轨接触力学问题 …… 82
图 6-1　1985 年在四川峨眉实验室进行迫导向转向架试验 …… 95
图 6-2　迫导向转向架设计图 …………………………………… 96
图 6-3　迫导向转向架 …………………………………………… 96
图 6-4　1987 年迫导向转向架在米轨昆河段试验 ……………… 97
图 6-5　迫导向转向架昆明鉴定会 ……………………………… 98

图 6-6	沈志云和贝利·布瑞克指导学生西蒙·伊夫尼斯基	104
图 6-7	1987年英国格温特议会大厦前为沈志云升起的五星红旗	105
图 6-8	1987年英国格温特州议长披挂勋章会见沈志云	106
图 6-9	沈志云在柏林工业大学讲学	107
图 7-1	沈志云在西南交通大学九里堤校区与连级三、严隽耄、方国泰、孙翔讨论试验台设计方案	115
图 7-2	沈志云夫妇与铁道部总工沈之介及铁道部机车车辆处处长傅晓日的合影	116
图 7-3	沈大元带队赴广州重型机械厂监督机械台生产	119
图 7-4	修建中的基础平台	119
图 7-5	试验台试模拟系统初步设计审定会	120
图 7-6	郑朝阳、黄丽湘、周文祥、严隽耄、沈志云春节在实验室工地	121
图 7-7	在西南交通大学召开的第十三届IAVSD会议	121
图 7-8	铁道部配给的实验用车	122
图 7-9	沈志云进行牵引动力国家重点实验室验收汇报	123
图 7-10	沈志云用三轮车拉着曹建猷参观牵引动力国家重点实验室	124
图 7-11	沈志云在试验台前	125
图 7-12	"机车车辆整车滚动振动试验台"获国家科技进步奖一等奖证书	126
图 7-13	三轴转向架在做试验	127
图 7-14	CRH2-300在牵引动力国家重点实验室做试验，试验时速达到410千米	128
图 7-15	正在试验台试验的长春客车厂的CW型转向架	128
图 7-16	CRH380B在牵引动力国家重点实验室做试验	129
图 7-17	韩国高速列车在牵引动力国家重点实验室做试验	129
图 7-18	沈志云与金学松、刘建新等在进行科学研究	132
图 7-19	沈志云同张卫华在实验室讨论工作	132
图 8-1	沈志云与学生周力	138
图 8-2	沈志云在指导研究生	141
图 8-3	国家级教学成果奖颁奖留影	143
图 8-4	沈志云参加交通运输工程学科会议	146
图 8-5	交通运输工程学教材	148

图 8-6	沈志云、邓学钧参加交通运输工程学科青年学术骨干会议	149
图 9-1	高铁与磁浮成都论证会合影	156
图 9-2	沈志云夫妇与严陆光合影	158
图 9-3	沈志云陪同宋健访问日本	160
图 9-4	沈志云在日本同日本学者座谈	161
图 9-5	沈志云参观日本铁道研究院	162
图 9-6	沈志云在第七届西部科技论坛上做报告	165
图 9-7	沈志云参加京沪高铁验收	169
图 9-8	沈志云在第九届全国交通运输领域青年学术会议上做报告	170
图 9-9	沈志云在 CRH380 驾驶室	173
图 9-10	沈志云墨宝	175
图 9-11	沈志云在打太极拳	176
图 9-12	沈志云夫妇重回当初谈恋爱经常光顾的公园	177
图 9-13	沈志云在西南交通大学给学生做"中国人的高铁梦"学术报告	178

导 言

沈志云：铁路技术领域唯一的两院院士

2016年1月8日上午，中共中央、国务院在北京人民大会堂隆重举行2015年度国家科学技术奖励大会，京沪高速铁路工程荣获国家科技进步奖特等奖。这是继中共十八大将高速铁路技术列为中国重大的技术创新之后，国家和社会对高速铁路技术的又一次高度肯定。如今，中国高铁成了"中国智造"走出国门的响当当的名片，改变了人们的生产和生活方式，塑造了"科技强国梦"的丰碑。

铁路起源于工业革命后不久的英国。1825年，英国建成了世界上第一条铁路。"铁路是近代工业文明的产物，铁路的修筑，又反转过来促进工业文明的发展。"[①] 铁路产生后，以其运量大、能耗低、全天候等技术优势而被全世界广泛推崇，在陆路运输方式中占据绝对主导的地位。但20世纪40年代以后，随着汽车的产生、高速公路的大量修筑、航空运输的发展，火车受到了挑战，一度被视为"夕阳产业"。但是，1964年，世界第一条真正意义上的高速铁路——日本新干线建成通车。此后，德国、法国等国相继修筑高速铁路。高速铁路以其安全、快速、准时、舒适、节能、

[①] 王晓华、李占才：《艰难延伸的民国铁路》。郑州：河南人民出版社，1993年，第167页。

环保等方面的显著优势博得社会大众广泛支持和欢迎,"夕阳产业"开始重新焕发活力。

19世纪70年代后,铁路作为资本主义国家侵略中国的触角开始伸进中国。1876年,英国在中国修筑了第一条用于营运的铁路——吴淞铁路,因民众反对该路最终被清政府赎回拆除。1881年,中国自己建成了唐山到胥各庄的铁路。19世纪末,帝国主义掀起了在中国抢夺铁路修筑权的热潮,开始在中国不断修筑铁路。至1949年,中国建成铁路26900余千米(不包括建成又拆除的线路)。新中国成立后,中国展开了旧线的修复和改造工程,并修筑新线。至1978年前,先后修筑了成渝、宝成、川黔、贵昆、成昆、湘黔、襄渝、南昆等铁路,合计新建干支线、复线共26600余千米。

改革开放后,中国铁路进入了快速发展时期,不仅加快了新线、复线建设,也加快了对旧有线路的技术改造。新中国成立以来至1995年,国营铁路通车里程增加了32806千米,达到54616.3千米;电气化铁路9702.6千米,占17.8%;全国铁路网已形成南北通路7条、东西通路7条、关内外通路4条,构成了能力强大的路网骨架。

铁路技术也有了大幅度的改进,列车速度取得了历史性突破。1997以来,经过6次大面积提速,主要干线列车最高运营时速已达200千米。

20世纪90年代初,中国开始呼吁发展高速铁路。2008年起,中国第一条高速铁路建成通车。到2014年年底,中国高速铁路通车里程合计达到1.6万千米。中国已经成为世界名副其实的高速铁路第一大国。高速铁路的快速发展推动了铁路乃至整个综合运输体系技术水平与服务能级的全面提升,大幅缩短了区域之间的时空距离,改善了人们的出行条件,带动了沿线城市和地区经济的发展,提升了全社会的整体效率。21世纪10年代后,"中国高铁"已经成了我国乃至全世界热议的话题,高速铁路已成为中国的重大技术创新名片,正走向世界。"高铁走出去"成为国家发展战略。2014年,中国企业参与境外的铁路建设项目达348个之多。中国高铁正在改变世界人们的生活方式,引领世界高铁发展潮流进入"中国时代"。

沈志云院士就是一位对中国铁路技术发展、中国高速铁路发展战略产生过重大影响的中国科学院、工程院院士，也是铁路技术领域唯一的两院院士。1929年5月，沈志云出生于湖南省长沙县。1949年，从国立师范附属中学毕业后考入唐山工学院（今西南交通大学），从此一生与铁路结下不解情缘。沈志云致力于轮轨关系研究，主要有三大研究成果：其一，轮轨蠕滑力的简化计算方法，被国际学术界称为"沈－赫－叶氏理论"；其二，货车迫导向转向架的研究，成功实现了轮缘零磨损；其三，建设了牵引动力国家重点实验室，建立了一个机车车辆振动滚动试验台并达到世界先进水平，为中国铁路大发展做出了重要贡献。同时，沈志云也是国内最早呼吁发展高速铁路的战略家之一。20世纪90年代初始，沈志云就极力呼吁发展高速铁路，并一直不屈不挠、不计个人荣辱得失、不遗余力奔走呼吁。中国高速铁路成为国家发展战略并得到了快速发展，沈志云的贡献功不可没。

资料采集及成果

2013年，采集小组承担了"沈志云学术成长资料采集工程"项目，开始深入接触沈志云院士。虽然采集小组成员与沈志云同在一个单位，但平时接触并不多。我们先前看见沈志云多半是在校园里，他坐着夫人姜兵老师的三轮车出行。当时，也从他人那里听到过有关沈志云的很多"传说"。虽然没有多少机会和他面对面交流，尽管当时他并不认识我们，但每每遇到他，我们总是很恭敬地打招呼，或远远投以敬佩的目光。

沈志云将毕生精力贡献给中国铁路，他的人生经历也是中国铁路史的一个缩影。我们满怀虔诚、无比荣幸地承担了沈志云学术成长资料采集工程。对于采集小组成员而言，承担老科学家学术成长资料采集项目，梳理老科学家成长经历，剖析他们的精神世界，也类似于一个受洗礼的过程，加深了我们对事业、对人生的理解和感悟。

2013年9月，沈志云学术成长资料采集工程全面展开。我们以沈志云的学术成长经历为主线，全面收集其学术成长的相关资料。沈志云是一个非常有条理且有良好保存习惯的人，他本人保存了大量的资料。在收集资料过程中，沈志云高度配合且对课题组完全信任。他事先了解了收集资料的范围，将现在居住的西南交通大学峨眉校区房子里的实物资料收集出来，采集小组装了满满一车。同时，他还将西南交通大学成都校区的房屋钥匙直接交给采集小组，任由采集小组把屋子翻了个"底朝天"，又拉了满满一车资料。20世纪80年代以后，电脑成为沈志云科学研究的重要工具，因此他又从电脑里整理了20多个G的资料拿给采集小组。此外，采集小组成员还赴沈志云出生地——湖南省长沙市及沈志云中学就读的学校——湖南衡东一中、沈志云就读的大学以及后来工作的单位——西南交通大学全面采集，最后整理上交实物原件资料431件（套）、非原件实物资料145件，其中手稿类就275件。在收集的实物资料中，有很多具有较高价值，比如沈志云的中学成绩单、沈志云的副博士论文手稿（还有导师的修改笔迹）、沈氏理论的1—5稿的手稿，沈志云在MIT的听课笔记、听取美国学者董平讲学后的建议（沈氏理论和建立实验室的思想萌芽）、第一次参加国际学术会议后的思考、引进吸收再创新的高速铁路技术路线建议，等等，都真实地反映了沈志云在成长过程中的关节点，深刻揭示了标志性成果的萌芽—研制—成型过程，弥足珍贵。

采集小组还收集到了非常珍贵的做试验的影像资料以及沈志云早年接受访谈的录像资料共计15盘。科学试验是一个动态的过程，图片和文字资料都不足以展现其全部，但是影像资料却是真实过程的原始记录。沈志云的两大标志性成果——货车迫导向转向架、机车滚动振动试验台做试验的录像资料都已经收集在案，这是科学研究的原始资料，鲜活地记录了科研成果的诞生过程。

在收集资料之外，我们集中力量进行了访谈。采集小组草拟了近千个问题供沈志云参考。2013年11月7—10日，沈志云坐在摄像机前，对他的成长往事娓娓道来。每天讲述近5个小时，不辞辛劳。有成长经历，有人生感悟，说到高兴处眉开眼笑，谈到伤心处老泪纵横。采集小组此后又多次就一些关键问题或一些技术问题再度访谈，他每次都很耐心地回忆、讲解。除访谈沈志云本人外，我们还访谈了他的家人、亲戚、朋友、同学、学生、同行等14人次，获得了近600分钟的访谈录像。这些口述资料在撰写本传记中予以了充分利用。我们在使用这些资料过程中，对其中的内容进行了核实、考订，对回忆有误的地方进行了修正。

研究报告思路及框架

有关沈志云的传记，2013年前发表或出版的不多，主要是一些小传和新闻报道性的回忆，大约有10余篇，如《何梁何利奖》、西南交通大学编辑出版的《竢实扬华自强不息》等有关沈志云的小传，沈志云也撰写过类似《世纪的呼唤》《鼓舞鞭策四十年》等简短的回忆文章，缺少系统完整的回忆录、传略性质的著作。2014年8月，湖南教育出版社出版了《沈志云口述自传：我的高铁情缘》，全书32万字，共13章，回忆了从出生到2013年的人生历程。这些传记都为本书的撰写提供了线索和资料。

我们一直坚信，进行科学研究首先要打破崇拜，挑战权威。而在进行沈志云学术成长资料采集过程中，似乎不自觉地强化了对科学家的崇拜。我们相信这是所有走近科学家、深入了解他们的人的共同感受。不过，鉴于要提供给大家一份"信史"的自觉，我们极力保持冷静、客观。我们将沈志云的成长经历置于新中国的铁路、教育、科技发展历程中，在对沈志云进行系统口述访谈的基础上，广泛收集资料，尤其是重点分析沈志云当时留下的手稿、日记以及当初的一些新闻报道，从家庭环境、求学历程、师承关系、标志性成果的形成过程及影响等诸多方面，重点挖掘其成长过程中的关节点，力图客观、立体地重构沈志云成长为科学家的历程，总结其成功的经验和规律。

传记共九章，前三章主要梳理沈志云的求学经历，第四章讲述"文化大革命"磨难，第五至七章分别剖析沈志云的三大标志性成果——沈－赫－叶氏理论、迫导向转向架、牵引动力国家重点实验室的产生过程及其影响，第八章阐述沈志云的人才培养工作，第九章描述沈志云推进国家高速铁路发展的历程和贡献。

重构历史是艰难的。虽然我们竭尽全力，但能力有限，我们重构的也许是我们理解中的沈志云的成长历程，其真实的成长历史比我们勾勒的要丰富精彩得多；沈志云的精神世界和学术贡献及影响，我们也很难用语言进行准确的描述和定位，更难用区区二十余万字详尽沈志云院士的精彩人生。对此，我们深感惶恐。

第一章
辗转求学

耕 读 世 家

1929年5月28日，农历4月20日，沈志云出生在素有"惟楚有才、于斯为盛"之称的湖南省长沙县东乡杨家山。沈志云原名沈志芸，大学一年级时因有同学取笑其"芸"字乃女性姓名用字，遂从大二开始改名沈志云，取壮志凌云之意。

湖南省长沙县位于湖南省东部偏北、湘江下游东岸。东、北、西三面环山，南部接株洲隆起带。古为楚南重镇，秦汉名邑，处省会之近郊，为湖南首善之区，乃兵家必争之地。长沙县山川秀丽，自然环境优越，资源丰富，是一个物产富饶的地方。远在春秋时期，长沙就以产粮著称，有"楚之粟也"[1]的记载。

近代以来，湖南人才辈出，文化昌盛。历史学家谭其骧曾说："自清季

---

[1] 司马迁：《史记·越王勾践世家》。北京：中华书局，1959年，第1749页。

以来，湖南人才辈出，功业之盛，举世无出其右！"① 一篇刊登在纽约《北美日报》上的社论这样写道："湘籍历史名人、学者、政治家人数之多，近百年一直居各省之冠。""湘省士风，云兴雷奋，咸同以还，人才辈出，为各省所难能，古来所未有……自是以来，薪尽火传，绵延不绝。近岁革新运动，湘人靡役不从，舍身殉国，前仆后继。"② 近代湖南能培育出如此多的杰出人才，得益于独特的地理环境、民众性格及湖湘文化。

俗话说"一方水土养一方人"，一定的地域环境决定了这一地域居民的思想观念、思维方式和价值取向，也影响了所产生的人才的素质、性格及其人才所赖以依存的物质基础。不同的地域文化背景下，所孕育的人群具有不同的思想观念和价值取向。湖南地处内陆，三面环山，一面临湖。自古以来湖南便有"四塞之国"之称，因而民性倔强，风气不开。然自宋元以来，经过几次大的移民之后，到了近代，湖南人在族源、血缘方面已经同清代以前的居民基本上没有联系，人口素质实现了全面更新，带来了移民所特有的开拓性与进取性。又因与苗、瑶、侗、土家等族联姻，吸收了这些民族犷悍、强韧和刻苦耐劳的习性，从而在近代湖南渐次形成了一种有别于他省的朴实勤奋、劲直勇悍、好胜尚气甚至流于偏狭任性的乡俗民气。这种乡俗民气必然渗透到近代湖南人的一般社会心理意识中，衍化为一种湖南人所独具的质朴笃实、勇于任事、锐意进取、刚劲尚气的性格特征。

湖湘文化源远流长，上接以屈原为代表的楚文化传统，中经胡安国、胡宏父子开创湖湘学派奠定基础，由张栻广为传播。后来，明末清初大思想家王夫之承接发展，至清中叶以降达于极盛，蔚为大观。湖湘文化有着深厚的底蕴，以传统理学心性之道和践履思想、乡土情结为内核，讲求经世致用，以区域自觉和乡贤崇拜来延续自己的传统，不断强化自己在各方面的优势，增强文化自信和凝聚力，形成一种完整严密、自成体系的多层次文化系统。身处湖湘文化熏陶的湖南人无不深受湖湘文化的洗礼与影响，在人格和精神上打上湖湘文化的烙印。

---

① 谭其骧：《长水集》。北京：人民出版社，1987年。
② 杨昌济：《杨昌济文集》。长沙：湖南教育出版社，1983年，第349页。

钟灵毓秀的山水、特有的人文环境孕育了一代代青史留名的湖南英才。沈志云就是从这个钟灵毓秀之地走出的科技英才。这种流动于历史之中的生生不息、薪传火递的湖湘文化精神对沈志云的成长潜移默化地产生了深刻影响。

沈志云的祖辈是中国传统的耕读世家，为人厚道、勤劳聪慧。

沈志云的高祖父叫沈太阶，是清朝道光时候钱塘江县的一个小官，叫做"刑名师爷"，即作为地方官署中的主管官吏聘请的协助审理刑事案件的佐理人员。"刑名师爷"一般精通律例、法令、成例及公文程式、办案程序等，但通常又无官职，即是普普通通的读书人。沈志云的曾祖沈璐，是清朝道光时候举人。沿着"学而优则仕"之路，沈璐在杭州做了官，却恰逢太平天国农民起义。太平军李秀成部攻克杭州，大肆屠杀。据《中国人口史》统计，杭州府战前有人口 372 万人，战后仅余 72 万，人口损失 80.6%。沈璐家房屋全被烧毁，沈璐及家人大部分被杀。

所幸沈璐之子，也就是沈志云的祖父沈继恩逃过此劫。他当时在陕西，得以幸存。等到太平天国农民起义被平息后，沈继恩回到了杭州。此时的杭州一片废墟。无奈之下，沈继恩变卖祖屋地皮，用卖地的钱捐了一个候补的官职。随后补到湖北省做"归州吏目"，是个毫无实权的小官，负责佐理刑狱管理文书。

沈志云的祖母姓陈，湖南长沙人。沈志云的祖父早逝，当时祖母就带着幼子流落回长沙。最初回到长沙时，只能寄居于浙江会馆，靠每月领取少许的抚恤金艰难度日。数年后祖母也撒手西去，留下了年仅 18 岁的儿子，也就是沈志云的父亲沈璜。

沈璜，字庆生，1880 年生于浙江，7 岁丧父，18 岁丧母，家境贫寒。母亲死后，抚恤金也没有了，沈庆生不得不独自谋生。因不谙世事，只能靠一些朋友帮忙凑合度日。沈庆生参加过新军，但因身体差、无法适应军旅生活而退出了军队。为了养家糊口，他读简易师范，毕业后勉强在小学谋了份教职。沈庆生性格有些迂腐，不善交际。沈志云的兄长沈立芸在沈志云入党时写的家庭情况中这样描述父亲："为人胆小怕事，反应慢，不会应酬，没有沾染旧社会的坏习惯，在旧社会很驯服地工作，受人欺侮或在经济

图 1-1　沈志云的父母亲（1962 年摄于唐山）

上吃了亏，常常自宽自解，毫无斗争意志，最怕失业。"① 可见，沈庆生就是一个老实本分的小学教员。

沈志云的母亲陈顺勤生于 1885 年。陈顺勤出生于一个殷实之家，但家庭重男轻女思想浓厚，不让女孩子读书，因此陈顺勤一字不识。陈顺勤半岁时犯小儿麻痹，由于家里对女孩子不重视，贻误了治疗，落下残疾，右手跟右脚都不太灵巧，走路有些跛。不过，残疾的陈顺勤非常聪明。她虽然不识字、不会讲大道理，却是很明白事理的人，反应也比较灵敏。而且，因身体残疾饱尝人们的白眼，她总是努力让自己更能干。成家后，她能把一个家料理得井井有条，把孩子们培养成人，这就是明证。沈志云、沈健纯姐弟都曾饱含着深情地说道：母亲虽然身有残疾，但是极其聪明，什么事情都比手脚健康的人做得好②。

因陈顺勤的残疾，让她的婚姻有些难度。而沈庆生也因家庭贫困，更因无父母张罗而迟迟未能娶妻。陈顺勤的表哥恰好是沈庆生工作的小学校长。他观察了一段时间后，认为这小伙子虽然家境贫寒，人却非常老实，定能善待身有残疾的表妹。于是，校长就给沈庆生说，自己有位表妹，与他年纪相当，聪明能干，不过身有残疾。原本以为沈庆生会犹豫，没想到沈庆生当即答应了这门婚事，校长都有点不敢相信，问他："你不看看人再决定？"沈庆生说："没有关系，我相信您。"就这样，从未见过面的两人成了夫妻。这也许就是缘分。各自的苦难，让沈志云的父母亲彼此珍惜，

---

① 沈立芸：沈志云家庭成员情况。存于西南交通大学档案馆。
② 沈志云访谈，2013 年 11 月 7 日，峨眉山市；沈健纯访谈，2014 年 4 月 4 日，邵阳。资料存于采集工程数据库。

相互扶持着走过人生的岁月。

沈庆生是幸运的，看也没看一眼就娶回一个贤妻良母。沈庆生不善交际，有些迂腐，寒暑假都沉迷于读书学习之中，洗澡、洗脸等都需要妻子伺候。沈庆生一门心思教书读书，持家的重担就落在了妻子肩上。陈顺勤性格温顺，沈家几经搬迁，每到一处，陈顺勤都与邻居和睦相处。对待子女从来不打骂，总是鼓励子女好好学习。可以说，陈顺勤这个贤惠温淑的母亲给沈志云营造了爱意浓浓的家庭氛围，沈志云也为母亲的聪慧而非常骄傲。

图 1-2　沈健纯（左）、沈立芸（中）、沈志云（右）合影
（1995 年摄于湖南邵阳）

沈庆生也是个非常刻苦的人，天文地理都爱钻研，他执教小学达 40 多年，很不容易。在民国时期，小学教员并不容易连续受聘，沈庆生认真、努力、老实，所以能连续谋得职位。沈庆生喜欢琢磨，他曾经用一根筷子做了一个秤，连一封信会不会超重都可以称出来；他以铜为材料做的日晷也非常精确，甚至几点几分都可以标示出来。另外，沈庆生还学会了丈量田地，懂得测量。据沈志云回忆，土改的时候父亲就帮着测量并画图。

沈庆生近乎"书呆子"式的钻研书本知识，潜移默化地影响着沈志云。同时，沈庆生这种执着于知识和科学的价值观也深深地影响着孩子们。在 20 世纪 30、40 年代的山村里，迷信思想很盛行。沈庆生就给沈健纯、沈志云姐弟讲道理，他以算命的例子来解释为什么不能相信迷信。

比如，若问算命先生，"我的父亲先去世，还是母亲先去世？"算命先生就会说："父在母先亡。"如何理解呢？可以解释成"父在，母先亡"，也可以解释成"父在母前亡"。左解释也可以，右解释也可以，并非是算命先生真有未卜先知的能力。

这样生动通俗的例子让沈志云姐弟豁然开朗，再也不会相信各种天花乱坠的迷信思想，小小年纪就笃信科学。

父母是孩子最好的老师。沈志云姐弟曾经将父母兄长身上体现的精神归纳为善良厚道、勤奋努力、自强不息。沈志云认为，这就是沈家的家风，他深情地勉励沈氏后人要"世世代代传承下去"[1]，并发扬光大。

长兄引路

沈志云是家中最小的孩子。大哥沈立芸出生于1914年，是沈庆生的长子，比沈志云大15岁。大哥之后还有一个哥哥，但是6岁时出麻疹夭折了。后来，沈志云的父母又连生了两个孩子，都是梦生（即出生时不哭），生下来就不幸夭折。姐姐沈健纯比沈志云年长3岁，出生时也是梦生，不过此时父亲已经知晓了相应的接生知识，孩子得以存活。在沈志云一生的成长过程中，影响最大的莫过于长兄沈立芸。中国有句俗语"长兄如父"，沈立芸正是这样的兄长，如父如兄，亦师亦友。

沈志云记忆中的兄长刻苦努力、聪明过人。"我哥哥比我聪明，记忆力特别好，念书过目不忘"，所以"什么考试都是第一名。"沈志云说起兄长非常兴奋，"后来念初中的时候，是在省立第一中学，也是以第一名考进去的"[2]。作为长兄，沈立芸注定要承担得更多。初中毕业以后，因为家境困难，沈立芸只好去念师范学校。因为师范学校不交学费，而且还提供生活费。过年时，沈立芸就用节约下来的生活费购买一些年货带回家。从师范学校毕业后，沈立芸就在长沙教小学，为了供弟弟妹妹上学及补贴家用，沈立芸把所有薪水都拿回了家。

---

[1] 沈志云访谈，2014年4月4日，邵阳。资料存于采集工程数据库。
[2] 沈志云访谈，2013年11月7日，峨眉山市。存地同上。

由于父亲沈庆生不善管家,家里的事情大都是兄长沈立芸做主。作为家中长子,沈立芸想尽一切办法来养家糊口。勤奋聪慧、热爱读书的他后来又考上湖南国立师范学院。按当时的情形,国立师范学院的毕业生可以去中学当教员,中学教员的薪水比小学教员高。不过,若他继续读书,家庭就失去了经济来源,沈立芸只好从国立师范学院退学。为了获取一份稳定的收入养家,沈立芸又去投考邮局邮务员。其实,邮务员也很难考取,必须考英文,要写英文文章。辛辛苦苦考上了邮务员,刚工作不久却要被派到兰州附近的一个小邮局当副所长。由于离家太远,沈立芸只好放弃,应聘去一所中学教书。他的薪水比父亲高一两倍,名副其实成了家里的经济顶梁柱。

沈立芸不仅是家里的支柱,更是沈志云人生的领路人,对沈志云一生影响巨大。

由于家庭和时代的原因,沈立芸失去了读大学的机会,但却真诚地教导沈志云立志成才,这对青年沈志云价值观和人生观的塑造起到了重要的引导作用。沈志云在读中学的时候,有一次,兄弟俩一起步行到父亲教书的小学去挑回作为薪俸的谷子,一路上兄长分析了三兄妹的处境和抱负。

> 我自己要负担家里,我的全部精力要以此为主,在深造方面已经没有什么能力了,我能够好好地把书教好、赚了钱养这个家就不错了……你姐姐呢,只能够念念师范,出来也是当中学教员。我们全家的希望就寄托在你身上,要讲成才就得靠你……要成才,不仅要上大学,而且要留洋,要到国外留学,否则就没有什么竞争力[1]。

这一番谈话对沈志云触动很大,在十几岁的少年沈志云心里烙下了深刻的印记。至今记忆很清楚。据沈志云回忆,这次谈话后,沈志云开始努力学习。"门门考第一"成为沈志云自我激励的标准。

---

[1] 沈立芸先生一百周年诞辰纪念册。2014年,未刊稿。资料存于采集工程数据库。

在人生的关键时刻，也是沈立芸帮助沈志云把握住了方向。1949年初，受革命热情的激奋，在国立师范学院附属中学读高三的沈志云开始热衷于参加一些游行活动。关键时刻，哥哥来信了，信中说他估计很快就要解放了，新中国成立以后大学肯定还是要招生的。所以要求沈志云赶快回家、复习备考，因为学校已基本停课。当时的沈志云很不以为然，虽然哥哥是家中的权威，可这个时候退出游行活动无疑是当个落后青年。后来，沈志云的哥哥就拜托在国立师范学院上学的邻居李纯樵，请他务必到国立师范学院附属中学所在地——南岳大庙把沈志云押回来。李纯樵告诉沈志云："这是你哥哥下的命令。"虽然沈志云心中不乐意，但还是只能听从哥哥的命令，退出了热火朝天的学潮，回到乡下准备高考。

由此可见，剧烈变化的社会环境搅乱沈志云专心学习的心境，政治活动冲淡了他立志成才的远大目标。关键时刻，兄长坚定自己的主张，把沈志云散了的心又重新聚集到文化知识的学习上，还卖掉了自己的结婚戒指为沈志云筹措旅费去武汉参加高考。沈立芸用满腔的信任、热望，帮助沈志云在人生的关键节点上抓住了命运的机遇。沈志云能够应届上大学，兄长功不可没。

沈志云选择铁路专业，也与兄长密不可分。当时，沈志云同时考取了清华大学、武汉大学和唐山工学院。哥哥帮助沈志云决定去上唐山工学院，沈志云从而开始进入铁路领域，并终身在这个领域进行教学和研究。

沈志云由衷地敬佩兄长，每逢大事，总是喜欢和兄长商量，听听兄长的意见。2000年前后，中南大学欲以高薪引进沈志云。回家乡湖南工作还是很有吸引力的，沈志云有点心动，但却遭到了哥哥的明确反对："你接受人家的高待遇，就必须做出相应的大贡献。而你年事已高，又做不到，人家不说，你自己也会感觉压力太大。"沈志云觉得哥哥的分析中肯，婉拒了中南大学的邀请[①]。

沈志云数度言及哥哥对自己的影响。早在1956年，他就说：

---

① 沈立芸先生一百周年诞辰纪念册。2014年，未刊稿。资料存于采集工程数据库。

对我影响最大的是哥哥。他比我大十几岁，旧社会经验较多，经常以如何待人、如何交朋友、如何自己埋头苦干以便出人头地等思想教育我。中学以前几乎完全是在他的熏陶之下的。[①]

2014年4月，沈志云召集了沈家四世子孙一起纪念沈立芸诞辰100周年。当着满堂儿孙的面，沈志云深情地缅怀兄长，"他（沈立芸）对于沈家的贡献，那是最核心的，是精神支柱，是他把我们撑起来了。"[②]从某种程度上来说，在人生的众多关键节点上，尤其是青少年时期，正是因为有了兄长沈立芸的指引和切实有效的帮助，才成就了今天的沈志云。

穷人的孩子早当家

由于家庭贫困，沈庆生夫妇婚后很长一段时间寄住在岳父母家里。岳父母去世后，家产都留给了儿子，沈庆生一家继续借住在岳父母留下的几间小屋里，不过需要给一点房租。

1935年，6岁的沈志云开始了启蒙教育。上学地点就在杨家山，小学名叫柳家公屋，规模很小，全校也就四五十个人。学生坐在一个教室里，复式教学，一行或者两行就是一个年级，所有年级在一起上课。老师则很辛苦，每节课都会轮流给孩子授课。给这个年级上课的时候，就安排其他年级的孩子看书或者写作业。在这个复合班，沈志云一直读到三年级。

沈志云上小学的时候，最初与姐姐沈健纯一起，姐姐比他高三个年级。由于学校离家较远，中午大部分学生都不回家。沈家姐弟也是如此。每天早晨，姐弟俩带上妈妈做的午饭去上学。

母亲的家教很严格，要求孩子们好好念书。沈志云还记得晚上有月亮

---

① 沈志云：自传。存于西南交通大学档案馆。
② 沈志云访谈，2014年4月4日，邵阳。资料存于采集工程数据库。

的话，母亲就叫他们在月亮底下念书，早晨也要催孩子们早起念书。①

俗话说"穷人的孩子早当家"，少年的沈志云非常懂事。除了念书外，沈志云也力所能及地帮助母亲干些家务活。杨家山后面就是大山，早上读完书后，沈志云就和姐姐沈健纯上山去捡蘑菇、摘栀子花。野栀子花用开水一烫，晒干就可以当菜吃，很是可口。

寄居舅舅家，日子并不如意。沈立芸工作后，开始有工资补贴家用，家里逐渐有了些积蓄。1938年前后，在沈立芸的主持下，沈家在20千米外的长沙县打卦岭枞树山购买了6亩旱田、半亩山林、5间土砖茅屋。沈家第一次有了自己的家、有了自家的土地，全家人欢欢喜喜地迁往打卦岭。由于父兄都不在家，母亲身体残疾、沈健纯和沈志云尚年幼，6亩旱田只能租给乡邻耕种，每年收八担租谷。沈志云的母亲则种点小菜。

相比较童年的寄人篱下，沈志云在打卦岭度过了一段田园牧歌式的、较为宽松愉快的时光。尤其是暑假，清早起来，沈志云挑几十担水浇菜，浇菜完毕已经满身是汗，回家洗个澡。然后就回自己的房间学习，到吃饭的时候才走出房门。夏天蚊子比较多，沈志云就坐在床上，放下蚊帐看书。到太阳下山，又去挑水浇菜并把家里的水缸装满。

哥哥沈立芸还是在外面教书，但回来的时间明显增多。回来以后，家中的气氛跟以前也大不相同。每到过年，全家就能聚在一起，哥哥也能比较长时间待在家里，这是沈志云和沈健纯最高兴的日子。为了春节，姐弟俩早早地砍一个大树根，等到年三十晚上把晒干的大树根堆在堂屋中间点燃，全家人围着炉子坐在一起，炉边瓦罐里煨着的红薯黄豆的香味溢满房间。母亲招呼着来来往往的客人，沈志云、沈健纯则跟着哥哥坐在一起不断谈笑，其乐融融。对于过年的记忆，一家人围火而坐，吃着、随便聊着，那种温馨、亲切的感觉永远地留在了沈志云的记忆里。

读中学时，由于住校，沈志云只能寒暑假回家，但他依然一如既往地

---

① 沈健纯访谈，2014年4月5日，邵阳。资料存于采集工程数据库。

帮母亲干活。沈志云还记得寒暑假回家每天都要挑80担水,他戏称:"我个子比较矮嘛,就是压矮的。"母亲不仅种菜,还种西瓜。有一年,沈家还把西瓜挑到6千米外的一个叫"椰梨市"的市场上去卖。那一年卖了六七百斤。西瓜成熟的时候,沈志云和同学晚上就在西瓜地里搭个床睡觉看西瓜,渴了就弄一个西瓜吃。曾经一天深夜,同学开玩笑大喊:"嗨!谁偷西瓜!"结果还真有偷瓜贼,小偷听到喊声落荒而逃。沈志云和同学一愣后不约而同哈哈大笑。

家庭环境的艰苦,让沈志云更明白只有奋斗才能改变命运。1955年在入党之际,沈志云甚至真诚地批评了自己的这种观念:"这种经济环境带给我的最大影响是个人主义,拼命念书,有本领就能往上爬,这种思想对我来说是根深蒂固的。"[①] 其实,通过努力、以正当的渠道改变自己的命运,不应当检讨,反而值得肯定和鼓励。

逃 难 湘 西

伴随着第一次搬家,十来岁的沈志云开始了人生的第一次辗转求学。从杨家山搬到打卦岭枞树山后,沈志云在名为"清凉寺"的小庙里继续读小学,念完初小后(相当于四年级)的次年,在2千米以外的一个叫做"新冲子"的地方接着念高小(相当于五六年级)。1941年前后,小学尚未毕业,全家人不得不踏上了逃亡的道路。沈志云也不得不结束在打卦岭幸福的幼年生活。

1939年9月到1942年1月期间,国民党军队与侵华日军在长沙进行了4次大规模的激烈攻防战,史称"长沙会战"或"长沙保卫战"。沈志云是这段历史的亲历者,年幼的沈志云虽然未上战场,但是耳闻目睹,在他幼小的心灵里烙刻了战争之惨烈的切身体会。"第一次长沙大火烧了三

---

① 沈志云:自传。存于西南交通大学档案馆。

天三夜，我们隔了20千米望城里，看到那边半边天都是红的。"第二次长沙会战的时候，"日本人从我们这边包抄进长沙，就从我们房子前面经过。"沈家就住在打卦岭的山坡上，日军沿着田垄推进，与山坡相距一千米左右。当时的沈志云很害怕，"我们那个时候吓的很，躲到水沟里，看着日本人骑着大马在田垄里经过，没有散队，日军的目的是进攻长沙"。[①]

1941年秋冬，日军已经近在咫尺，沈家老小在兄长沈立芸的带领下，不得不踏上了逃难之路。当时已经有很多学校迁往湘西。沈立芸本身是小学教员，为了能教中学，当时已经考上了在安化县蓝田镇的国立师范学院。他一边在蓝田镇读书，一边在附近小学兼做教员。见长沙形势危急，沈立芸听从同学的建议，决定让家人也西逃。

逃亡需要钱。沈家经济不宽裕，沈立芸想到一个周全的办法。沈志云的姨父家很有钱，姨父家的儿子与沈志云年龄相仿。由于当时好学校大多迁到湘西，沈立芸就说服姨父让其儿子跟自己到湘西避难和念书，姨父出几担谷子做路费。这样卖掉谷子，就凑成了大家逃难的路费。

去哪里？没有亲戚可投靠，只能投靠朋友。沈立芸有一个朋友，家住湘西安化县杨家滩。蓝田镇距离杨家滩不远，约20千米，通道旁边有一座大山。沈立芸上学的时候，也能照顾家里。于是，沈立芸决定先让家人到杨家滩暂避。

到了杨家滩之后，沈立芸安排沈志云去附近的中心小学插班上学。不过没上多久，日本军队又逼近了，沈志云一家不得不继续往山里逃，逃到一个叫"洞上村"的地方落脚。洞上村距离蓝田镇和杨家滩各有12.5千米，在蓝田和杨家滩之间，坐落在一座绵延起伏的大山中。洞上村有一个梁家祠堂小学，沈立芸就利用国立师范学院同学的关系，把父亲沈庆生安排在梁家祠堂小学教书，年薪16担谷子。工资虽然不高，可这些谷子却充当了全家的主食。这样，沈家在洞上村的逃难生活比邻居们稍好，邻居们一年大多时候都只能吃白薯，很少能吃上大米，而沈家却能大部分时间都有大米吃。

---

① 沈志云访谈，2013年11月7日，峨眉山市。资料存于采集工程数据库。

苦读备考国立师范学院附属中学

逃难的岁月，能够保全性命、保证温饱，已经相当不易。读书就只能是一个奢望了。1941年之后的两年里，沈家从打卦岭逃难到杨家滩，几个月后又搬到洞上。这样，12岁左右的沈志云荒废了学业，小学六年级几乎没有念。

沈志云小学毕业了，要升中学。沈立芸做出一个决定，鼓励弟弟沈志云去报考附近的名校国立师范学院附属中学。

抗日战争时期，大量难民内逃。为了解决内逃人员子弟的上学问题，国民政府曾在川、湘、黔、陕、甘等省区设立国立中学20余所，以收容从沦陷区逃亡内地的青年学生，当然也招收当地学生。这些学校大都以从沦陷区迁来的有名中学为基础，适当加以组合和扩充，由教育部发给经费并直接领导。据统计，当时20%～30%的大学生是由这批国立中学输送来的，所以当时的国立中学很为一般学子所向往。但是，由于离开了原有校址，迁往内地，这些中学的住房和教学设备都比较简陋，一般多租用当地祠堂庙宇等为主要校舍，有的还分散在偏远山区的县市，校本部与各分部之间相距甚远，办学条件很是艰苦。

当时，湖南的学校为逃避战火，多迁往省内中西部山区地带，如安化的蓝田镇（今涟源）及其周边地区以及湘西辰溪等地，以蓝田为当时的文化中心。1938年，国民政府教育部确定成立国立师范学院，拟在抗日战争大后方的湘桂黔择定校址。受命筹办"国立师范学院"的廖世承因此考察湖南。当时长郡中学已迁蓝田，校长鲁立刚在长沙书店偶遇廖世承，推荐安化蓝田，说其有"安定文化""青出于蓝"之寓意。廖世承随后实地考察，看重其"既偏僻又交通便利"，同时辛亥志士李燮和之子李卓然表示可以将其庄园李园租借出来作校舍，"磋商半日，即成立契约"。国立师范学院最终选址蓝田。校址选定在蓝田附近的光明山、李园一带。

1940年，国立师范学院经上级批准，建立国立师范学院附属中学，高初中同时招生以便国立师范学院的毕业生能够就近实习，同时也为了发展湖南的中学教育和接纳战区流离失所的子弟。与当时的一般国立中学相比，湖南的国立师范学院附属中学有许多的优越条件：

首先，学校的硬件良好。国立师范学院附属中学的规模远比一般国立中学小，最盛时期学生也不超过五百人。经费由学院统一筹划，比较充足。校舍整齐，本部设在蓝田六亩塘，修建有虽然简陋但却整齐划一的新校舍。一部分高中高年级的学生则在国立师范学院所在地光明山下的李园借用一部分房屋，以便大学部的教授和讲师能够就近兼课。

当时大城市沦陷，教学仪器很难采购，但国立师范学院附属中学却因有大学部的支援，一般仪器如显微镜之类和做理化试验的药品往往可以从大学部弄到。做生物等实验时，还能买来鸡、兔之类的小动物进行解剖实验。

另外，几乎全部来自沦陷区或家庭经济困难的学生都能够申请到公费，不仅免交学费，还由政府供给伙食费，包吃住。有比较稳定家庭收入的则给予半公费。早期有特殊困难的学生还可以申请补贴。初期还发给每班德智体全面发展的学生一段"罗斯福呢"——美国支援的救济物资，得奖者可以做一件上装或一条裤子。这在物资极端缺乏的抗日战争时期，可以说是很有吸引力的奖励。

其次，师资力量雄厚。当时学校的常任老师，特别是英语、数学、国语、物理、化学等主要科目的老师除由学院的教授讲师兼课外，都是聘请当时省内中学教员中的有名教师担任。先后曾来附中兼课的学院教师有沈同洽、周邦式、厉鼎勋、龙季和、梁镇等教授和讲师。省内比较有名的教师有杜秉正、蒋竹如、李澹村、谢国度、张文庭、杨笔君、周令本等，也大都是由附中领导从其他学校请来或是在国立师范学院的毕业生中择优留用。他们很多后来成为教授、优秀教师和知名学者。

条件如此优越，投考的人数必然众多。当时，国立师范学院附属中学的录取常常是十里挑一，并且随着学校声望的提高，愈来愈难考，报考的往往是各校的尖子。有些人甚至认为国立师范学院附属中学"可望而不可及"而不敢报考。

这种情况下，尽管沈志云在小学读书比较刻苦、成绩尚可，要报考国立师范学院附属中学这样的名校也还是颇有难度；加之逃难生活，小学六年级几乎荒废，1942年沈志云第一次报考国立师范学院附属中学毫无意外地名落孙山。

报考失利，让沈志云很沮丧。哥哥一面安慰沈志云，一面又给沈志云加压[1]。他知道弟弟对读书的渴望，所以不给他退路，希望他能全力以赴。失学的这一年，沈志云"越发感觉到不念好书没有出路"[2]。

1942年冬，沈志云和父母亲、姐姐一起生活在洞上。洞上生活，一方面是躲避战乱，一方面也在全力地补习功课，准备再考国立师范学院附属中学。

在年幼的沈志云看来，洞上是一座"大山"："要么是楠竹山，全是长得碗口粗的楠竹；要么就是茶子山，种的油茶树、油茶林"。洞上的生活条件艰苦，点灯用的油（煤油或桐油）既贵还不好买，而沈志云全力复习备考，晚上不可能不看书学习。于是，沈志云去山上砍了很多楠竹回来，把竹子剖成竹条后浸泡到水里，浸泡一个多月，然后晒干。浸泡晾干的竹条耐燃烧，一根竹条长约1米，宽约2、3厘米，可以燃15分钟，4根竹条就可以燃一个小时。晚上就靠点燃竹条提供照明。在微弱的"竹光"中，"母亲纺纱，姐姐绩麻，我在旁边看书，三个人共用竹片的光，过15分钟就换一根"[3]。清苦中犹有温馨。

在大山里的清贫生活，磨炼了沈志云坚韧、吃苦耐劳的个性，使他小小年纪更深刻地体会了生活之不易。旧中国的农村几乎家家都有一台纺车，农闲时，妇女纺纱织布。抗日战争时期，由于进口棉纱断绝，农村妇女更以纺纱为副业，赚取低廉的劳务费。沈志云的母亲也以此补贴家用。沈志云则帮助母亲将纺好的棉纱换成棉花。一大早，沈志云就带着棉纱下山步行12.5千米到蓝田镇上去换棉花。一般是一斤纱换一斤二两棉花，还

---

[1] 沈立芸先生一百周年诞辰纪念册.2014，未刊稿.资料存于采集工程数据库.
[2] 沈志云：自传.存于西南交通大学档案馆.
[3] 沈志云访谈，2013年11月7日，峨眉山市.资料存于采集工程数据库.

可得到一点劳动报酬。换成棉花以后，用拿到的钱买点盐、针线之类的东西，然后再回洞上。往往是清早去，走到下午4、5点钟才能回到家。为了省钱，沈志云大半天时间什么吃的都舍不得买，当然饿的要命。回到家里，就狼吞虎咽地吃下一大碗米饭。母亲看了很心疼，说"哪怕买一个烧饼吃吃也好啊，又不是没有钱。"沈志云嘿嘿一笑，也不辩驳。

到了冬天，沈志云就去捡茶籽。茶籽可以用来榨油，榨出的油就是茶油。等到大人们采摘完了，沈志云就去草丛里捡被漏掉的茶籽。若树上还有"漏网之鱼"，就拿竹竿敲下来。一个冬天下来，能捡到不少茶籽，可换近15千克茶油，差不多够吃一年。当时，家里还要种菜，在田埂上点种黄豆，用黄豆磨成豆腐。到过年的时候，家境好的人家杀猪，沈志云家里没猪可杀，就架一个大锅油炸豆腐。油炸豆腐那可是过年才能享用的美味。冬天时，沈志云还经常到竹林里去刨冬笋，冬笋是长不成竹子的，可以刨出来当菜吃。沈志云拿一个锄头去找，哪个地方有裂纹，刨下去，可能就有一只冬笋。冬笋长在竹根上，竹根上长了一只冬笋，顺着这个竹根再往里刨，运气好的时候可以刨到第二只、第三只；当然有时候根本就没有。有一次，沈志云一下子刨了4只，高兴得晚上失眠。还有捞虾米、扎泥鳅等。山里有小河小溪，还有很大的一个瀑布，瀑布上头是一个小池塘，那里有很多小虾，沈志云就去捞小虾；晚上在水田旁边扎泥鳅，用松树枝架在一个小铁笼子里，做成灯笼，提着这个灯笼去田里。晚上泥鳅看见火就待在那里一动不动。于是，沈志云就拿着用许多铁丝磨尖制成的长柄针梳把泥鳅扎住。一晚上能扎好几斤泥鳅，可以改善家人的生活。

湖南的冬天非常冷，烤火需要木炭。沈志云经常干的另一件事就是上山"烧木炭"。怎么烧木炭呢？用水桶挑一担水，带上砍刀和锄头爬到山顶上，找一个宽阔的地方刨一个小坑，再到周围去砍些灌木、野刺堆在坑里用火烧，烧到刚见红灰的时候就用水把火浇灭，剩下的就是炭末。然后，再把炭末挑回家。天冷时，放在烤火篮子里烤火取暖。有一次去砍灌木，沈志云走在一个小道上，一不小心掉到一个逮野猪的坑里。当时坑上面铺有茅草作掩饰，沈志云没注意，一下就掉了进去。掉落过程中，带的刀砍在腿上，膝盖被砍了很大一条口子，流了很多血。坑有点深，掉到坑里后，沈志云根本爬不出来，在山上大声呼喊也没人能听见。沈志云惶恐不安，更害怕晚上山里的野兽。后来好在那个挖坑的猎人来检查他的猎物，发现坑里有人，才把沈志云救上来。

洞上的这段生活，清苦但也乐趣无穷，俗话说，"吃得苦中苦，方为人上人"。科学研究更是"苦差事"，没有吃苦的精神，难以坚持。

1943年春，沈立芸应聘到娄底的春元中学任教，他把沈志云一同带往娄底，亲自监督、辅导弟弟学习。沈志云也心无旁骛，每天努力看书、做习题。

1943年初夏，沈志云到蓝田第二次参加国立师范学院附属中学的入学考试，功夫不负有心人，沈志云终于如愿以偿，考入了这所远近闻名的名校，一读就是六年。

年年第一

1943年9月，沈志云进入国立师范学院附属中学学习。国立师范学院附属中学的学生都是寄宿，因此沈志云也离开家、开始住校。国立师范学院附属中学实行小班制教学，一个班只有三十人左右（而其时的一般中学每个班通常四五十人），师生关系比较密切。

国立师范学院附属中学管理良好。学校制定了三条简单的校规：考试作弊者开除；打架斗殴者开除；有偷盗行为者开除。学校的学风浓厚，同学们都在校内认真学习，从未听说有在校外吃喝玩乐者，同学之间也比较友爱。沈志云牢记哥哥"认真学习"的教导，铆足了劲，两耳不闻窗外事，学习非常认真。

国立师范学院附属中学在蓝田镇的条件比较好，尤其教室比沈志云所上的小学好多了。沈志云第一次坐在如此宽敞明亮的教室里，很满足。和许多同学睡大通铺，也很兴奋。不过，总的说来，学习生活条件非常艰苦。1944年8月，为躲避战火，国立师范学院附属中学迁到溆浦沅水对岸的赵家村，那里有好几个祠堂，可以用作教室，也可以开通铺当宿舍，生活更艰苦。

学校搬到溆浦后，沈志云的家仍在洞上，属"沦陷区"，他就与家里失去了联系。失去了家里的经济援助，如何才能完成学业？沈志云很着急。学校迁到溆浦之后，像沈志云这样失去家庭经济来源的学生有不少。尽管政府提供伙食，总得还要有一点零花钱。好在国立师范学院附属中学非常惜才，当时学校为了帮助那些经济困难的学生，就把学校的工人辞掉了三个，每个工人的事务由三个半工半读的学生来顶替，把这个工人的工资平分给三个半工半读的学生。这样一来，全校就设了九个半工半读生。半工半读生的第一个条件是必须与家庭失去联系、没有经济来源；第二个条件是学习成绩必须优异。这两个条件，沈志云都非常符合。于是，沈志云在溆浦的两年学习就靠着半工半读维持下来。"半工半读"这样的举措，在抗日战争的恶劣条件下帮助家庭经济困难的学生完成了学业，对这些学生的人生产生了巨大影响。

条件虽然艰苦，但丝毫不影响国立师范学院附属中学出色的教学水平。整个学校形成了卧薪尝胆、昂扬向上的风气。艰苦的生活、严格的训练和较高的教学水平，给沈志云打下了扎实的基础。

国立师范学院附属中学的教学水平出色，英语教学就是突出的案例。当时，国立师范学院附属中学的英语教学强调"直接教学"。初高中英语老师基本使用英语讲解，到高中时英语老师几乎就不使用汉语了，个别班的《范氏大代数》也曾使用过该书的英文原本。给沈志云留下印象最深的是英语老师——端木露茜，她是当时师范学院储安平教授的夫人，每天走几千米的路到附中来上课，沈志云初中二、三年级的英语课都由她教授。从初中开始她就用英语直接教学，而且特别重视口语。1946年沈志云上高中以后，英语课教学由当时的校长张文昌兼任。张文昌既是附中的校长，也是国立师范学院教育系的系主任，曾经留学美国八年，研究教育学。张文昌给全校师生讲话，一口江浙方言，学生听不懂。但他上英语课却是一口流利的英语，反而比他讲中文时好懂。他的英语教学很有特色，如组织学生进行英语演讲比赛、演英语话剧，这种教学方式，让沈志云非常喜欢英语，也使他具备了较高的英语水平，听、说、读、写都没有问题。后来，在沈志云上唐山工学院阶段，那时大学根本不开设英语课，但很多专业课都是直接用英语教学，沈志云基本上都能跟得上课程。1952年以后，全国学习苏联，从中学起就改学俄文，大学也改用俄文教材，沈志云很少接触英文。30年后的1981年到英国开会、1982年赴美国麻省理工学院做访问学者，沈志云即使不进行专门的英语训练，仍然可以比较通畅地用英语学习、交流，这都得益于在中学阶段打下的扎实的英语语言基础。

在琅琅书声的气氛之下，国立师范学院附属中学也很注意学生的全面发展。在高一年级每周各设有一节音乐课、美术课，这在抗日战争时期的湖南各高级中学也是少见的。体育老师也很认真，还教踢踏舞和各式各样的舞蹈。沈志云和同学们都去学着跳踢踏舞，有时下课时大家还能"秀"几把。另外，学校里还组织童子军，高中还需要穿军服进行军训；国立师范学院附属中学还成立军乐队，沈志云也参加了军乐队，学习打大鼓。这些音乐艺术的熏陶成为沈志云终身的爱好，音乐成了他修身养性的好方式。

沈志云在国立师范学院附属中学学习的六年，成绩十分优异（见表1-1）。"沈志云在六年学习期间，获得过11次全初中或全高中学期总分第一的荣誉。最后一学期临近解放，提前放假，才没有评选总分名次。"[①] 其实，沈志云高三的最后一学期也是第一名。

表1-1 沈志云在国立师范学院附属中学的初、高中主要课程成绩单

学期	国文	外文	数学 三角	数学 几何	数学 代数	物理	化学	各科平均成绩	排名
初二上	74.5	90			96		88	87	1
初二下	85.3	84			91		96	88.7	1
初三下	85	80	88	100	94	93.2		87.12	1
高一下	83	78	98.5	100				86.4	1
高三下	88	83		100		98		90.88	1

资料来源：沈志云初高中成绩档案，原件存于湖南衡东一中。

[①] 西南交通大学校史编辑室：《浃实扬华 桃李春风》。成都：西南交通大学出版社，1996年，第11页。

在同学眼里,他做的练习题也比一般同学多得多,很少参与同学玩耍打闹,也不是很喜欢参加各种社会活动。用沈志云自己的话来说,国立师范学院附属中学的六年"由于入学前受家庭的影响,所以成了一个标准的死啃书本、循规蹈矩的学生,成绩也很好,12个学期中就曾受过八次奖。"①

1945年,抗日战争胜利后,当年从京沪平津等地方内迁的人才和资本都纷纷返回原地,因抗日战争迁往内地的学校也纷纷回迁。不过国立师范学院附属中学是新设立的,所以还是留在湖南并最后选定在衡山县的南岳山建校。国立师范学院附属中学以南岳大庙为校,大庙东廊就是学生的教室,东廊后面的许多过去和尚住的房间当作学生宿舍。

此时,沈家也准备迁回长沙打卦岭。由于哥哥和姐姐都没有时间,搬家的重担就交给了刚上高一的沈志云。那时,沈志云已到南岳报到,接到哥哥的信后便连夜赶了两天路到洞上。将家里的东西打包,然后请了十几个挑夫,用两套滑竿抬着父母亲,挑夫挑着行李,到涟水河边乘预订的货

图1-3 当初国立师范学院附属中学的教室——湖南南岳大庙回廊

---

① 沈志云:自传。存于西南交通大学档案馆。

船到湘潭，再租了一条小船顺湘江而下，到达长沙大西门码头。姐姐沈健纯和哥哥沈立芸在长沙等候。到长沙时已经深夜12点过了。第二天，哥哥姐姐送父母亲回打卦岭，沈志云则乘火车赶回南岳上课。当时

图1-4　沈志云（第三排右二）与格致社人员的合影（1948年10月摄于湖南衡山）

的沈志云不过是一个16岁的少年，能独自把家稳稳当当地搬回原籍，确实少年老成。

沈志云的高中阶段，全国学生运动风起云涌，学校的学生组织也纷纷出现。学校持支持态度。沈志云也开始参与学生活动，这是沈志云高中一个比较明显的变化。

格致社是由比沈志云高一年级的同学发起的。当时的口号是：互相鼓励学习，联系感情，把纯洁的同学感情保持到永久。沈志云高中一年级下学期就参加了格致社[1]。南岳大庙里有一个小开间，本来是放笞帚等用具的，后来学校同意把那个房子给格致社做活动场所。格致社原本叫"励志社"。励志社之名原取其"鼓励志向"之意。励志社的同学们也邀请老师来参加活动，其中有一位数学老师易懂联就提醒大家说："你们叫'励志社'不好，在外面有专门的励志社，他们还出了刊物，你们不要跟人家同名啦。"在易老师的提醒下，大家经过多次讨论，决定把"励志社"改为"格致社"[2]。所谓"格致"，就是"格物致知"之意。

当时，参加格致社的都是一些学习成绩比较好的同学，人数最多时达

---

[1] 沈志云：自传。存于西南交通大学档案馆。
[2] 励志社1929年1月成立于南京，社长蒋介石，实际负责人为总干事黄仁霖。该社是以黄埔军人为对象、以振奋"革命精神"培养"笃信三民主义最忠实之党员，勇敢之信徒""模范军人"为目的的军事组织。

第一章　辗转求学

到 20 余人。格致社定期活动，经常请老师和大家一起活动，跟老师一起交流，请老师讲一些做人的道理、科学知识等，大家也经常在一起交流学习心得，还买了二胡之类的乐器。课余时间，大家就在一起拉拉二胡、聊聊天，寒暑假也都不回家。格致社还组织了球队，大家一起锻炼身体。还经常出墙报。参加格致社的活动让沈志云结识到了更多的朋友，也锻炼了能力。

1949 年年初，从长沙的清华中学转过来好多进步同学。与国立师范学院附属中学相比，这批清华中学的同学革命热情更为高涨，国立师范学院附属中学的很多同学都自动跟着他们。格致社同学的思想也慢慢进步，到 1949 年 3 月开始组织一些游行。正在热血沸腾之时，哥哥来信了。在哥哥沈立芸的坚决主张下，沈志云不得不退出了当时热火朝天的学潮，回到乡下，准备参加大学入学考试。

第二章
大学时光

武 汉 赶 考

被哥哥执意从国立师范学院附属中学"押"回家复习备考的沈志云，对哥哥是满肚子的意见，责怪哥哥思想"落后"，还连带影响自己成了"落后分子"。尽管如此，出于自小对哥哥的崇拜和敬重，沈志云还是被迫按照哥哥的思路准备参加大学入学考试。心里不服气，也只能这么兜着。

这段复习备考的时间大概持续了四五个月。到了8月，湖南省和平解放了，但是沈志云在乡下，信息完全不通，不知道形势发展的状况，也不知道大学招生的消息。就在沈志云焦急等待的时候，哥哥专门送来了一条非常重要的消息：今年长沙没有学校来招生，但是武汉有大学在招生，比如唐山工学院8月10号就考试，现在赶过去还来得及。

沈志云得知武汉有大学招生的消息时已经是8月6日了。当时没有路费，哥哥就把自己的结婚戒指拿出来换成10块银圆，全部给沈志云带在身边做路费。8月9日，沈志云赶到唐山工学院的招考点地——武昌实验中学，在最后时间赶上了报名。考试结束以后，得知清华大学、武汉大学在武汉大学招生，他又前往武汉大学参加考试。这次考试，时间上就比较宽裕了，距离考试还有20多天时间。这样，沈志云在武汉大学的学生宿舍住了半个多月。

对于这几所著名大学的招生考试，由于准备得很充分、平时学习成绩优异，沈志云并没有感觉到难度，觉得完成了哥哥交给的任务，就回家等候消息。可越等越觉得自己不对：革命大潮高涨，同学个个参军参干，意气风发；而自己则猫在家里偷偷地考大学，像是当了逃兵。在当时绝大部分人的意识里，考大学可能远不如参军参干"光荣"。他暗下决心：不管是否录取，都要"参军参干"去。怀着这个念头，一天晚上，沈志云跪倒在母亲的门口，跟她告别，带着难以遏制的激情，悲壮地离家出走，准备再次融入轰轰烈烈的革命洪流中去。

无巧不成书，沈志云走到长沙城里，又见到了哥哥。哥哥告诉他被三个学校同时录取了。

要是放到今天，听到这个消息，估计谁都会喜不自禁吧。可是，沈志云犹如被当头一桶冷水泼下，全部革命热情顿时熄灭。被大学录取，彻底打断了沈志云"参军参干"的想法。在哥哥的力主之下，沈志云被动地准备着上大学的行囊。

三个学校都录取了，到底去哪个呢？那时候考得最好的是武汉大学，武汉大学机械系沈志云考了第一名。其他两个学校也都录取了，但不是第一。

在职业前途的选择上，沈志云的哥哥再次以自己的眼光和分析给出了独到、合理的见解。几千年来，中国的知识分子走的是"学而优则仕"的道路，1905年清末"新政"宣布废除科举，这一政策几乎隔断了当时知识分子的上升通道。民国时期局势动荡，通过读书来谋取一份稳定收入也变得不是那么容易。而在铁路上工作，相比较而言就稳定得多，至少不会失业。有鉴于此，沈志云在哥哥的力主下，从就业考虑、从发展考虑，选择了和铁路相关的机械专业。在铁路方面，当时国内最有名气的大学当数唐山工学院。这样，沈志云就选中了唐山工学院。

从湖南去唐山，不直通铁路。临到上学的时候，沈志云手指上长了很大一个疮，中指肿得像香肠一样，很疼。他一个人扛着行李箱、背着包，忍着疼，从长沙到武汉、从武汉到郑州、从郑州转徐州、经徐州再到天津、在天津再转车才到唐山。沈志云带着哥哥的期望、带着"好好读书才有出息"的信念，经过四五天的辗转颠簸，来到了理想中的唐山工学院，开始了大学生活。

初进唐山工学院

从沈志云1949年10月进校到1952年毕业，这一时期的唐山工学院可谓群贤毕至、名师荟萃，出现了前所未有的兴盛局面。

和沈志云辗转求学的经历一样，唐山工学院——这所近代中国最早的大学之一，也是在炮火纷飞的岁月中颠沛流离、筚路蓝缕。抗日战争中，唐山工学院也被炮火一路驱赶、一路南迁，最后落脚在贵州平越。抗日战争胜利后，唐山工学院回到唐山。1949年6月，铁道部接管唐山工学院，提出"只要有真才实学的教师，不受定员的限制，可以广泛吸收聘请。"当时学院求贤若渴，准备大力拓展师资队伍。于是，学院在国内外杂志上发表"求贤榜"[1]，或者写信邀请海外留学的校友回校任教，希望大批学者"来本院任教并担任研究工作，成为发展新交大的柱石"，并且承诺唐山工学院的教员"享有铁道部员工的福利"，除本人和眷属有火车免票外，行李书籍也有免费运输证。唐山工学院的薪金待遇也较一般大学要高。比如，正教授待遇为500～750千克小米，而当时清华、北大、南开等最高为650千克[2]。这样的"求贤"活动硕果累累，不到两年时间，从国外引进了知名教授、副教授、讲师80余名，同时在国内招聘了许多专家、学者。

1949年7月，唐山工学院有教授28人、副教授7人。到1951年，唐山工学院的正教授人数增至66人，占教师队伍的33%，与在校学生人数

---

[1] 《建国事业励进社社报》，1949年第100期。
[2] 新中国成立初期，由于物价波动较大，全国的货币也尚未统一，所以人员的薪金以当月的小米价格为计量标准发放，小米也变相地成为了一种货币计量单位。

图 2-1　20 世纪 40 年代末的唐山工学院校园

之比为 1∶17；正、副教授总数达 90 人，相当于全国正、副教授人数的 1/19。这些专任教师中留学美国的有 42 人，还有 10 人留学其他国家。他们中的大多数人后来成为全国各类相关学科的奠基者和带头人[1]。毫不夸张地说，这是一支群星灿烂的师资队伍。

1949 年 10 月，新学期开学。沈志云千里迢迢来到了这所著名学府。新学期唐山工学院开设的专业由以前的 4 个系增到 7 个系，增加了机械、电机、化工 3 个系。唐山工学院在铁道部的积极支持下，办学条件大为改善：铁道部拨款为学校扩建校舍、购买教学设备、添购图书、兴建实验室。机械系虽然是新创，但在系主任史家宜教授的主持下，广集人才，大添设备，迅速使教学水平达到了国内一流。1950 年，一次偶然的机缘，让唐山工学院接收了一批国民党留下的科研设备，这些设备安装在校园里对教学有巨大的帮助，教学条件也在全国工科院校中处于一流水平。至于机械系的教授，更是享誉全国：系主任史家宜，早年毕业于上海交通大学机械系，后在英国留学 10 年，是英国皇家学会会员；机车专家孙竹生教授，毕业于哈尔滨工业大学，后在美国普渡大学获硕士学位，回国曾任沈阳机车车辆厂总工程师，

---

[1] 西南交通大学校史编辑室：《竢实扬华　桃李春风》。成都：西南交通大学出版社，1996 年，第 25-29 页。

1950年由院长唐振绪聘请来校主持机车车辆学科。此外，还从一些生产管理部门引进的教师，如毛家训是从铁道部车辆局调过来的，陈忠淦是从南口机车厂的厂长任上调过来的。这些教授所开设的课程水平都很高。

当时机械系的基础课师资力量也很强，如教热工的蒋汉文教授和章纯煆教授，教机构学和机械设计的黄秉淦教授、沈嘉猷教授和戴振声教授，教工厂实习和基础工艺的刘钟华教授和陈应星教授。同时还聘来了韦开荣、章宏甲、王穆之、黄子健、沈庭寿、段镛川、夏建新、卢钟吕、黄襄洪等几位讲师和助教分别到制造、热工和机械设计学科。外系到机械系授课的师资力量也很强，教微积分和微分方程的是杨荣宝教授，教画法几何和工程画的是李汶教授，教物理的是关开敏教授，教工程材料的是王兆昌教授，教工程化学的是金允文教授，教电工的是曹建猷教授，教力学的是翁心刚教授。

沈志云就读的机械系一班共有54人，其中有8个同学分别是1947年、1948年考上唐山工学院但1949年才入学的，3人是由华北交通学院合并而来的。此外，还有好几个同学是从学校的其他系转入机械系一班的。这54人中，有好几个同学跟沈志云一样，也是放弃国内的其他名校来读唐山工学院的。可以说，机械一班的情况比较复杂，但是这个班级却相当团结，大家友爱互助，奋发图强，事事争先。大学的基础课和基础技术课用英文教材，基本上都是教授上课，讲课有的全用英文，有的半英文半中文，但至少板书和作业是英文。最令沈志云佩服的是李汶教授讲的投影几何课。他讲课像机关枪似的铿锵有力，引导着学生跟着他的思路从一个投影进到另一个投影。唐山工学院平时作业多、小考多，而且都要计入学期总成绩，要求十分严格，所以平时丝毫不敢懈怠。这么好的大环境为沈志云的大学学习奠定了良好的学习氛围和基础，引导着他走向更广阔的知识天地。

"书呆子"的转变

沈志云在唐山工学院学习期间，有一个非常明显的转变：那就是从一个沉闷的"书呆子"转变成一个活跃的"活动家"。这个转变，对沈志云此后的工作经历和科学研究有着极为重要的影响。

初到唐山工学院，沈志云对待学习、对待人生的看法基本停留在哥哥的教诲阶段。由哥哥一手培养长大，"好好读书才有出息"是哥哥言传身教、潜移默化给沈志云的信念。但这个"出息"是什么？在当时的沈志云看来，那就是能够"报效家庭"。所以，大学的第一学期，沈志云对班级的活动并不热心。除了学习外，当时的沈志云只是关心与自己切身利益有关的问题，如申请助学金能不能批准？因为家里没有钱，若能申请到人民助学金，就可以拿到伙食费。

唐山工学院的学生假期坐火车回家都可以免票。寒假到来，沈志云兴冲冲地开着免票证回家了。这是沈志云大学生活里唯一一次回家，但是沈志云却没有在家过年，除夕之夜只身返回了唐山。这是沈志云性格转变的一个转折点，其原因有两个方面。

一方面，长沙刚刚解放，社会环境在剧烈动荡之中，沈志云的大家庭也处于巨大的变动中。1950年春节前，沈志云从唐山回到了长沙老家，但是家里的氛围已经悄然改变。在这个大变动的时代，每个个体尽管背景各异，都或多或少显得有点无所适从。哥哥本来聪颖过人，之前在长沙一直发展得很好，在湖南大麓中学任教。但终归有点自卑，担心自己学历不够。再加上沈立芸当时不知道以后会怎么样，心情总是忐忑不安。看着哥哥如履薄冰的姿态，完全不是自己以往崇拜的高大形象，沈志云心里很不是滋味。沈志云嫂子的父亲是长沙市八角亭兄弟内衣百货公司的大经理，可以说是大资本家。哥哥嫂子结婚后，家庭环境有很大差异，婆媳问题、姑嫂矛盾比较突出，更让沈志云心情非常郁闷。回到家里，却难以找到以前家庭温馨和谐的感觉。大年三十，他执意离家返校，他说："放下家庭观念的包袱是我进步的第一步。"①

另一方面，在唐山工学院半年的学习和生活，客观上也开拓了沈志云的眼界和心胸。尤其是外部环境的变化，使沈志云开始认识到人生不仅是读好书，还有很多其他的选择；个人也需要更多的社会肯定，而仅仅是学

---

① 沈志云：自传。存于西南交通大学档案馆。

习好获得的肯定显然已经不能让他感到满足。在新中国成立前后，投身革命洪流无疑是最能得到社会肯定的。所以，家庭氛围的变化就像是一个催化剂，不仅促使沈志云自我意识超过了对长兄的绝对遵从，也促使他的价值取向开始发生变化。

沈志云回到学校就好像变了一个人了，从一个"书呆子"变成了各个方面都很积极的"活跃分子"。第二学期，也就是1950年3月25日，沈志云申请加入中国新民主主义青年团，并担任团小组长及支部委员等工作。

1950年6月25日，朝鲜内战爆发。10月，中国志愿军入朝，全国掀起支援和参加抗美援朝的热潮。唐山工学院也投入到抗美援朝运动之中，全校师生员工把爱国主义的热情化为实际行动的激情。沈志云也热情澎湃，和大家一样报名、写决心书，最后被编入唐山市抗美援朝志愿军大队。当时，志愿大队到唐山福庄广场集合训练，准备去朝鲜。不过，最后下达给学校的任务就只有土木系工程队入朝[①]。

新中国成立初期，高校中的各种运动搞得很多，沈志云开始积极参与其中，甚至成为运动中的领头人物。1951年下半年至1952年，整个教育界开展了知识分子的思想改造活动。1952年3月3日开始，唐山工学院也开始了思想改造运动，组织教师在小组、全系或者是全院大会上检讨自己的旧思想、旧观念和不良作风，听取群众的评议（当时叫"洗澡"）。而教授"洗澡"，学生们则去帮他们"搓"，即教授在学生面前作检讨、检查思想，学生再给他们提意见，甚至在校刊上点名批判专家学者。沈志云还记得当时就曾给孙竹生教授提意见、帮他"搓澡"，有些言论难免有些过火，此后好多年他都感到对不起这位德高望重的老教授。

当时的思想改造及各种政治运动对沈志云内心的改造是很深刻的。也许当时沈志云并没意识到自己在这些运动中的行为有什么不妥，但事过境迁，每当回忆起这段历史，总是觉得这些运动有不合适之处，内心深处总有一丝不安[②]。这是一个知识分子的良心所在。当然，这里面有太多时代的

---

① 何云庵：《当祖国召唤的时候——交大（唐山工学院）抗美援朝工程队纪实》。成都：西南交通大学出版社，2010年。

② 沈志云访谈，2013年11月7日，峨眉山市。资料存于采集工程数据库。

因素，个人在时代的洪流里是微不足道的，有时候甚至是无能为力的。

尽管现在沈志云并不完全认可在学生时期裹入的运动洪流的这段经历，但这种从"书呆子"到"活跃分子"的"性情"的转变，锻炼了沈志云的社会交往能力，对于其后在学术交往、科研实践直到后来为中国高铁的发展运筹帷幄、奔走呼号取得的成就上，都是有影响的。

实践教学的影响

唐山工学院有着"东方康奈尔"的美誉，这是源于唐山工学院"严谨治学""严格要求"的优良校风和一流的教学水平。当年，唐山工学院的毕业生茅以升在美国康奈尔大学参加硕士考试，结果考了全满分并荣获康奈尔大学优秀研究生"斐蒂士"金质研究奖章，康奈尔大学就此决定免试接收唐山工学院的毕业生。几十年来，唐山工学院学生源源不断地赴美国康奈尔大学留学，故有"东方康奈尔"美称。

沈志云在唐山工学院"双严"学风的熏陶中，在学术造诣高深的教授指导下，打下了深厚的专业理论功底，学习成绩名居前列（表2-1）。

表2-1 沈志云大学时期主要科目成绩表

科目 学期	微积分	应用力学	材料力学	机构学	热机学	机械材料	电工学	工厂实习	经验设计	机动学
大一	89.3	88	77	79	81	87	75	82.5	86	94
科目 学期	微分方程	应用力学	材料力学	机械材料	电工学	工厂实习	热机学	工程化学	经验设计	机动学
大二	91	82	84	87	90.6	80.5	92	92	84	89
科目 学期	机械制造	初等结构学	铁路运输	水力学	电工试验	制动装置				
大三	92	86	84	90	82	88				

资料来源：机械系一年级成绩表，见沈志云档案。资料存于采集工程数据库，原件存于西南交通大学档案馆。

在唐山工学院，沈志云不仅学到机械专业丰富的理论知识，唐山工学院的实践教学、理论联系实际的教学方法也让沈志云体会深刻、收获颇丰。当时，唐山工学院请了很多富有生产实践经验的人来给学生上课。比如，请唐山机车车辆厂的魏厂长上车辆修理课。魏厂长结合生产实际讲得绘声绘色，而且很多时候还故意"卖关子"，给同学们留下很多实际修理中的问题，让同学们想办法解决，大家都特别来劲儿。唐山机车车辆厂的工程师唐仲谦也给沈志云留下了深刻的印象。唐工个子高高瘦瘦的，为人很和气，乐于和学生们交流讨论问题。在学生中间流传着对唐工的传神描述，说他什么都知道，不仅图画得漂亮，而且对于一些力学原理、数学计算等都很精通。大家都说，不管要什么车，他都可以给你设计出来。作为青年学生的沈志云当然对唐仲谦非常崇拜，认为自己学车辆专业的，追求的目标就是成为像唐工这样既有经验又有理论的人[①]。

此外，唐山工学院教学中的工厂实习也很有特色。几乎在大学的每个学期，唐山工学院都会把学生带到工厂去实习。当时的唐山工学院归铁道部领导，进行生产实习具有别的院校没有的得天独厚的条件。铁道部给所属的工厂和工程部门下达了接受唐山工学院学生实习的任务，还为生产实习提供火车免票。比如机械系学生就分到北京长辛店、沈阳皇姑屯、齐齐哈尔、大连、青岛四方等机车车辆工厂和唐山、天津、北京丰台机务段实习。当时，机械系的学生分了两个小组，一个是机械制造组，一个是机车车辆组。沈志云在机车车辆组。第一学年，沈志云被分到沈阳皇姑屯进行翻砂实习。一个多月的时间都学翻砂，车间的师傅也非常认真负责，手把手地教同学们，学生们也觉得自己能够动手干活了，不是局限于书本，信心大增。第二年，沈志云又去了哈尔滨的车辆修理厂，还到了最远的佳木斯机车厂实习。后来的足迹越来越多，青岛、蒲镇这些地方都去过。尽管去实习的时间不长，还是很有收获。当然了，对于沈志云来说，去的最多的就是学校对面的唐山机车厂，几乎一有时间就去。这样的生产实习使学院的师生都受益匪浅。

---

① 沈志云说唐车，2012年5月。资料存于采集工程数据库。

通过实习，不仅使学生巩固了课堂上学到的理论知识，而且还掌握了生产技能。学生也好、老师也好，不仅理论根基比较厚实，动手能力也特别强。工厂里的师傅也是毫无保留地手把手地教学生开机床、上钳工，青年师傅后来也成为教学上的骨干，形成了工厂和学校的良性互动。能够脚踏实地地为生产服务，这就是唐山工学院牢牢树立起来的办学理念。

这种重视实践教学的理念当时有两个来源。

其一，前述茅以升在康奈尔大学取得优异成绩，回国后，茅以升四任唐山工学院校长，办学精神亦颇受康奈尔大学的影响，包括康奈尔大学的"理论联系实际"的教学方法。

其二，50年代初，新中国开始酝酿学习苏联的教育思想和经验，对旧教育制度和教学方法进行改革。虽然还没有正式开始，但许多精神都开始传播。

随着新中国经济建设的发展，各行各业都出现了严重缺乏技术人才的现象，大学生供不应求。1952年，国家开始对大学毕业生分配实行由中央高度集中的计划管理体制。该年正是沈志云进入唐山工学院的第三个年头，也是新中国即将开始执行第一个五年计划的时候。此时的国家急需大量的技术人才，为满足国家经济建设的需要，高校实行了两项重要的举措：一是动员考上本科的学生改读专科，以缩短学制，早日参加建设；二是大学三年级的学生提前毕业。唐山工学院也根据教育部和铁道部的指示，决定各系三年级和四年级两个年级的学生同时毕业。沈志云就是在这一年的暑期，和唐山工学院的421名同学一起结束了学生生涯，走上了工作岗位，成为祖国经济建设急需的技术人员队伍中的一份子。

第三章
留学苏联

毕 业 留 校

1952年5月,唐山工学院改名唐山铁道学院,直属铁道部。在院系调整中,唐山工学院的冶金系、采矿系、化学工程系、电机系电讯组等专业被调整到其他高校,材料系停办,从8个系缩减为4个系,变成了一个铁路行业特色非常明显的"专事培养铁道工务、机务及电务、电机人才"的高校[1]。

唐山铁道学院办学的一大特色就是对实践的重视,因此学生学习过程中与工厂的接触较多。沈志云非常喜欢在工厂直接接触生产实际的感觉,觉得这才是"真刀真枪地干",是建设社会主义的第一线;而且认为自己所学的机车车辆专业,到工厂去搞机械才是"专业对口"。因此,填毕业分配志愿时,"我第一志愿、第二志愿、第三志愿都是工厂,哪个工厂都可

---

[1] 何云庵,李万青:《竢实扬华·自强不息:从山海关北洋铁路官学堂到西南交通大学(下卷)》。成都:西南交通大学出版社,2011年,第60页。

以，就想到工厂去好好地干一番。"志愿交上去以后，沈志云主观地认为自己肯定能分配到工厂去工作，对此憧憬不已。但是，公布的分配结果却是留校到基础课部理论力学教研组当助教，沈志云非常郁闷："热情全泡汤了，想法全部泡汤了，那个时候的确很难受，觉得好像自己的理想很难实现了。"① 原来，随着院系调整，很多老师都被调整到其他学校去了，唐山铁道学院急需补充师资力量。同时，当时有很多苏联专家到唐山铁道学院工作，也急需青年教师学习俄语、充当翻译及苏联专家的助手。

在新进教师的大会上，校方明确指出大家的任务是要推进学校学习苏联的工作，推进学校以苏联为榜样进行的教学改革。沈志云当了理论力学教研组秘书，协助主任卢孝棣进行教学改革。报到时，沈志云依然没有死心，还傻傻地问教研组主任卢孝棣能否只是暂时留校。刚报到，就给人留下了不安心工作的印象。在当时，不安心工作，可是一个很大的问题。沈志云顾不得那么多，依然不肯熄灭去生产现场的愿望②。其实，当初他得知留校时，还有一丝隐隐的担忧。因为在知识分子思想改造运动中，自己是年轻气盛的毛头小伙子，没少给老师们提批评意见。现在想来，有些意见确实有点过头。要留下来跟老师们一块儿工作，总觉得不那么自在，和老师们相处的时候，总有些忐忑。确实，有个别老师没忘记，觉得他是个"刺头"，和他相处的时候有些不悦。他很尴尬，一直想真诚地道歉，但又太年轻、面子观重，不知道怎么去道歉、弥补。老年的沈志云也为此深表遗憾，"等于欠了他们一笔债似的。"③ 不过，大部分老师好像完全不记得这档子事情一样，沈志云也就慢慢地安下心来，完全投入工作。

按照唐山铁道学院的传统，留校只能先任三年助教，这三年是没有授课资格的，只能跟着老教师备课、试讲。当助教三年，虽然没能正式登上讲台，但沈志云非常忙碌。这种忙碌，一定程度冲淡了他内心的郁闷，同时也让他的理论力学知识得到了比较系统的补充，打下了更为坚实的基

---

① 沈志云访谈，2013年11月7日，峨眉山市。资料存在采集工程数据库。
② 西南交通大学校史编辑室：《竢实扬华 桃李春风》。成都：西南交通大学出版社，1996年，第673页。
③ 沈志云访谈，2013年11月7日，峨眉山市。资料存于采集工程数据库。

础。沈志云的同学、同事、科研好搭档严隽耄也认为沈志云在力学方面的造诣非常深,这是他后来取得突出科研成果的一个非常重要的原因①。沈志云力学功底的奠定主要得益于他在理论力学教研室的经历,其一是50年代,其二是70年代末到80年代初。50年代正是全面学习苏联时期,"苏联具有欧洲传统,对基础理论教学较为认真。教案讨论、课前试讲、习题课、质疑、答疑、口试等一整套制度对刚入门的青年教师来说,的确是最好的锻炼。翻来覆去,几年下来,把力学基本概念搞得滚瓜烂熟。"这对他以后的科研教学工作都很有帮助。沈志云回忆道:

> 我自己对理论力学学科理解得比较深……我在以后教学科研中,从未在力学概念上出过错误,就是得益于这三年理论力学助教的严格训练②……对问题的逻辑思维,就学科体系已十分完善的理论力学来说,也是能给人以启迪的。分析问题,思路清晰,这一特点的养成与这一段的磨炼不无关系。③

留校工作几年,沈志云不仅专业学识上有很大进步,也确立了自己的人生信仰。1954年2月25日,沈志云加入了中国共产党。加入中国共产党,为共产主义事业奋斗终生,是沈志云的追求和梦想。在介绍入党过程中,两位入党介绍人都认为沈志云历史清楚、对党忠诚、有一定觉悟,工作积极肯干,学习努力。缺点是急躁,有时有些自大,在团结知识分子工作中有缺点④。虽然这个评价未必完全属实,但当时的沈志云可能在一定程度上还是有些年轻气盛。沈志云中学、大学的求学过程都比较顺利、成绩优异,因此,锋芒外露也是可以想见的。入党过程中经过群众和党组织的谈话,沈志云深刻认识到自己的不足。在入党转正时,他对自己的缺点做了更深刻的剖析。同时在之后的工作生活中更注意处理人际关系,尤其是

---

① 严隽耄访谈,2014年3月20日,成都。资料存于采集工程数据库。
② 沈志云访谈,2013年11月7日,峨眉山市。存地同上。
③ 西南交通大学校史编辑室:《崇实扬华 桃李春风》。成都:西南交通大学出版社,1996年,第674页。
④ 沈志云:入党志愿书。存于西南交通大学档案馆。

缓和与老教师的关系。入党对于每个人而言，可能都是一次成长的洗礼，人生总是经过无数次大的思想震动和思想改造而不断趋于成熟。沈志云亦是如此。

入党后，沈志云一直以优秀党员的标准严格要求自己，为党和国家的事业奋斗终生。后来，在回顾自己共产党员的信念时他说道：

> 35年前在明诚堂宣誓的情景历历在目，"为共产主义奋斗终生"，虽然当时还不清楚它的全部含义，但这个信念一直铭刻在我心中。"文化大革命"的迷惑和近年多次去资本主义国家见到的光怪陆离，都没有动摇这个基本信念。①

留苏预备

20世纪50年代，中国在外交上实行向苏联一边倒的政策，苏联也对中国的建设予以了大力援助。为了赶上世界先进水平，请进来和送出去成了最明智的选择。高等学校大量聘请苏联专家，同时向苏联派遣大量的留学生。

唐山铁道学院1955—1959年共有14位苏联专家到校工作②，在此期间，沈志云从理论力学调到苏联专家办公室当秘书。随即，唐山铁道学院仿效苏联，学校行政与管理机构由此前的大学—学院—系改为学院—系—教研室。教研室成为学校最基层的教学组织单位。当时，唐山铁道学院聘请了车辆方面的两位苏联专家，因此学校决定让沈志云随专家去车辆教研室。沈志云一听这个消息，高兴坏了。他的大学专业就是机车车辆，回到车辆教研室总算回到了"正轨"。很快，沈志云回到车辆教研室当了教研室的副主任。由于沈志云是新到车辆教研室的，一些有"学问"的课程早

---

① 沈志云：中国共产党党员登记表。存于西南交通大学档案馆。
② 何云庵，李万青：《竢实扬华·自强不息：从山海关北洋铁路官学堂到西南交通大学（下卷）》。成都：西南交通大学出版社，2011年，第79页。

已经有教师上课，沈志云能选择的范围只能是随着苏联专家的到来而开设一些私底下并不被唐山铁道学院老师很认可的课程，如车辆线业务、车辆修理等课程。沈志云选择了车辆修理课程，原本很高兴的他又受了一次打击，他觉得自己在理论力学这么多年学的东西又一次白费了，现在来搞工艺，而且还是搞修理工艺，怎么想都没有技术含量[①]。其实，这是命运给沈志云开了一扇门，只不过当时的他全然不明白罢了。

车辆修理的主讲教师是裴毓达，在哈尔滨生活过很长时间，俄语说得非常流利，而且也有车辆修理的实际经验。由于车辆修理是一门实践性很强的课程，沈志云作为助教，主要负责准备实验课、带学生去工厂实习等工作。1956年春，沈志云正在沈阳皇姑屯车辆厂带学生实习，突然接到学校通知，让他去天津参加体检。沈志云一打听，才知道是留苏体检。

从1951年起，唐山铁道学院就开始派遣青年教师到苏联留学，1951—1961年共派遣了32人。早在1953年，学校就打算送沈志云去留学，但是在外调材料的时候，发现他中学时曾参加"励志社"，学校只得改派与沈志云同时留校任教的同班同学张质文去莫斯科铁道学院学习。但这一切沈志云并不知情。1954年，沈志云入党时终于把参加"励志社"的事情弄清楚了，所以1956年学校就选派他去苏联留学。

按照中苏两国签订的《关于中华人民共和国公民在苏联高等学校（军事学校除外）学习之协定》规定，中国派遣到苏联学习的大学生和研究生"须按苏联高等教育部规定之课目经过入学考试后，始能被接收到苏联高等学校学习。""按通例，上述大学生与研究生接收到高等学校初级班学习，仅在个别情况下，方能至高级班学习。至于尚未能充分掌握俄语者，须进预科班学习，其期限自六个月至一年。"因此，体检以后，沈志云就到鲍家街北京俄语专修学校参加选拔考试。

1956年7月29日上午，沈志云考完最后一门。一出考场，就兴奋地赶往北京火车站附近的大北照相馆，那里有等着他结婚的未婚妻姜懿荣。新中国成立后，姜懿荣考上了湖北医学院，毕业后分配到郑州河南省人民

---

① 沈志云访谈，2013年11月7日，峨眉山市。资料存于采集工程数据库。

图 3-1 沈志云姜聿荣结婚照（1956 年摄于北京大北照相馆）

医院工作。在北京住了一周，沈志云带着新媳妇回到唐山铁道学院。二人决定用翻译教材挣的稿费出去旅行结婚。旅行回来后，姜聿荣返回郑州上班，沈志云则到北京留苏预备部报到。

留苏预备部原本因为人数太多、教室宿舍不敷使用而迁往魏公村，但是 1956 年学生赴苏联后，在校学生人数减少，于 1956 年 8 月又搬回了鲍家街 21 号（现为鲍家街 43 号）。鲍家街 21 号原为醇亲王府的旧址，在 50 年代初，王府建筑还基本保持原有的格局。空闲的殿堂廊庑经过简单修缮，就成了留苏预备部师生的课堂和宿舍。由于王府内空间狭小，教育部又将附近的石驸马大街 18 号——北京女八中的部分场地腾让出来，供留苏预备部学员住宿使用[1]。

留苏预备部学习的核心内容是俄语和政治学习。沈志云虽然已经可以借助字典勉勉强强阅读俄文文献，但听说全然不会。在留苏预备部，俄语学习时间占整个业务课的 85% 左右。对俄语的学习很细化，包括语音、导论、语法、词汇、听力、会话和课外阅读等课程；偶尔可以看看俄语电影，听听俄语广播。除了俄语学习，留苏预备部还开设政治理论课，主要有两门课程，一门是中国革命问题，另一门是马列主义基础。政治理论课的学习以听报告为主，辅之一定的参考材料阅读和组织讨论[2]。学习是高强度的，大约每天凌晨 2 点以后才能睡觉，早上 8 点又得上课。学习外语，单词量非常重要，当时每天要强记几十个单词和语法，有时候甚至一天强记达上百个单词。有学生根本受不了，无法坚持下去而不得不退学。好在当时沈志云年轻，记忆力比较超群，才让他能应付如此高强度的学习。

---

[1] 单刚，王英辉：《岁月无痕——中国留苏群体纪实》。北京：中央编译出版社，2007 年。

[2] 周尚文，李鹏：建国初期留苏学生的国内培训工作。《历史教学问题》，2008 年第 3 期，第 8-14 页。

当时，国家对留苏预备部学生有照顾政策，规定结婚的可以申请到北京伴读。于是，姜耋荣很快办好了手续，被安排在西单的北京市第二人民医院工作。同时，他们的户口也被顺利地迁到北京。有了户口就有了相应的福利，诸如肉票什么的都能发放，因此生活很安稳，[①] 沈志云也能安心学习。

至于到苏联去学习什么专业、去什么学校，原本是由国家分配。到沈志云这批，国家也尊重派送单位的意见。唐山铁道学院规定沈志云的学习专业为车辆修理。1957 年，唐山铁道学院迎来了列宁格勒铁道学院车辆教研室教车辆修理的康斯坦丁·伊万诺维奇·尼可拉耶夫（К. И. Николаев）副教授。沈志云特别从北京回唐山，请裴毓达教授带领自己去拜见尼可拉耶夫。

图 3-2　留苏时的沈志云（1957 年摄于北京）

尼可拉耶夫是苏联很有名的一位车辆修理专家，曾经做过 17 年的车辆修理厂厂长，实践经验丰富。铁道部曾于 1953 年派人去苏联，打算跟他学习车辆修理，但是到苏联以后却因车辆修理学术含量不高而改学了车辆空调。尼可拉耶夫听说沈志云又要到列宁格勒铁道学院跟他学车辆修理，他担心沈志云也会中途修改专业，就让裴毓达问沈志云会不会改变志向。裴毓达拍着胸脯保证说："他是共产党员，不会改变志愿的。"[②] 这样，沈志云留苏的专业和学校就基本定下来了。

进了留苏预备部学习的学生出国前还要过三关考核。留学生的选拔事关国家未来，也是一项严肃的政治任务。有关部门制定了一套几乎苛刻的选拔标准。当时有一种说法，够得上入党条件，不一定够得上留苏条件。学生除学习哲学、俄文外，还需要经过层层的政治审查，不仅审查本人，还要审查家庭，只要有一点问题，都会被淘汰。所以当时有些留苏学生的留学梦就终止于留苏预备部。沈志云的政审没问题，但是在专业审核时差

---

① 沈志云访谈，2013 年 11 月 8 日，峨眉山市。资料存于采集工程数据库。
② 同①。

第三章　留学苏联

点没通过。当时沈志云的留苏材料送到钱伟长手里。钱伟长不太认可车辆修理专业的学术性，认为车辆修理哪需要出国留学，去学这样的专业简直有些开玩笑。但是钱伟长认为申请者好不容易才有个留苏的机会，又不忍心断然否定，故特意批示："希望以后不要再派学这种专业的人出国。"[①] 几十年后，钱伟长见到沈志云，对此还记得清清楚楚，沈志云这才知道自己当初差一点就梦断留苏预备部了。

留 苏 生 活

　　1957年11月7日，沈志云和其他留苏学生一道，提着留苏预备部为同学们准备的满满两大绿帆布箱的行李动身前往苏联。帆布箱里装着在苏联学习期间使用的衣物、生活用品等。留学生们乘坐火车从北京出发，用了七天七夜时间才到达莫斯科，临时住在莫斯科电信工程学院的学生宿舍，准备转车去列宁格勒。11月20日前后，沈志云到达列宁格勒铁道学院，在其机械系车辆教研室开始了留学苏联的学习生活。列宁格勒铁道学院（今圣彼得堡国立交通大学）建于1809年，是苏联历史上第一所交通院校，也是欧洲最古老的院校之一。时至今日，该校依然是俄罗斯最优秀的铁道大学。1957年，有7位中国研究生与沈志云一道来列宁格勒铁道大学学习，其中有他的大学同学严隽耄。校方安排他们住在第七红军街的一栋宿舍中。宿舍中间有一个走廊连着一个稍大点的客厅，客厅中放着一张大餐桌，平时同学们就在这里用餐、聊天。房间不大，两张单人床外加两个书桌就把房间塞得满满的。为了提高留学生的语言水平，校方还专门安排苏联学生与中国留学生住一间房子，后来大家语言水平提高以后，变成了留学生一人一间。

　　留苏学生的管理由中国驻苏联使馆留学生管理处负责。当时，给每个留苏学生的每月生活费约70多旧卢布，中国政府对留苏学生的生活费使

---

① 沈志云访谈，2013年11月8日，峨眉山市。资料存于采集工程数据库。

用有严格规定,只能买书和食物、衣服。衣服只能买内衣,不能买外衣。

沈志云在苏联的前一年半都在学习课程,日子是比较好过的。除了自己的两个导师外,给沈志云留下深刻印象的是俄文教师米海依诺娃。这个老太太专门负责给中国留学生教授俄文,每周上两次课。她在课堂上向中国留学生尽情地讲授苏联文化,尤其是苏联近现代文学,契科夫的作品、托尔斯泰的作品都在课堂上向同学们做了深刻的介绍和讲解。有一天,老太太还兴致勃勃地带中国留学生们到列宁格勒大戏院去看芭蕾舞《天鹅湖》。她很骄傲地告诉同学们,这是她第十八次观赏《天鹅湖》,百看不厌,这就是苏联文化的经典。受老太太影响,沈志云也很喜欢苏联文学,回国的时候还专门购买了俄文的《战争与和平》《契科夫全集》等文学名著带回国。可惜的是,在"文化大革命"中,这些书都被销毁了[1]。至今回想,沈志云依然觉得心疼。

沈志云的组织能力很强,留苏期间担任了列宁格勒铁道学院中国留学生会会长,经常参加一些社会活动。比如1959年,沈志云就参加了三次比较大的活动。4月22日,在列宁诞辰89周年之际,沈志云应列宁格勒铁道学院马列主义教研室之邀,去给他们作"列宁主义在中国"的报告。6月,沈志云和同学们到列宁格勒的契科夫工厂去参加工厂举办的联欢晚会,会上,沈志云作了十分钟左右的发言。11月,在列宁格勒铁道学院的150周年校庆庆祝大会上,沈志云代表在铁道学院留学的60多名中国留学生给

图 3-3 沈志云在列宁山上眺望莫斯科大学（1959年摄于莫斯科）

---

[1] 沈志云访谈,2013年11月8日,峨眉山市。资料存于采集工程数据库。

校方送去了从国内带过去的庆贺礼物——一个大木雕，并发言十余分钟。这三次发言内容不尽相同，但有一点是一致的，即三次发言都贯穿着毛泽东接见留苏学生讲话的内容：苏联是社会主义阵营的老大，而赫鲁晓夫则是苏联的领袖。其时的中苏关系早已经出现了裂痕，而这一切，当时作为留学生的沈志云不可能很敏感地意识到。所以他的发言就后来被当成了为赫鲁晓夫唱赞歌，甚至被指责为"思想上叛国"，在"文化大革命"期间遭到严厉的批判。

1960年7月16日，苏联照会中国政府，单方面召回在中国工作的苏联专家。中苏国家关系走向自然影响到了在苏联留学的中国留学生。1960年暑假，中国分批将在苏联留学的中国学生召集回国进行集中政治学习，同时也对他们在苏联的表现进行了审查，政治上不可靠的及有诸如生活作风问题的都没能回到苏联继续学习。通过审查的沈志云回到列宁格勒铁道学院继续学习。1961年，沈志云完成了在苏联的学习生活。他在列宁格勒铁道学院的毕业成绩是很优异的，"毕业考试成绩：俄文，5分；车辆学，

图 3-4　沈志云再访圣彼得堡交通大学（列宁格勒铁道学院）时在当初上课的教室留影（1996年摄于圣彼得堡）

5 分；车辆修理及修理工厂，5 分。哲学在国内俄院时通过，5 分。"[1] 5 分是苏联考试制度中的满分。可以说，沈志云是以全优的成绩毕业的。

从生产实际到理论创新

沈志云到列宁格勒铁道学院攻读的是车辆修理专业的副博士学位。车辆修理是国内公认的"没有学术含量"的一个专业，说实话，沈志云也有这样的看法。不过，沈志云在出国前曾经保证过不转专业，所以迫不得已只能继续在车辆修理专业学习。但是，他却从这个"没有学术含量"的专业学习中受到了最基本的学术训练，养成了受益终身的学术思维与方法。沈志云说：在苏联留学时形成的"实践—理论—实践，这是我一辈子工作的思路""足足用了一辈子。"[2]

初到苏联之时，沈志云就下定决心一定要做出点成绩来。初到苏联时，之前到唐山铁道学院工作的尼可拉耶夫已经回国。由于他仅是副教授，不能带副博士，因此沈志云的导师是契尔诺科夫，但实际指导依然是尼可拉耶夫。契尔诺科夫是做车辆动力学研究的。当时，严隽耄的导师也是契尔诺科夫。契尔诺科夫看出了沈志云并不是很愿意学车辆修理专业，很善解人意地对他说："我看您的条件最好搞动力学，但是动力学有严隽耄在这里了，那您就先跟尼可拉耶夫搞修理，回去以后你们俩一道来搞动力学。"有了教授这样一个许诺，沈志云顿时觉得有了一丝安慰。契尔诺科夫让沈志云先写一篇论文。尼可拉耶夫也知道沈志云虽然没改变专业，但是并不那么甘心学车辆修理。所以沈志云一到尼可拉耶夫处，尼可拉耶夫就给沈志云一张选题的清单，清单上有 100 多个题目。他强调，车辆修理有很多问题可以研究，研究结果一样可以写成学术论文，并要他利用假期去车辆修理工厂看一看，根据实际情况再确定题目。尼可拉耶夫曾在修理

---

[1] 留学苏联毕业鉴定表. 存于西南交通大学档案馆.
[2] 张路延：《"中国高速轮轨之父"——沈志云》,《华西都市报》, 2013 年 6 月 9 日.

工厂工作过十七年，深知实际生产过程中有很多问题亟待解决。就这样，他给沈志云指明了一个进入科学研究殿堂的切入口。

尼可拉耶夫与工厂非常熟悉，他给沈志云开了介绍信。沈志云就老老实实地利用课余时间和寒暑假一个个去跑。当时，苏联大约有11个车辆修理厂，列宁格勒有2个。沈志云一共跑了6个车辆厂，当然去得最多的还是列宁格勒的十月革命工厂。通过与车辆修理工厂的充分接触，他发现每个工厂在维修车辆时，都是拆开来修理，车体、转向架各自单独修理。修理好以后，再将车体落在转向架上，落车必须一次到位，否则只能重来。落车时，上面有个控制的尺度，叫车钩高度，车钩高度有个限度，如果超过了这个限度，车就要重新抬起来，重新修、再落。各个工厂普遍反映落车是个很难的问题，难以一次性成功落车。沈志云觉得这个问题有实际意义，因此选定了"高维尺寸链的误差积累及综合调整原理"这个题目作为自己的研究对象。

选定题目后，沈志云开始深入研究。落车由尺寸链控制，而尺寸链由几十个尺寸组成。所以，沈志云第一步便是要了解尺寸链的理论，了解对尺寸链的控制。若让尺寸链封闭尺寸的误差减少到理想范围，则可以实现一次性落车，所以关键在于如何减少误差、提高尺寸链的准确度。如何减少误差，首先必须了解影响尺寸链的因素。而当时，没有任何文献分析过这些因素，这也是很深的一个理论问题。没办法，沈志云只得再次深入实践。

这是一个由几十个尺寸组成的尺寸链控制问题。首先要确定每个尺寸误差的随机分布和影响封闭尺寸误差的灵敏度，才能通过随机数理分析找到控制封闭误差的方法。没有现成数据，沈志云只得对工序进行逐项调查。查找历年每个相关工序的修理档案，根据记录的数据进行随机统计，找出几个灵敏度最高的尺寸，分别确定其误差允许范围，重新修改其修理工艺要求来确保封闭误差在允许范围，达到一次落车。寒来暑往，沈志云基本每天乘坐40分钟的有轨电车往工厂跑。到工艺科看每个尺寸链的设计数据，再到车间看生产，最后到落车组看使用。几个来回以后，沈志云掌握了一手数据，也明白了问题的关键所在。进而对尺寸链控制进行修订并设计出新的工艺文件，撰写自己的第一篇学术论文。

新尺寸链设计出来以后，沈志云又到工厂交给工艺科，由工艺科交给工厂生产。生产出来的尺寸链被马上拿到落车组试用。当时，沈志云虽然对自己的设计有信心，但是结果没出来以前也非常紧张。当落车组按照沈志云的提示，一次落车成功时，沈志云竟有点不敢相信。当落车工人们的欢呼声和掌声响起时，沈志云开心地笑起来，成就感油然而生。

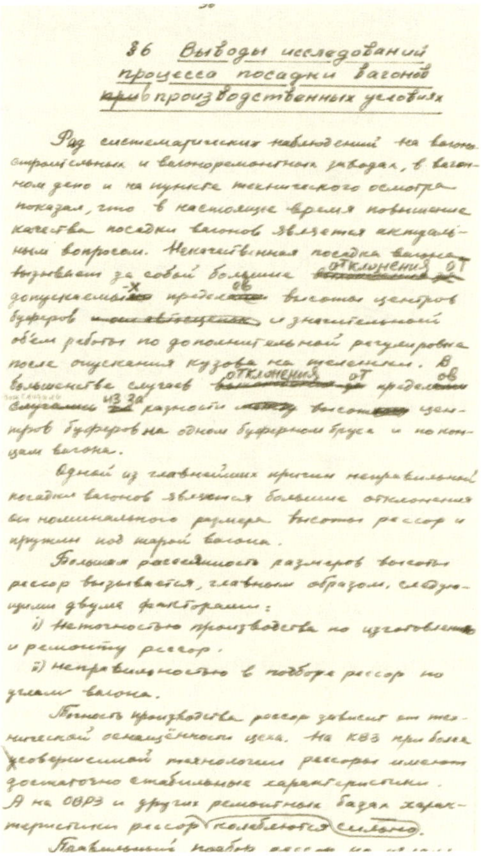
3б Выводы исследований процесса посадки вагонов в производственных условиях

Ряд систематических наблюдений на вагоностроительном и вагоноремонтном заводах, в вагонном депо и на пункте технического осмотра показал, что в настоящее время повышение качества посадки вагонов является актуальным вопросом. Некачественная посадка вагона вызывает за собой большие отклонения от допускаемых пределов высоты центров буферов и значительный объём работы по дополнительной регулировке после опускания кузова на тележки. В большинстве случаев отклонения от пределов из-за разности высот центров буферов на одном буферном брусе и по концам вагона.

Одной из главнейших причин неправильной посадки вагонов являются большие отклонения от номинального размера высоты рессор и пружин под тарой вагона.

Большая рассеянность размеров высоты рессор вызывается, главным образом, следующими двумя факторами:

1) неточностью производства по изготовлению и ремонту рессор.

2) неправильностью в подборе рессор по углам вагона.

Точность производства рессор зависит от технической оснащённости цеха. На КВЗ при более усовершенствованной технологии рессоры имеют достаточно стабильные характеристики. А на ОВРЗ и других ремонтных базах характеристики рессор колеблются сильно.

图 3-5　沈志云副博士论文手写初稿其中一页

（铅笔为导师的修改）

解决落车问题是沈志云第一次系统地进行科学研究。而这第一次不仅取得了成功，更重要的是教会了沈志云进行科学研究的思维和方法，使他“经历了一个严格的提出问题－解决问题－应用再提高的全过程。培养科研能力的意义远远大于所解决的问题本身。”[①] 这对沈志云其后的科学研究影响至为深远。

从现场发现的问题，把它提高到理论的高度，再做一些调查研究。理论上解决了以后又回到实践当中……虽然只是解决了一个很小的落车问题，但是它很典型，代表了整个思路……这套思路、这套方法，什么叫科学研究、怎么写论文，这个训练对我非常有益，一辈子

① 西南交通大学校史编辑室:《竢实扬华　桃李春风》。成都：西南交通大学出版社，1996年，第676页。

受影响，这个思路到现在依然发挥作用。①

从实践中发现问题，在理论上进行研究，再去实践中进行检验，成就了沈志云一生的研究模式。

> 每一个行当在生产中都有自己的问题，去生产实践现场才能发现真问题，然后上升到理论高度予以研究，问题解决后，再返回生产实践中去验证。②……（这个模式是）放之四海皆准的模式，回国后我跟严教授一起搞动力学，也照样可以用到，动力学的思路也是到现场去找问题，我们找到了仿真、找到了优化。回来我们再建立实验室、建立中心、搞仿真搞优化，还是同样的思路，思路是相通的。

沈志云在这篇论文基础上写成了他的副博士论文：Исследование основных условий посадки кузова пассажирских вагонов на тележки（客车一次落车基本条件研究）。论文共分四章，第一章为主要尺寸偏差的调查统计，采用正态分布求出其中值和均方根偏差。对于偏差分布较广的尺寸如车轮直径，在运用中由于多次车削而变小，为保证车钩高度，需要在心盘上加垫。为确定是否加垫和加垫厚度，将车轮偏差分为大、中、小三类，分别求出其中值和均方根值，便于分组选用，保证一次落车。第二章专门讨论弹簧。一辆车有二次悬挂的4个中央弹簧，还有一次悬挂的16个轴箱弹簧，都是圆簧。弹簧的高度取决于载荷和刚度，实用中变化很大。如何选配这些弹簧，是一次落车的关键。论文首次提出可供应用的计算公式，在实验室的模型车辆滚动实验台上进行验证，然后拿到工厂试用，取得很好效果。第三章为尺寸链理论及其应用。如前述，在有了各个尺寸偏差随机统计数据后，即可计算封闭尺寸的中值及均方根偏差。文中用数值实例说明如何计算车钩及缓冲器中心线在轨面上高度的偏差范围及其均方根值。第四章应用前三章理论分析方法，研究解决一次落车问题，是论文

---

① 沈志云访谈，2013年11月8日，峨眉山市。资料存于采集工程数据库。
② 张路延："中国高速轮轨之父"——沈志云。《华西都市报》，2013年6月9日。

的核心内容①。

按照苏联关于副博士答辩的要求，论文内容的 2/3 以上必须公开发表。苏联研究生一般写完论文后先回原单位，等论文发表后，再回学校答辩。对外国留学生，则变通为将副博士论文摘要印刷成小册子送给相关领域的专家，收集专家们的意见，就可决定是否答辩。苏联专家对沈志云的论文评价不错，赞成提交答辩。1961 年 3 月 16 日，沈志云如期进行了副博士论文答辩。论文答辩过程中，获得了列宁格勒铁道学院实验室及答辩评委的一致称赞"修理能写出这样的论文，算是很不错的。"导师契尔诺科夫也很高兴，"用这几年得到的锻炼，回去研究车辆动力学，照样会有成就"②。后来，沈志云的副博士论文在学校所办的学术刊物上发表，不过最让他开心的还是其研究成果被运用到了实际生产。

图 3-6　沈志云的副博士学位证书

对于自己的留苏生活，沈志云总结到："我体会重要的不是具体的知识，而是获取知识的毅力和方法，获得了从事科学研究的正确思路和能力，这是我留苏的主要收获。"③

---

① 沈志云：《轮轨客车厢体装配的基础条件研究》。列宁格勒：列宁格勒铁路学院出版社，1964 年。
② 沈志云：世纪的召唤。见：谢成枢，《永恒的回忆无悔的年华》。成都：西南交通大学出版社，1997 年，第 3 页。
③ 同②。

第四章
蛟龙困浅滩

搞半工半读

图4-1 1962年沈志云夫妇与父母、女儿在唐山

1961年4月,沈志云答辩后立即启程回国。唐山铁道学院一同留苏的老师,有的回国后没有回到唐山,而是去了北京铁道学院,但沈志云依然回到唐山铁道学院。学校对沈志云的归来很重视,给他在校内南华一栋分配了住房,并且很快将他的妻子姜耋荣从河南调到学院医院当内科医生。学校还将沈志云从助教升为讲师,工资也从54.5元上涨为94.5元。沈志云非常高兴,也很满足。最高兴的还是终于和妻

女团聚了。不久，他又回湖南老家把父母接到唐山，以尽孝道。

生活上的安定，让沈志云全力投入科研和教学。回国后，他继续担任车辆教研室副主任，继续讲授车辆修理课程。沈志云还重新编写了教材，将自己的副博士论文变成教材的一章，根据自己在苏联所学，对其他章节也进行了比较大的修改。后来，这本教材成为铁路院校的统编教材。

留苏的经验告诉他，车辆修理没有实验就是纸上谈兵。于是，在征得学校的支持后，沈志云在唐山铁道学院一个报废的车库里建立了一个简易的车辆修理实验室。通过安排几次简单的实验，让学生进行一些检测、做一些工艺卡片等。

沈志云回到唐山铁道学院后，慢慢在车辆修理教学方面有点名气，北京铁道学院、大连铁道学院、长沙铁道学院等各铁路院校都邀请他去上课。可以说，此时的沈志云基本站在了车辆修理方向的前沿。

唐山铁道学院虽然在新中国成立前有"东方康奈尔"的美誉，但学校以培养人才为主，教师的科学研究并不突出。1950年6月，在第一次全国高等教育会议上，国家提出了大学人才培养与科学研究的两大任务，唐山铁道学院开始逐步重视科学研究。沈志云虽然自1952年就留校任教，但是在去苏联留学前，都在集中精力过教学关，并没多少精力从事科学研究，也没有系统思考过自己的科学研究工作和研究主攻方向。在苏联，他第一次系统地接受了科学研究训练，产生了回国后进行车辆动力学研究的想法。当时，唐山铁道学院车辆教研室主任毛家训是搞车辆动力学的，再加上严隽耄、沈志云和另一位教师，四个人准备搞货车研究，主要是货车动力学的研究。

研究还没有大规模展开，1965年初沈志云被学校调去搞半工半读试验，其科学研究无形中搁浅。

半工半读是新中国教育改革的一个新尝试。1957年11月，中共中央副主席刘少奇借鉴外国的经验，提出了试办半工半读的意见，并开始在天津试点。后试点经验得到毛泽东和中央政治局的认可，成为党和国家的一项决策。1958年3月4日—4月8日，第四次全国教育工作会议在北京召开，会议提出的要求之一是开展勤工俭学、半工半读，把生产劳动列入教学计划[①]。1958年9月19日，中共中央和国务院发出《关于教育工作的指示》，明确提出"党的教育工作方针是教育为无产阶级政治服务，教育与生产劳动结合。"自此，各级各类学校开始行动起来进行大力的教育改革，诸如修订教学大纲、新编教材、改革教学方法等，很多学校还大办教学工厂、农场及走出校门参加生产实践。

1964年，教育部成立了半工半读教育办公室，半工半读第二次试验开始在全国范围内开展起来。1964年10月至11月，关于半工半读的文件下到全国各高校，要求高等学校必须试办半工半读。唐山铁道学院的领导非常重视半工半读试点工作。经过学校党委研究，决定在车辆专业试办半工半读。1965年1月18日，唐山铁道学院专门成立了半工半读办公室和教研室，两日后任命沈志云为教研室主任。2月8日，唐山铁道学院将1964年秋季入学的车辆专业63名学生全部转为半工半读学生。10天后，半工半读班开学，在唐山机车车辆厂举行了隆重的开学典礼。为了表示对半工半读的重视和推进半工半读工作，1965年4月唐山铁道学院还专门成立了半工半读委员会。

半工半读教研室的级别与学校的系同级，但比系特殊。学校的各个系都是按专业划分，基础课在基础课部；而半工半读教研室从基础课到专业课一应俱全，有基础理论如数学、物理、力学等，有专业课如制图、金属工艺、金工、机械原理等，从技术基础课到专业课完整配套，完全是一个微型学校。半工半读学生与唐山铁道学院的其他学生不同，学生从一开始就进行专业学习，上课也是为专业实践服务，师生每周要参加三个项目的劳动。按照沈志云等制定的教学计划，半工半读学制5年，3/5的时间进行学习，2/5的时间参加生产劳动。5年共计教学劳动的时间约233周，其中劳动（包括军训）94周、教学139周。理论教学安排在1~9学期。与非半工半读的车辆专业相比，取消了化学、铁道概论、车辆工厂设计基础、工厂企业组织计划四门课程，另合并了几门课程。生产劳动包括军训4周、农业劳动4周、专业生产劳动86周。其中，专业生产劳动第1~2学期在

---

① 金铁宽：《中华人民共和国教育大事记》。济南：山东教育出版社，1995年，第442页。

校内机器厂进行，时间为14周；第3~8学期在与学校一路之隔的唐山机车车辆厂进行，时间为54周；第9~10学期分别在货车及客车制造工厂进行，时间为18周。根据车辆专业的性质和生产要求，学生参加的专业生产劳动主要是在车辆制造及检修工作中的钳工或焊工岗位进行劳动[1]。由于学生们的技术程度都不高，所以只能到机车厂的解体车间拆车。当然拆车可以认识很多机车车辆零部件，会让学生增加更多专业方面的感性认识。

1965年秋季，半工半读又招新生，规模扩大。学校将半工半读教研室改称独立大队，属学校的二级单位，由沈志云任队长。由于唐山铁道学院即将迁往四川峨眉，沈志云建议半工半读留在唐山，因为这里有唐山机车车辆厂，半工半读可以依靠车辆厂办下去。学校否定了他的提议[2]。1965年下半年，沈志云跟随校长顾稀到四川峨眉寻找半工半读劳动基地，并将峨眉山燕岗机务段作为独立大队到峨眉以后的劳动基地[3]。由于半工半读增加了学生的实践经验，培养的学生动手能力强，很受工厂欢迎。64、65级的半工半读学生毕业分配时供不应求。

进入半工半读教研室后，沈志云原本的科研计划无形中搁浅。半工半读的试验却没有结出期望的果实，"文化大革命"开始后，唐山铁道学院的半工半读试验也就终止了。

搞半工半读虽然让沈志云没有多少时间从事科学研究，但却让他对生产实际有了更多的认识和了解，也坚定了他科学研究一定要联系国民经济生产建设主战场的观点。

十八顶"高帽"

20世纪60年代，国际关系动荡，中国与周边国家关系也趋于紧张，

---

[1] 唐山铁道学院半工半读报铁道部教学计划。资料存于采集工程数据库。
[2] 沈志云访谈，2012年5月，峨眉山市。存地同上。
[3] 沈志云访谈，2013年11月8日，峨眉山市。存地同上。

备战问题摆上了党和国家的重要议事日程。为此，国家制定了"三线"建设的战略布局。当时，中央将全国地理位置按照战略地位的重要性（即受外敌侵略的可能性）分为一线、二线、三线。一线指沿海和边疆的省、自治区；三线指长城以南、京广线以西的地区，包括四川、云南、贵州和陕西、青海、甘肃、宁夏等大部分地区；一线、三线之间则为二线。根据中央的部署，除了集中力量在三线建设新项目，还要将一批重要的企业、学校和科研事业单位迁往三线。沈志云所在的唐山铁道学院也是中央命令搬往三线的单位之一。

1964年10月17日，高教部、铁道部正式决定将唐山铁道学院迁往四川峨眉。唐山铁道学院在峨眉设立了建校筹备处，开始快速建校。但建校尚未完成，"文化大革命"席卷而来。

1966年6月18日，铁道部党组决定唐山铁道学院的全体员工立即集中到峨眉山下"边革命、边建校、边教学"。6月21日，全校师生开始乘专列分批前往四川峨眉。在前往峨眉的路上，沈志云感受到了山雨欲来的气氛。他与半工半读组的64届、65届两班同学和老师同乘一个硬座车厢，一路走走停停，几天后终于到达成都。到成都后，唐山铁道学院师生在成都游行。作为半工半读独立大队的大队长，此前游行时都在前面扛旗帜。可在成都的游行途中，独立大队的副队长却突然让沈志云把旗帜交给另外一个人。沈志云顿觉寒意森森。他悲观地预见，自己是独立大队的队长又有留苏的背景，多半是下一个被打倒的对象了。

唐山铁道学院师生在成都短暂停留后，很快又乘火车前往峨眉。一路上沈志云静默着，等候着巨浪扑面而来。当时峨眉校区建设刚起步，宿舍根本没建好，半工半读的师生与机械系的师生一起分配住在黄湾工棚。到达峨眉后，第

图 4-2 "文化大革命"前夕沈志云与儿子女儿在一起（1966年摄于唐山）

一个巨浪打来，出乎沈志云的意料，居然没有他。然而，第二个巨浪直接将沈志云推进了"牛鬼蛇神"的行列，罪名是苏修特务、叛国者。原因是沈志云曾留学苏联获得了副博士学位，且在苏联学习期间曾经有过三次公开发言，发言颇有吹捧赫鲁晓夫之嫌。

　　11月10日，沈志云被留在峨眉劳动改造。此时的沈志云不到40岁，正是身强力壮的时候，被发配到学校水泥预制构件厂进行劳动改造。每天，他和工友们一起将做好的水泥预制楼板抬起来码放在一起。繁重的体力劳动可以一定程度地抑制郁闷和绝望，可是一到晚上，就觉得时间分外难熬。晚饭后，沈志云通常会和其他劳动改造的教师坐在学校后面的小溪边，望着黑沉沉的夜幕及黑黝黝的山丘，都会觉得喘不过气来。黑夜漫漫，何时到黎明？多数时候大家都不说话，只是一遍一遍地低声吟唱京剧《四郎探母》："我好比笼中鸟有翅难展，我好比虎离山受了孤单；我好比南来雁失群飞散，我好比浅水龙困在沙滩……"，低哑的声音飘荡在夜幕中，唱者哽咽难续，闻者泪流满面。即便是三十多年后，沈志云再度唱起这几句京剧，依然老泪纵横。

　　在峨眉劳动改造的沈志云度日如年，而回到唐山照顾老人孩子的姜兵也惊恐不已，不知道丈夫能不能、何时能回到身边。她到处打听沈志云的消息。车辆教研室的一位教师对她说："姜大夫，你别指望了，沈志云如今被打翻在地，还被踏上了一万只脚，永远也甭想翻身了。"听了这话，姜兵的心都凉透了。其实，当时很多人认为沈志云恐怕是彻底完了，连沈志云自己大多时候也是这样想的。好在另一位同事悄悄给姜兵出主意，让她给峨眉校区发电报，谎称沈志云母亲病危，让其速回唐山。老实说，姜兵并没有认为此计可行，但也没有其他办法，只能试一试。没想到，峨眉校区收到电报就马上让沈志云收拾行李回唐山见母亲最后一面。1967年4月初，沈志云急匆匆地赶回家里，才知道是虚惊一场。

　　沈志云回到唐山时，谁也无暇顾及他回唐山的理由是否属实，也没人来管他这个"牛鬼蛇神"是否脱离了监管。沈志云索性在唐山当起了逍遥派。不能搞专业，他无事可做，无聊之极学会了当裁缝和组装收音机。但是，这种逍遥的日子并未持续多久。唐山铁道学院的老同事们找到了沈志云，劝沈志云参加"浪遏飞舟"组织。原来，1967年2月23日中国人民解放军唐秦警备区发表声明，只支持红旗战斗队等造反派组织，一时间红旗战斗队在唐山铁道学院大肆打压其他派别。当时学校的一些员工因不满这一"支一派压一派"的政策，于是成立了一个组织叫"浪遏飞舟"，希望沈志云能参加。沈志云比较谨慎，并未答应加入，但他也比较认同"浪遏飞舟"的观点，偶尔去参加活动。在那个年代，什么组织都不参加似乎也有点儿格格不入，尤其是沈志云这个"牛鬼蛇神"能有群众组织接纳，似乎心里也能得到一丝安慰。不过，这个举动却再度让沈志云卷进了漩涡。

7月下旬，唐山市对立的两派群众组织酝酿武斗，谣传说武斗首先打的就是像沈志云这种乱表态的。沈志云和贾志良、秦杰等几个"浪遏飞舟"成员商量决定马上逃跑。7月29日，几个人深夜翻墙徒步走到胥各庄车站，从那里扒火车逃跑。先后躲到保定、武汉，在外藏身近2个月，待唐山形势趋于平稳后，才回到唐山。①

在"文化大革命"期间，沈志云被扣上的"高帽"有十八顶之多。不过万幸的是，有半工半读学生们的保护，沈志云不仅少受了许多皮肉之苦，也让他得以四肢健全地熬过那段岁月。

好不容易大的运动过去了，沈志云被交回原单位接受群众监管。交回原单位就是交回原车辆教研室，当时叫做五纵队五组。回到车辆教研室的教师中间，沈志云终于松了一口气，心中的欣喜不言而喻。回来后，沈志云在群众的监督下继续进行劳动改造，当油漆工，给各家各户纱门刷油漆，还爬上学校明诚堂的尖屋顶给铁皮屋顶刷油漆。这一干就4个多月。后来，唐山铁道学院要成立农村宣传队，农宣队要到农村干活，到农村和农民同吃同住同劳动。按照要求，五纵队五组必须派一个人去，可是教师们谁也不愿意去。讨论中有教师提议："我有一个办法，把沈志云'解放'了，派他去农宣队，他肯定愿意。"大家都觉得这是个好办法。1969年10月27日，沈志云收拾行李赶赴唐山北郊北太平庄。虽然农村生活条件差，但是沈志云心情却非常愉快。很多时候，他一大早起来，跟着一辆大车进

---

① 沈志云访谈，2013年11月8日，峨眉山市。资料存于采集工程数据库。

城挨家挨户收拾大小便做农家肥，连很多农民都觉得这活又脏又累，但沈志云却干得乐呵呵的。虽然还是不能与家人在一起，但可以通点消息，他觉得很满足。

1970年10月27日，沈志云从农村回到唐山铁道学院。不久，又被派去搞外调。当时需要很多外调材料，学校抽人作外调，沈志云是其中之一。外调需要到全国各地跑材料，其中在四川合川调查时间最长，因为当时合川有个国家档案室。沈志云这一跑就是一年多，曾经到过20余个城市。

任职教学方法科

1972年3月1日起，唐山铁道学院更名为西南交通大学。1972年5月，交通部批准西南交通大学恢复招生。这是学校停止招生6年后的首次招生，招收的学员称为工农兵学员，其教学与"文化大革命"前也有比较明显的区别，规定实行开门办学和典型产品教学。所谓开门办学，就是走出教室、走出学校，在工厂、工地边学习边生产劳动。学生在校3年学习时间，至少有1年在工厂或工地度过。而典型产品教学，是指选择与教学内容相关的典型工程、典型产品、典型工艺或技术革新组织教学。1974年7月13日，校革委会决定取消教研室，成立教育革命实践队，打破基础课、专业基础和专业课界限分明的"三层楼"，增加教育的针对性、实用性。

到峨眉后，沈志云仍然游离在教学活动之外，他对车辆教研室非常失望，除了严隽耄以外，总感觉与其他人心存芥蒂。因此，解散教研室、成立实践队，被沈志云认为是一个调离机械系车辆教研室、回到理论力学教研室的好机会。于是，他找到学校党委书记阎涛说明了自己的想法。直接从机械系调到理论力学教研室，学校没有这个先例，所以阎涛建议他"曲线救国"，即先到教务处，以后教师归队的时候再回理论力学。于是，他又找到教务处处长孟庆源表达了自己想到教务处工作的意愿。教务处正在张罗革命实践队的事情，一听有丰富的半工半读教育实践经验的沈志云要到教务处来，当然很欢迎，还专门为他设立了一个教学方法科，由其任科长。教学方法科顾名思义是研究教学方法的科室，任务是研究实践队的教学，尤其是充分吸收半工半读的一些经验来提高实践队的教学水平。

入职教学方法科的第一件事情就是到四川各地去招生，招收工农兵学员。工农兵学员由城镇机关、企事业单位、农村人民公社推荐，学校招生人员复审。所以，招生人员都要下到基层，了解被推荐人员的情况并进行面试。招收工农兵学员，就成了很多高校解决本校职工下放到农村当知青的子女返城读书的重要道路。到各地去招生的老师口袋里都装着一份名单，希望在各地农村当知青的教职工子弟能借此机会回城。西南交通大学1971年才搬迁到峨眉，子弟在四川当知青的并不多。在四川招生自然不需要照顾子弟，因而西南交通大学招生时更注重业务水平，招生的时候也进行一些初步测试。

在教学方法科的大部分时间，沈志云都在校外指导学生实践。当时，西南交通大学地质系的学生在昆明读书铺进行教学实践，沈志云也跟着学生在那里住了三个多月。后来，电力机车的师生到马角坝进行生产实践，沈志云又跟着到马角坝工作了一年多。就这样，沈志云到教学方法科以后的两年多时间，基本都在校外。脱离了校内比较压抑的环境，到不同的地点招生和指导学生生产实践让他心情愉悦了不少，也从生产实践中学到了不少知识。

1976年7月28日，7.8级大地震让唐山变成了一片废墟，造成了巨大伤亡。西南交通大学虽然整体已经搬迁到峨眉，但由于在唐山建校半个多世纪，依然有着千丝万缕的关系。当时，西南交通大学在唐山还有443户人家1700多名家属。地震发生时刚放暑假，不少教职工回唐山探亲。地震发生后的当天，西南交通大学革委会立即派出工作组，日夜兼程赶往唐山。沈志云也是工作组成员。当时选派工作组成员时，西南交通大学首先考虑没有亲属在唐山的人。因为若有亲属在唐山，会非常担心亲属安全，从而影响到救灾工作。沈志云在唐山没有一个亲属，因此，学校教务处让沈志云代表教务处参加救灾工作组。7月31日，当时救灾工作组乘坐铁道部派的两辆汽车进入唐山灾区。一路景象惨不忍睹。救灾工作组在学校南操场搭上帐篷，沈志云担任工作组秘书，负责一些具体事务。第一项任务是统计学校职工每户人家的伤亡人数，然后每天将伤亡人数及名单通过铁道部向峨眉校区报告。当时，这条线路是西南交通大学与唐山联系的唯一通道。沈志云非常难过、也非常用心，他知道学校里很多老师时刻都在焦急地等待亲人的消息。沈志云在救灾工作组的另一项工作，就是和大伙一起进行灾后安置。当时学校革委会决定，教职工若在当地安置不下，就尽可能地安置到峨眉来，峨眉的条件比唐山好得多。当时，这批留在唐山的教职工原本没有随大部队到峨眉来，就是舍不得离开唐山。现在唐山遭灾了，把他们迁往峨眉，他们觉得是趁机要把他们赶到峨眉去。因此，安置到峨眉的提议根本行不通。没办法，救灾工作组只能选择尊重唐山校区教职工的意愿，唐山、峨眉任意选择，一个多月后，基本完成了安置工作[1]。

1976年10月27日，西南交通大学革委会召开全校教职工大会，传达了中央粉碎"四人帮"的文件，全校一片欢腾。沈志云心中的阴霾终于一扫而空。苦难终于结束，春天来了。

---

[1] 沈志云访谈，2013年11月8日，峨眉山市。资料存于采集工程数据库。

第五章
沈-赫-叶氏理论

回到基础课部

1977年10月12日，国务院批转教育部制定的《关于1977年高等学校招生工作的意见》，决定从当年起恢复被"文化大革命"废弃的学校考试制度，全国高等学校重新通过统一考试开始招收新生。恢复高考制度，不仅让无数青年尤其是下乡知青看到了人生的希望，而且也让高等学校开始新的快速发展时期。沈志云自然喜不自禁。他的女儿在湖南长沙县当知青，得知高考即将恢复的消息，沈志云马上打电话给湖南的哥哥、姐姐，让女儿和侄子、外甥参加高考。这一年，他的女儿沈永红、侄子沈定平、外甥张天明三人都考上了大学。第二年，另一个外甥张天晓也考上了大学。沈志云由衷地觉得，恢复高考，沈家是最大的受益者。沈家的春天真的来了。

学校的教学科研工作也开始走上正轨。通过"文化大革命"后的首次高考，西南交通大学的11个专业共录取新生521人。11月3日，西南交通大学革委会决定撤销各专业教育革命实践队,恢复教研室,以加强教学与科研。根据学校安排,沈志云离开了教务处教学方法科,任基础课部副主任,主要负责实验室工作,同时兼任理论力学教研室副主任。基础课部是与各系平行的学校二级教学机构之一。

虽然分管实验室工作,但工作却并不局限于实验室。"文化大革命"不仅让中国的科技水平跟不上世界的潮流,人的思想也被搅乱了。如今大家重新回到教学科研岗位,总要有个重新适应的过程,思想上也有一个重塑的过程。这些都需要领导去做深入细致的工作。沈志云并不满足于基础课部仅完成学校的教学任务,他希望基础课部也能开展自己的研究、发展自己的学科。当时基础课部的孙训方[①]在国内断裂力学方面有一定的影响,他提出来要恢复断裂力学研究中心,可是却没人愿意跟着他去断裂力学研究中心从事研究工作。不得已,沈志云逐个找教师谈心,给大家讲形势、讲高校的科研使命、讲学校的发展规划,动员了六七个人,终于把断裂力学中心恢复了起来。后来,这是基础课部最早一个在国内享有较高声誉的学科。

沈志云满心欢喜地回到基础课部理论力学教研室,没想到却让他再次感受到了"文化大革命"的余波。当时,西南交通大学搬到峨眉之时,就曾准许副教授以下离开学校,因此很多不愿意到峨眉来的年轻人都离开了学校。"文化大革命"结束时,西南交通大学的教师流失200多人。恢复招生以后,师资力量极度缺乏。为了解决师资问题,就在即将毕业的工农兵大学生中择优留下40多名,临时辅导低年级同学学习。他们中有些人态度不太端正、敷衍了事,沈志云作为基础课部副主任在一次基础课部的会议上提出批评,要求他们辅导要负责任、批改作业和答疑都要认真。没想到这一下捅了马蜂窝。这几个人立即上告到学校党委,说沈志云主任瞧不起工农兵学员,并给他戴上了一顶"与工农兵作对"的"高帽"。他怎

[①] 孙训方(1923-2011),安徽寿县人,中国民主同盟盟员,工程力学家与力学教育家。1945年毕业于西南联合大学土木系,1949年获美国哈佛大学应用力学硕士学位。长期从事固体力学中有关断裂、损伤、疲劳、蠕变的研究。在断裂力学的工程应用、损伤局部性的研究中做出了突出贡献,并培养了一大批力学研究人才。

么也想不通。不过，后来沈志云渐渐明白了其中的苦衷，基础课部毕竟是"文化大革命"中"红旗"的大本营，"文化大革命"的余毒很难在短时间内根除，"正本清源"不是一两天可以做到的。

如饥似渴更新知识

其实，沈志云之所以批评这些工农兵学员，最深层的原因在于他非常着急。

1976年，沈志云已经47岁了。自1961年留苏归来，自己就因为搞半工半读而耽误了科学研究。"文化大革命"十年，教学科研全都荒废了。37岁到47岁，这可是每个人一生中的黄金十年。回到基础课部他固然高兴，可是逝去的十多年时光却再也无法回转。十余年间，世界科技的快速发展尤其是计算机的发明，对科学技术及人类的生产生活方式产生了革命性的影响。从20世纪40年代后期第一代计算机产生开始，到70年代已经发展到第四代大规模集成电路，每秒钟可以运算1.5亿次。沈志云认识到，中国已经远远地落后于世界，而自己则更落后，自己的知识结构完全跟不上时代的步伐。

> 一觉醒来，才发现世界已经完全变了样，我们好像又回到了零的起点。不同的是，我已经年近半百。就此服输吗？不！还应当朝气蓬勃，还应当以天下为己任。①

沈志云首先更新的知识是计算机。1978年10月28日，西南交通大学有了第一台计算机——DJS-108机。DJS-108机是20世纪60年代研制成功的第二代计算机，在70年代已不是最先进的机器，"上机都要穿黑纸带，

---

① 沈志云：世纪的召唤。见：谢成枢，《永恒的回忆无悔的年华》。成都：西南交通大学出版社，1997年，第3页。

纸带上面打孔。输入是很麻烦的"①，不过大家都抢着去上机。1980年，曹建猷②去美国访问，购买了四台PDP-11型计算机。计算机推广以后，促进了各个学科的巨大变革。只要有空，沈志云不分昼夜地待在计算机房，"譬如动力学的解

图5-1　沈志云正在上机（20世纪90年代初摄于成都）

析法，用人工计算是搞不了几个自由度的，后来用计算机模拟，几百个、几千个自由度都不在话下。"由此，沈志云意识到"知识要更新"。他下定决心在最快的时间里弥补这十几年荒废的光阴。西南交通大学校方也意识到这个问题，专门请专家来给教师们补课。此后，沈志云一直利用计算机做研究，比如沈氏理论就曾利用计算机进行了几天几夜的模拟程序。直到今日，计算机都是沈志云身边不可或缺的工具，一旦有新的系统，沈志云就专门找学生来教。此外，沈志云还重新学习了线性代数、概率统计等基础课程，尽量给自己"充电"。

　　沈志云更新的第二类知识是授课内容。按照西南交通大学的传统，助教需要经过3年以上的准备期才能上讲台。沈志云留学苏联前，并没有正式上讲台讲授过理论力学课。从苏联回来后，虽然评了讲师，但主要讲车辆修理。后来调到理论力学教研室，要教授理论力学的课程，他觉得自己没有完全的把握。为此，他去听老教授们的课，从头到尾完整地听，还一边听一边修改自己的教案。第二学期，沈志云开始给一个大班教授理论力学。从留校当助教到正式登上讲台授课，沈志云用了27年。二十几年后，

---

①　沈志云访谈，2013年11月8日，峨眉山市。资料存在采集工程数据库。
②　曹建猷（1917-1997），湖南长沙人，电气工程学家，中国科学院院士，中国铁道电气化事业的奠基人之一，铁道牵引电气化与自动化学科的创始人，西南交通大学教授。长期从事铁道电气化与计算机科学的教学和研究，为中国铁道电气化建设培养了大批技术骨干。

沈志云依然记得非常清楚：

> 1978年，我回到理论力学教研室，为了"教学过关"，我重又听了一遍老教师的理论力学大班讲课，写了全部教案，在第2年才独立讲了200人的大班理论力学课程。1952—1979年，27年之后才完成了"助教"阶段。"①

沈志云上课非常认真，每一课都事先写好讲稿，上课前还要把讲稿背诵一遍。上完课，再根据上课的感觉以及学生的实际情况修改讲稿。这样，1977—1979年沈志云的主要精力都是在听课、备课、讲课中度过，集中精力过"教学关"，他认为这是一个高校教师必须过的第一关。此外，沈志云还讲授了机械振动等课程。当时师资缺乏，机械系的大半课程沈志云都上过。当然，教学对科研也是有促进的。讲过几轮以后，沈志云的理论力学不仅课讲得比较精彩，而且对理论力学的基本概念、研究动态等都了解得非常清楚，这对其后来的科学研究工作非常有帮助。沈志云后来在回忆自己两段时间在基础课部教研室工作的经历时：

> 许多事情，以为不利的不一定不是好事。专业课教师来搞基础课教学，当时很不安心，以为吃了亏。现在看，逼着你去加强基础，其实是件大好事。当然，加强基础不一定都取这种方式，但基础理论之重要则是普遍的真理。②

在当时的情况下，快速更新知识、与世界接轨的最好途径有二，一是派出去，二是请进来。1978年，学校首先派孙训方到日本访问。其后，又派结构力学教研室的陈大鹏到美国麻省理工学院跟随研究杂交有限元的专家卞学璜做访问学者。陈大鹏到美国后，了解到卞学璜的大弟子董平在美

---

① 沈志云：我对人才强校主战略的几点思考．西南交通大学新闻网，2014-02-24．
② 西南交通大学校史编辑室：《 焕实扬华　桃李春风 》．成都：西南交通大学出版社，1996年，第675页．

图 5-2　1979 年董平首次来西南交通大学讲学合影（左起张开文、毛家驯、卞学锐、董平、沈志云、刘钟华、严隽耄、谭达明、陈启藩，摄于四川峨眉西南交通大学）

国的一个铁路研究所担任动力学研究主持人。1979 年夏，董平陪卞学璜的兄长卞学锐回国，沈志云和董平联系邀请他到西南交通大学作学术讲座。在这次讲座中，沈志云提出请董平比较系统地给西南交通大学的教师们讲授车辆动力学课程。于是，1980 年 12 月 1 日，董平再度应邀到西南交通大学进行讲学。董平在西南交通大学期间，讲授了 4 次车辆动力学课程，和老师们进行了 2 次座谈。听课的有西南交通大学教师 55 人、四川省内各铁路单位技术人员 16 人。虽然只有短短两个礼拜，但是董平用丰富的材料比较系统地讲解了车辆系统动力学，包括车辆系统动力学的发展水平、研究前沿、线性系统动力性能计算、铁路车辆垂直方向振动响应的计算、轮轨相互作用、铁路车辆横向振动的计算、曲线通过理论、非线性动力学等内容。沈志云听得非常认真，笔记记了整整一本[1]。董平的讲授让沈志云更新了车辆动力学的知识结构、研究方法，了解了车辆系统动力学的研究前沿，车辆系统动力学"算是入门了"[2]。董平离开后，留下了近 500

---

[1] 沈志云：董平副教授讲学记录。未刊稿。资料存于采集工程数据库。
[2] 沈志云访谈，2013 年 11 月 8 日，峨眉山市。存地同上。

页的相关资料，沈志云又找到更多材料包括对国内外的相关研究论文进行学习研究。

　　事后，沈志云在总结材料中关于学校的研究方向问题向校方提出了三点建议：其一，理论必须要能解决现实问题，应当从实际问题如维修养护等方面去求得理论上的论据；其二，试验台研究是必要的，但许多问题未得到解决，如横向水平输入问题、滚轮不能模拟直线轨道等；其三，应当研究广泛可以使用的计算简化方法及简单电算程序①。这三点建议的第一点，很明显是他在苏联读副博士养成的科研思路的延续，是他进行科学研究的切入点。显然董平的到来进一步强化了他的这种思想。第二点建议，则是进行科学研究手段，也是后来他力主建立牵引动力国家实验室的最初萌芽。而第三点建议，则是科研的一个努力方向，他后来在国际车辆系统动力学方面产生巨大影响的沈氏理论就是一个简化方法和简单电算程序。也许，沈志云比一般人的高明之处不仅在于他非常努力、认真，更重要的是他能从别人的讲述中进行比较深刻的思考，寻找到灵感的火花。正如他自己所说："我觉得搞任何研究，那只是一个工具，关键要找一个切入口，找到理论结合实际的切入口。"②此后，他的科学研究就在遵循着首先寻找理论与实际的切入口中开始了。

　　1979年5月31日，沈志云晋升为副教授。从讲师到副教授，沈志云用了18年，但他丝毫未放松前进的步伐。而且紧迫感越发强烈，抓紧一切时间补充更新知识。他回忆自己那时的学习劲头时说："成天穿纸带，上108计算机，如饥似渴地阅读专业文献。"③为了尽可能利用时间，沈志云把一天的时间分成4块：白天在单位，上下午两个时段都在学校上课和处理部务。晚饭后，往往有基础课部的老师来找他反映情况、谈心。他知道"文化大革命"结束不久，大家都需要重新适应和调整，所以也不能拒绝。这一谈大约到晚上10点。10点以后就是沈志云的第4块时间，这段

---

① 沈志云：董平副教授讲学记录。未刊稿。资料存于采集工程数据库。
② 沈志云访谈，2013年11月8日，峨眉山市。存地同上。
③ 沈志云：世纪的召唤。见：谢成枢，《永恒的回忆无悔的年华》。成都：西南交通大学出版社，1997年，第3页。

时间他可以安静下来学习，一直到深夜二三点。"每个晚上可以工作三到四个小时"，沈志云认为自己的学习积累和科学研究"主要是靠第四个单元（的时间）在起作用。"①

日日夜夜的努力，终于让沈志云抓住机遇，开始结出丰硕的果实。

参与韶山Ⅳ型电力机车研制

改革开放后，中国社会开始进入快速发展时期。这种快速发展，让一切有准备且愿意投身建设大潮的人，都有机会在建设大潮中大显身手。沈志云素有投身建设事业之志，"文化大革命"结束后，沈志云对国家建设事业更为关注，并很快借着铁路大发展的春风，让自己的科研工作开花结果。

改革开放带来了铁路大发展。沈志云多次用"幸运"两个字来总结自己的成长经验，在谦虚之余，也道出了一个事实：沈志云正好赶上了铁路大发展的良好机遇。改革开放之初，中国铁路不仅运营数量相对较少，而且技术装备和现代化水平也相对较低，科技队伍参差不齐，这些均已影响到铁路发展，影响到国民经济的高速发展。加快铁路发展，关键是提高铁路科学技术发展水平。为此，铁道部制定了《1978—1985全国铁路科学技术发展规划》（草案），提出利用几年时间，首先解决当前铁路运输、生产、建设中的重大技术问题，集中力量为6大干线改造提供科技成果和质量良好的技术装备。要在前3年的基础上，再用5年的时间，重点进行我国铁路电气化、机械化、自动化、高速化的研究试验，取得试点经验并在部分关键技术方面赶超世界先进水平。到21世纪末，我国铁路将在主要运营指标和主要技术水平方面赶上或超过美国②。

---

① 沈志云访谈，2013年11月8日，峨眉山市。资料存在采集工程数据库。

② 李文耀：《中国铁路变革论：十九、二十世纪铁路与中国社会、经济的发展》。北京：中国铁道出版社，2005年，第124页。

中国铁路要更新技术装备，铁路专家就有了用武之地。铁路要提高运能，除了修筑新线外，旧有线路提速或提高货运载重量是主攻方向。而无论是提速或提高载运量，研究功率更大、性能更优的机车就成了当务之急。当时，火车使用的内燃机车主要是东风型内燃机车，而电力机车主要是韶山型。铁道部于1977年下达设计任务书，由株洲电力机车厂与株洲电力机车研究所在韶山Ⅰ和韶山Ⅱ的基础上，联合研制韶山Ⅲ型电力机车。1978年，首台韶山Ⅲ型机车研制成功。1979年春，沈志云参加铁道部召开的科技工作会议时，遇到了铁路科学院机车车辆研究所的詹斐生。詹斐生是西南交通大学的毕业生，与沈志云比较熟悉。会议期间，沈志云认为韶山Ⅲ型电力机车的功率还不够大，若用系统动力学理论对机车车辆进行参数计算、处理和系统优化，还可以进一步设计更大功率的机车。詹斐生非常赞同。会上，他们联合向铁道部领导提出了这个建议。铁道部责令由铁路科学院负责，西南交通大学参与，进行先期可行性论证。沈志云与詹斐生商量，由铁路科学院机车车辆研究所负责研究整体结构、构造部分，而西南交通大学以理论力学教研室、机械系部分老师成立了振动研究室，负责研究动力学部分。动力学部分分为轮轨关系、稳定性／平稳性研究、随机分析、曲线通过。沈志云把老师们分成五个组，每个小组负责一部分，大家分头进行、并要求1981年前拿出成果，做好可行性报告，争取在1981年立项。

设计的机车名字叫两轴转向架并联式机车，功率6400千瓦。当时，使用的机车一般都是3000千瓦、4000千瓦的功率，刚研制成功的韶山Ⅲ型机车也不过4230千瓦。而当时沈志云和詹斐生设计用两辆机车挂到一起，每台机车不是三轴转向架，而采用两轴转向架，所以叫做两轴转向架式机车。1980年10月，铁道部在福州召开第二届轮轨关系学术会议，沈志云在会上宣读了他们的研究成果《两轴转向架式机车横向振动的振型分析和参数研究》。这篇论文是对两轴转向架式机车横向振动振型的完整解析，对横向振动的各个基本振型、不稳定性特征以及参数对各基本振型临界速度的影响进行了比较清晰的物理描述，以在实际中可以直接应用为目的。沈志云等利用一个17个自由度的数学模型，并用二步QR算法对微分运动方程作了数值求解，编制了一个带有规格化特征的计算程序；从系统动力学理论出发，利用振型分析法对数值结果进行了分析，认为两轴转向架式机车其横向

图 5-3　韶山Ⅳ型电力机车 SS4

振动的基本振型可归纳为 8 个振型，其中 5 个是不稳定的。不稳定振型中，又可分为恢复性失稳振型和不恢复性失稳振型。为了使关于稳定性的理论研究直接为机车车辆设计实践服务，沈志云等又进一步研究了参数对稳定性的影响，以便指导失稳原因分析和最佳参数匹配工作。他们一共研究了 21 个参数，按照五种不稳定振型分别研究诸参数对这些振型稳定性的影响，并给出了各个参数最优化的说明[①]。沈志云的报告受到与会专家的高度评价。次年，该文发表在《中国铁道科学》杂志上。

1981 年，铁道部下达《韶山Ⅳ型电力机车设计任务书》，由铁道部株洲电力机车工厂及株洲电力机车研究所承担研制工作。沈志云和铁道部科学研究院合作的项目"韶山Ⅳ型电力机车动力学仿真及参数优化"课题也正式立项。后来，韶山Ⅳ型机车研制项目列入 1983 年 2 月 11 日国家经贸委下达的中国铁路重点科技攻关项目——"铁路重载列车成套技术的研究"之子项目，其后又被列入"六五"期间的国家重大攻关及国家重大装备项目。1985 年 9 月，第一台韶山Ⅳ型电力机车（SS4-0001）研制成功，这是当时中国国内功率最大的货运电力机车。1988 年 6 月 15 日，韶山Ⅳ型电力机车通过了国家级产品鉴定，鉴定会议认为该机车性能指标达到了 80 年代初期国际上直流相控电力机车先进水平。韶山Ⅳ型电力机车的研制成功，融入了沈志云等人的心血。这是沈志云参与的第一个大型研究项目，也是他公开发表的第一篇学术论文。

---

① 沈志云，卢孝棪，方景阳，等：两轴转向架式机车横向振动的振型分析和参数研究。《中国铁道科学》，1982 年第 1 期，第 18-40 页。

迈向国际学术舞台

参与韶山Ⅳ型机车的研制，也让沈志云迈出了走向国际学术舞台的第一步。1980年，铁道科学院邀请英国德比铁路研究所所长威根斯（A.H.Wickens）到铁路科学院作学术报告。威根斯告诉铁路科学院，次年8月将在英国剑桥大学召开国际车辆系统动力学协会（International Association of Vehicle System Dynamics, IAVSD）第七届学术讨论会，希望中国学者投稿参会。国际车辆系统动力学协会源于理论和应用力学国际联盟（IUTAM），在20世纪60年代后逐步分出国际车辆系统动力学分支，开始单独召开会议。后来，国际车辆系统动力学协会每两年召开一次，成为国际车辆系统动力学方面国际交流的最高会议，主要交流两年来的进展、讨论车辆系统动力学的发展方向等问题。第七届学术讨论会恰好在英国召开，由威根斯担任大会主席。威根斯非常重视学术研究，他想把会议开成一个学术研究与交流的大会，因此在中国作学术报告时，就鼓励中国学者投稿参会。铁路科学院准备选取论文投稿，选来选去，认为沈志云与铁路科学院詹斐生等撰写的论文《两轴转向架式机车横向振动的振型分析和参数研究》比较有学术份量，决定用这篇文章去投稿。为了慎重起见，还专门通知沈志云到铁路科学院进行论文演讲。经研究决定，该文以西南交通大学的沈志云、卢孝棣和铁路科学院詹斐生的名义向会议投稿。虽然沈志云对自己的研究比较有信心，但是会议论文入选竞争激烈，上百篇投稿中最多入选30来篇且中国学者从来没有人能成功入选参会，所以也没抱太大希望。毕竟中国科技水平与世界还是有差距的，这一点他也很明白。没想到，威根斯极为赞扬："真没想到中国人在这个领域里的研究有这么高水平。"当时论文入选有两种形式，一是会议宣读论文，二是会议张贴论文。这样，沈志云等就成了第一批入选参加国际车辆系统动力学协会学术讨论会大会宣读论文的中国学者[1]。

---

[1] 沈志云访谈，2011年11月8日，峨眉山市。资料存于采集工程数据库。

获知这一消息，西南交通大学和铁路科学院都非常高兴。双方研究之下，决定让沈志云和詹斐生赴英国参会。1981年9月7日，国际车辆系统动

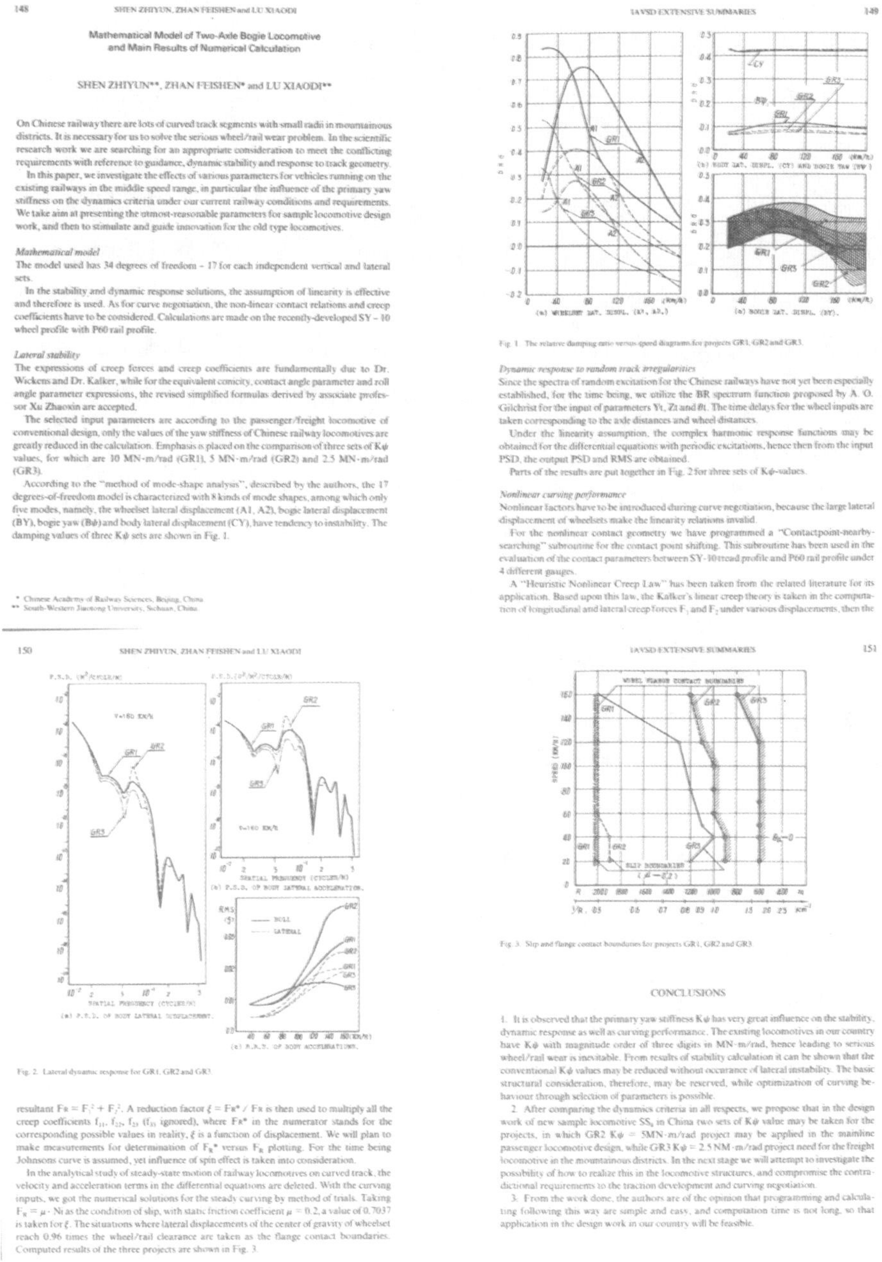

图 5-4　1981年沈志云在国际会议上发表的第一篇论文

力学协会第七届讨论会在剑桥大学开幕。与会代表 106 名，来自 18 个国家。会议讨论述评论文 5 篇，大会宣读论文 41 篇，其中汽车方面 20 篇、铁路方面 21 篇[①]。当天，沈志云宣读了他们的论文——*Mathemmatical Model of Two-Axle Bogie Locomotive and Main Results of Numerical Calculation*。世界车辆动力学界的学者都非常惊讶，中国的车辆系统动力学居然也能在短时间内发展到这么高的水平。

第一次出国参加国际学术会议，让沈志云收获良多。首先，沈志云了解到当时铁道科学技术在理论研究方面的动向。当时的世界铁道科学技术集中在非线性系统的随机振动、动态曲线通过理论，向弹性体振动系统发展，以便解决强度等方面的问题；轮轨方面继续发展两项基础理论——轮轨接触几何学和轮轨接触蠕滑理论。其次，了解了试验研究的动向，即以线路测试为主，一方面为改进轨道不平顺功率谱的测定，另一方面发展测力轮对，以便测定轮对所受水平及垂直力。再次，大力发展应用研究，运用机车车辆减轻磨耗、改善运行品质的研究、新车设计工作的理论分析、试验数据的整理及分析等都是本学科经常面临的课题[②]。

此次参会对沈志云科研发展道路影响最为深远的收获主要有两项：其一，获得了进行科学研究的灵感，发现了亟须解决的问题。沈志云一生的四大标志性成果之三的沈氏理论和迫导向转向架及牵引动力实验室的建设均与此次会议密切相关。其二，通过这次会议走向了国际学术舞台，认识了一批国际学术同仁。会议期间，沈志云非常活跃，积极地与各国学者交流，有些

图 5-5　沈志云（右）与赫追克教授合影（1993 年摄于四川成都）

---

① 沈志云，詹斐生：第七届国际车辆系统动力学学术讨论会铁路车辆部分讨论情况。未刊稿。资料存于采集工程数据库。

② 同①。

专家后来成为沈志云一生的朋友，对其以后的科学研究道路产生了重要影响。如美国学者、麻省理工学院的卡尔·赫追克（J.K.Hedrick）教授，后来成为沈志云在美国做访问学者的合作老师，也是其"沈－赫－叶氏"理论的主要合作者。[1]

会后，沈志云还比较深入地思考了加速中国铁路车辆动力学的发展问题，并提出了建议。其一，要重视和加强应用研究。他说："我国铁路机车车辆存在轮缘磨耗、振动性能不良、疲劳破损严重等与振动有关的大量问题。机车和车辆的设计工作也很少以严格的振动计算为基础。"而这些问题都是"车辆系统动力学"所要解决的问题。"因此，作为第一步，应当以应用研究为主，使本学科的发展直接为生产服务，从生产要求方面获得学科发展的动力。"其二，要集中力量把试验研究搞上去。试验研究是基础，要开展以线路试验为主的研究。其三，加强本学科研究力量之间的联合和协作。目前，我国从事机车车辆系统动力学方面研究的科研力量不算少，但尚未形成一支有力的队伍。因此，需要将这些力量组织起来，有计划地进行科技攻关，力求在某一方面有所突破，也必将加快本学科的发展。其四，加强国际交流。他认为，今后应坚持参加国际车辆系统动力学协会的学术会议，另外派人出国考察也很重要，还要定期请人来国内讲学，及时了解各国的动态，开展与国外专家的学术讨论[2]。沈志云在其后的30多年时间里都遵循着这些基本思路，行走在科学研究的道路上。这些建议，不仅涉及铁道车辆系统动力学，也涉及中国科研体制。有些建议是他1980年给西南交通大学建议的再次强调，有些则是此次出国参加国际学术会议的新思考。在20世纪80年代初就进行这样的思考，无疑是比较超前的。

会议结束后，沈志云等到英国德比研究所参观，这次参观也让他大开眼界。不仅德比铁路研究所的技术发展水平较高，而且德比的科研组织工作也让他很受启发。沈志云从1981年开始承担科研课题，虽然课题在进

---

[1] 沈志云：狠抓科学研究促进学科发展。1991年12月，未刊稿。资料存于采集工程数据库。
[2] 沈志云，詹斐生：第七届国际车辆系统动力学学术讨论会铁路车辆部分讨论情况。未刊稿。存地同上。

行过程中分工合作、进行得比较顺利,但是在如何提高团队效率方面并没有太多的思考。德比铁路研究所则在这一方面有丰富的经验。每次拿到研究课题,马上将课题进行分解,一个部门承担一块,然后定期交流汇报研究进展,最后形成总的研究成果。这样既保持了每个课题的进度,又能充分发挥各自的特长,得到优良的成果。在以后的组织课题过程中,沈志云也充分吸收了他们的经验。

从第七届开始,沈志云成为了国际车辆系统动力学协会学术会议(IAVSD)的常客,连续9届,历时18年,每届都参加。其中,1981年、1983年、1985年、1987年、1989年、1991年他的论文连续六次入选国际车辆系统动力学协会学术年会的大会宣读论文(均为第一作者)。1993年,第十三届国际车辆系统动力学协会学术会议在西南交通大学召开,沈志云担任会议主席。在这个国际车辆系统动力学的顶尖会议上,沈志云和国际学者们交流学术思想、获取学术滋养、扩大自己的学术影响。

夜以继日的留美生涯

十一届三中全会确定了对外开放的政策,提出要在平等互利的基础上,努力采用世界的先进技术和设备。而派遣留学生,就是学习世界先进技术的一条重要途径。

早在1977年8月,邓小平在主持科学和教育座谈会时指出:"接受华裔学者回国是我们发展科学技术的一项具体措施,派人出国留学也是一项具体措施。"[①] 在邓小平的指示下,中国加大了对外派遣留学生的数量。在教育部以派遣去国外进修的方式培养中国高校教师和学术带头人的方针下,沈志云获得了去美国麻省理工学院(Massachusetts Institute of Technology,MIT)做访问学者的机会。这是他第二次走出国门,进行比

---

① 邓小平:《邓小平文选》第二卷。北京:人民出版社,1994年,第57页。

较系统的科研训练。

1982年初,西南交通大学选派7位教师去国外进修一年,沈志云是其中之一。由于校方要求教师自己联系国外进修的学校,于是沈志云联系了在第七届国际车辆系统动力学会议上结识的美国麻省理工学院的赫追克教授。当时两人在英国相谈甚欢,都认为在轮轨关系方面有进一步研究的必要,并约定以后有机会一起合作。当时的美国总统里根非常重视铁路技术研发,专门设立了一个总统基金——轨道—列车动力学(Track Train Dynamics,TTD),用于支持十年内铁路技术研究。赫追克从基金中拿到项目经费,招收了18名研究生、进修生进行这方面的研究。1982年11月,沈志云来到麻省理工学院车辆动力学实验室做访问学者。全副精力投入到学习工作中。用他自己的话来说:"一年多的留美生涯都是在夜以继日的苦干中度过的。"① 如同"饿牛吃草"和"顺手牵羊"。所谓"饿牛吃草",指像饿极了的牛见到青草一样,不管不顾捞一肚子,回去再消化。当时,麻省理工学院有很多世界级的名师,沈志云就尽量多听课、多看这些名家如何上课。在一年多的时间,沈志云听了8门机械工程方面的课程,有本科生的,也有研究生的。其中,就有赫追克教授的两门课、潘特教授讲授的键图法、柯瑞拓教授讲授的非

图5-6 1983年沈志云在麻省理工学院办公室外留影

---

① 沈志云:鼓舞策鞭四十年。未刊稿。资料存于采集工程数据库。

线性动力学等。据说，柯瑞拓是跺跺脚都让世界抖三抖的非线性动力学领域最有名的权威。为了能顺利旁听，他还请赫追克打电话给各位授课教授说明情况。麻省理工学院学习的一个突出特点就是课外的习题非常多，而且难度也很大，上一节课大约需要五六个小时做作业。只有把作业全部做了，才能完全领会到课程内容。但是沈志云去麻省理工学院的主要任务是做研究，根本没时间做作业，所以只好把习题收着带回国来。上课之前，他也没有多少时间准备，好在都是本专业或者是与本专业相关的课程，大致都有所了解。上课的时候，他尽量多做笔记，以致回国的时候带回来十几本课堂笔记。后来，沈志云回国后，参照在麻省理工学院听课的内容，开了好几门课程，诸如键图法、系统动力学、系统控制学等。

"顺手牵羊"是指尽量收集研究资料带回来。沈志云在研究室和教室之外经常去的一个地方就是图书馆。麻省理工学院的图书馆收集了全美的很多最新研究成果，包括麻省理工学院的博士、硕士毕业论文以及部分本科毕业论文。沈志云将机械工程方面的所有论文都大致浏览了一下。很多论文没时间细看，他就看看这些论文的题目、大纲及研究思路。一些最新研究的书籍来不及细看的，就复印带回来。这样，沈志云回国的时候，也带回了不少研究资料，以便回国后再仔细研读。

沈－赫－叶氏理论

沈志云到美国后，和赫追克教授共同研究了两个课题。第一个课题是在英国参加 IAVSD 第七届学术会议时曾讨论的题目——轮轨蠕滑力的计算问题。

整个铁路系统实际上分为三部分，一部分是线路，一部分是机车车辆，一部分是运行控制。前两部分的接触就是轮轨关系，轮轨关系是轮轨交通方式所特有的接触关系。机车车辆运行过程中，轨道状态和车轮相对轨道的位置在不断变化，轮轨接触面在不断磨耗，所以轮轨关系是不断变化的动态关系。列车在两根钢轨上行驶时，尺度为几毫米的轮轨接触斑不仅支撑着整个列车，保证机车车辆在固定轨道上的安全行驶，而且还影响着机车车辆的运行品质。尤为神奇的是，正是轮轨接触斑之间的相互作用力才使得机车车辆得以前进、停止和转弯。所以，轮轨关系是铁路系统最重要、最基本的关系。轮轨关系研究主要分两类，一类是研究轮轨的接触几何关系，也就是轮对和钢轨之间的空间位置关系；另一类是研究轮对运动时的轮轨相互作用力[1]。沈志云从事的轮轨蠕滑力研究及其后研制的货车迫导向转向架，都属于轮轨关系的研究范围。

所谓轮轨蠕滑，是指具有弹性的钢质车轮在弹性的钢轨上以一定速度滚动时，在车轮与钢轨的接触面产生微小的相对滑动。如何定量地确定轮轨蠕滑的力学特性，一直是车辆动力学的难题。许多学者，如卡特（F.W.Carter）、沃尔妙伦（P.J. Volmeulen）、约翰逊（K.L.Johnson）等进行了许多理论与实验研究。1967年，荷兰德尔夫特（Delft）大学的卡尔克（J.J.Kalker）教授发表《关于干摩擦下两弹性体之间的滚动接触》的博士论文，将轮轨蠕滑理论由线性发展为三维的非线性理论。1978年，卡尔克设计了DUVOROL程序，可有效地计算在各种蠕滑率情况下的蠕滑力。由于考虑了自旋等蠕滑率，DUVOROL程序能给出最全面的蠕滑力及蠕滑力矩数值，被公认是最精确的蠕滑理论。但因计算量比较大、又没有显式公式可以输入，只能先就各种蠕滑率及其不同配合分别利用DUVOROL程序计算蠕滑力及蠕滑力矩的数值，制成巨大的数表，事先储存在计算机中，使用时利用特制的查表程序到数表中查取。不仅数表要占用很大内存空间，查找起来也很费时，很难在车辆动力学计算中直接应用。在车辆动力学计算中，每个时间步长里都要调用蠕滑力计算程序几十次，如果采用卡尔克的精确算法，每调用一次就要查一次数表、进行较复杂的动力学计算常要花费一两天的时间。所以，该方法尽管计算结果比较精确，却根本无法在实际中使用。

1981年2月，卡尔克将精确理论加以简化，在此基础上写出了高速计算程序FASTSTM。该程序用FORTRAN语言写出，其计算速度可以提高

---

[1] 张卫华：《机车车辆动态模拟》。北京：中国铁道出版社，2006年，第117页。

图 5-7　20 世纪 80 年代沈志云（右）与卡尔克（左）讨论轮轨接触力学问题

15～20 倍，但由于不是显式公式，计算仍然不方便，而且假设太多，计算结果与精确算法常有不小差距，推广应用仍受较大限制。

如何找到既快速又有足够精度的轮轨蠕滑力计算方法，是当时学术界普遍关注的问题。影响比较大的是沃尔妙伦和约翰逊的方法。他们先用简化的线性蠕滑理论计算出蠕滑力，然后按某种非线性蠕滑饱和曲线，将计算值降低到实际值。按这种方法计算所得的结果与按卡尔克非线性蠕滑理论计算的结果，在自旋蠕滑很小时相差不大。

1981 年在英国剑桥大学参加 IAVSD 会议时，沈志云曾和卡尔克就轮轨蠕滑理论进行过面对面的讨论。卡尔克认为，从原理上说，沃尔妙伦和约翰逊的简化计算法是错误的，因为不考虑自旋蠕滑，即使进行线性计算，结果也是完全不同的，故不能以此作为简化计算的根据[1]。沈志云也认为这个方法过于简单，仅仅考虑了纵向蠕滑与横向蠕滑，轮轨运行中的很多因素都没有考虑进去。

沈志云还曾专门请教卡尔克，在滑动系数的取值问题上如何考虑轮轨接触面的状况而将卡尔克系数加以修正。卡尔克认为应该通过试验加以确定，并向沈志云推荐从事滑动系数测定试验的三人：剑桥大学工程系教授约翰逊、伦敦南岸理工学院的布瑞克（B.V.Brickle）和英国德比铁路研究所的依林沃斯（R·Illingworth）。沈志云利用在剑桥大学开会的机会，专门参观了约翰逊的实验室，并向他索取了试验装置及试验方法的资料。德比铁路研究所已经着手利用测力轮对记录横向、纵向和垂直作用力，并已

---

[1] 沈志云，詹斐生：第七届国际车辆系统动力学学术讨论会铁路车辆部分讨论情况。未刊稿。资料存于采集工程数据库。

经成功测量了横向蠕滑系数，而纵向系数的测试则在实验设计中。

这次会议，使沈志云对轮轨蠕滑力的研究有了一个非常深刻的认识。"综合运用实验室内滚动试验台上的试验结果及线路的实测数据来科学地确定其数值，是今后必须认真进行的工作。"[①]沈志云在麻省理工学院的访问指导教师赫追克也参加了IAVSD第七届学术会议，两人还在这次会议上有过直接的讨论。因此，沈志云到达波士顿后，与赫追克第一次见面时，就曾讨论过蠕滑力计算的问题。当时，沈志云和赫追克都觉得应该发明一个比较简便的、在实际工作中可以使用的方法，通过这个方法计算的结果要与卡尔克方法计算的结果尽可能地靠近。简言之，"比约翰逊的适用，比卡尔克的好用。"[②]要进行研究，必定需要一定的研究条件。赫追克首先带沈志云熟悉计算机房，然后让其一个美国博士生帮助沈志云使用计算机。并与沈志云约定每周见一次面，由沈志云汇报研究进展，有问题两人切磋。

于是，沈志云到波士顿几天后就投入了研究工作。每周赫追克一见到沈志云，总是问他研究进展情况，若有问题两人就交流一番。早在1981年在英国参加会议时，沈志云就从英国德比铁路研究所获得了卡尔克的DUVOROL程序，同时向卡尔克索取了FASTSIM程序。沈志云就在计算机房跑程序，用卡尔克的方法跑程序，跑了两遍下来，发现问题了——卡尔克简化方法中有一个线性算法，实质上是非线性的，非线性的要查数表，线性算法又不准确。按照线性计算方法应该是一条直线上去了，实际结果却是下降的，但究竟怎么下降的却无法解释清楚，赫追克也无法解释。

研究一时陷入了僵局。如何才能找到突破口？沈志云想到了在英国开会时曾抽空参观的剑桥大学约翰逊实验室。约翰逊的实验室有一个1∶1的实验台，车轮在钢轨上前后运行。在实验台边，约翰逊曾对他说："如果你在实验室的条件下不能再现实际情况，说明你对实际的规律还不够了解。"[③]而英国德比铁路研究所的依林沃斯则对他说："最准确和最符合实际

---

① 沈志云，詹斐生：第七届国际车辆系统动力学学术讨论会铁路车辆部分讨论情况。未刊稿。资料存于采集工程数据库。
② 张路延："中国高速轮轨之父"——沈志云。《华西都市报》，2013年6月9日。
③ 沈志云访谈，2013年11月8日，峨眉山市。资料存于采集工程数据库。

情况的方法是在线路上直接测定。"① 轮轨关系是很复杂的，因为现在用的是无缝钢轨，不像有缝钢轨其运行"咔嚓咔嚓"是有规律的；无缝钢轨在运行中还有轨道不平顺，这种不平顺是没有规律的、是随机的。所以，只有进行实地试验，然后进行随机分析，才能解决问题。

沈志云提出进行实地测试，二人便找到美国中部卡罗拉多州普耶勃罗实验中心的总工程师叶尔金斯（J. A. Elkins）。美国这个实验中心建立在沙漠中，相当于英国的德比铁路研究所，是世界最早的高速列车研究中心。美国对高速列车的研究比日本早，当时想研究时速250千米的高速列车，所以建立了两个试验台——一个滚动台，一个振动台，都研究高速列车。但美国一直没有发展高速铁路，倒是日本修建高速铁路时借用了许多该实验中心的研究成果。由于汽车的发展，火车客运在美国没什么市场，因此这两个实验台基本都废弃了，剩下30千米的环形线路主要用于货车实验。这个30千米的环形线路正好可以用于实地测量非线性运行数据。叶尔金斯和赫追克一样，也在美国总统基金里申请了科研项目，故赫追克邀请他参加研究，由其提供实地测量数据。

沈志云认为，这个新方法可以在修正卡尔克和沃尔妙伦—约翰逊方法的基础上获得，如果新计算方法的计算结果误差不超过10%，那么工程上就可以使用。所以他用卡尔克的线性理论来改造沃尔沃论—约翰逊的线性公式，再用沃尔沃论—约翰逊的非线性化曲线来修正误差。具体来说，将卡尔克的计算方法中的线性公式变成非线性，那么就成为显性公式，这样计算的速度就快了好几十倍，基本上解决了计算难的问题。由于考虑自旋，当自旋大到什么程度就会使同卡尔克精确算法的误差大于10%，亦即此算法不能再使用了？回答了这个问题，就确定了此算法的适用范围。他的这种设想得到了赫追克和叶尔金斯的赞同。

为了验证这个设想，必须进行大量车辆动力学问题的实际计算。为此，沈志云选择计算稳定性、平稳性、曲线通过、随机响应四种数据。这四种数据是铁路机车车辆必定涉及的。由叶尔金斯在实验中拿到数据，然

---

① 沈志云，詹斐生：第七届国际车辆系统动力学学术讨论会铁路车辆部分讨论情况。未刊稿。资料存于采集工程数据库。

后沈志云用卡尔克和自己设想的方法计算出两组数据，再进而比较两组数据的差距。但是要比较这两种数据，需要巨大的计算工作量。即便单独用卡尔克的方法计算，一个程序计算机都要跑几天时间，四组下来，差不多10多天。沈志云决心花时间来做，他认为若自己花时间找到了简便而准确的办法，那么实际生产中就可以节省更多的时间。

当时计算机并没有到普及的程度，还不能人手一台。如果靠一台计算机的话，根本不可能完成。而当时麻省理工机械系也不过二三十台机子。平时大家都在使用，是不可能有条件使用多台计算机的。于是，沈志云选择圣诞节到元旦美国学校放假的这一周时间来跑程序，二十几台计算机二十四小时不间断地计算了整整一周。整整一周，沈志云连大门都没出去过，困了，就在机房的沙发上打个盹；饿了，就在走廊上的自动售卖机里买杯咖啡、买点饼干充饥。

结果非常理想，在主要的计算中两组数据差距都不超过 10%，完全可以工程应用，而且新方法的计算速度比卡尔克的方法快几十倍。随后，沈志云将研究结果撰写成学术论文《铁路车辆动力分析中各种蠕滑力计算模型的比较》，并在麻省理工学院召开的第八届国际车辆动力学协会会议进行宣读。论文在约翰逊和卡尔克的研究基础上，提出了一种考虑自旋的非线性轮轨蠕滑力计算模型并编成简洁程序，可以在车辆系统动态仿真中进行在线计算[①]。国际轮轨蠕滑理论权威卡尔克也参加了本次大会。会议现场，卡尔克给予该文高度评价，称这"是铁道车辆动力学中能够采用的最好的非线性蠕滑力模型，是铁道车辆系统动态仿真最适用的方法，是1983年世界蠕滑理论新发展的标志。"[②] 后来，卡尔克还花了很大功夫研究什么情况下可以用这个方法、什么情况下要作修正，进一步完善了该方法。1990年，在卡尔克的《三维弹性体滚动接触》著作中，将这个方法命名为"沈—赫追克—叶尔金斯"理论。卡尔克在全书中 21 次提到沈－赫－叶氏理论，对其进行完整而准确的分析，将其归纳为三维弹性体滚动接触力学的第四大理论，并且提出第四大理论是最适合于在车辆动力学中运用的理论。沈志云以后的研究还证明，即使在轮缘接触的大自旋情况下，沈－

---

① 沈志云：努力发展车辆系统动力学.《中国科学院院刊》，1994 年第 2 期，第 71-72 页。
② 张路延："中国高速轮轨之父"——沈志云.《华西都市报》，2013 年 6 月 9 日。

赫－叶氏理论的计算精度仍能满足工厂要求。

沈志云因沈－赫－叶理论而一鸣惊人。但他并不认为自己创新了理论，觉得自己只是作了方法上的改进，改进了沃尔妙伦—约翰逊和卡尔克的方法。回国后，在相当长时间里，他对在美国取得的成就一直只提"沃尔妙伦—约翰逊方法的改进"，从未提过创造了什么理论。直到90年代卡尔克的著作传到国内，大家才知道"沈氏理论"一说。这个理论成为沈志云的标志性成果，是他最突出的成就之一。

沈－赫－叶氏理论发表后，在国际上被广泛应用。1998年，德国推出的大型车辆动力学计算软件包"SIMPACK"将沈－赫－叶氏理论列为轮轨蠕滑力计算模型中的重要选项[①]。研究成果出来20多年后，其文章的引用率还在不断上升，说明该理论在学术界依然有比较大的影响。大家都在向沈志云祝贺，但沈志云却不高兴了，他觉得在科技迅速发展的今天，一个理论二十几年后还在引用，就说明该领域的科技发展水平有限。于是，沈志云指导博士研究生金学松撰写了《轮轨蠕滑理论及其试验研究》的博士论文，对沈－赫－叶氏理论及卡尔克20世纪90年代在完善沈－赫－叶氏理论基础上提出的三维弹性体非Hertz滚动接触理论进行了修正和发展，将卡尔克的三维弹性体非Hertz滚动接触理论模型推广到任意几何型面弹性体滚动接触问题，使其更适合求解轮轨的粘着问题和"第三介质"对轮轨接触力的影响。新的模型中，考虑了轮轨真实几何型面和接触斑以外的边界条件对接触行为的影响，可以求解轮轨的"两点"和"共形"接触问题，同时也提出了应用卡尔克的三维弹性体非Hertz滚动接触理论分析轮对／钢轨结构的弹性变形对轮轨滚动接触蠕滑率／力的影响的分析方法。该文获得学术界的高度好评，被评为全国百篇优秀博士论文。

从1981年沈志云在国际学术会议发表第一篇论文，到1983年发表第二篇学术论文，这两篇文章（尤其是第二篇）在国际学术界产生了如此巨大的影响，这完全是"一鸣惊人"的效果。不过，看似偶然的东西，总有其内在发展的逻辑。这既是沈志云拼命研究的成果，也是沈志云多年积累

---

① 何梁何利基金评选委员会：《何梁何利奖1999》。北京：中国科学技术出版社，2000年，第179页。

的结果,用卢孝棣教授的话来说,该论文的产生是多种因素综合作用的结果,"而基础理论与专业相结合是最主要的"原因[①]。

沈志云在美国做的第二个课题是"轮轨型面对钢轨磨损的影响"。这是赫追克与美国亚利桑那州立大学合作进行的北美铁路公司委托的研究项目,目的是找出最佳的钢轨打磨型面。赫追克和亚利桑拉州立大学科阿勃瑞得(Neil K. Cooperrider)教授是好友,当时两人共同拿到了一个北美铁路公司的研究项目。北美铁路公司的主要业务是矿石运输,在矿石运输中有个问题亟待解决——轨道磨损比较厉害。轨道磨损后,需要将轨道进行打磨,直到无法打磨,就把钢轨换掉。新换的钢轨也需要打磨。打磨后,能改善轮轨关系、延长使用寿命。在打磨的过程中,必须先确定打磨的形状、打磨量、打磨的长度深度等。由于打磨的这些参数不仅与磨损情况相关,还与线路的情况(比如直线或者曲线、路基轨枕的情况)相关,所以是一个很具体的生产问题,是运输过程亟待解决但又不好解决的问题。所以,北美铁路公司出资6万美元设立了这个研究项目。

赫追克让沈志云参与这个项目的研究。当时科阿勃瑞得门下有一个正在进修的中国铁道科学院的贺启庸,于是,这个项目实际上主要由沈志云和贺启庸共同负责。分工上,由科阿勃瑞得方选择型面,选择后交给赫追克方,以判断这个型面的可用性,然后运用动力学模拟仿真的国际最新成果和程序进行动力学分析,寻找最佳型面。项目进展比较顺利,双方像第一个项目一样,一周左右就召开一次电话会议,汇报进展。不过项目尚未做完,沈志云做访问学者的一年时间就已临近。赫追克对沈志云的科研能力和刻苦精神非常赞赏,很希望他能留下来继续把项目做完,沈志云也很想把这个课题进行完毕。在征得西南交通大学同意后,沈志云在麻省理工学院又工作了三个月,圆满完成了研究任务,而研究成果在实际中运用的效果也很好。

在麻省理工学院的一年零三个月时间,沈志云收获颇丰。与国内不同,在国外没有任何单位、家庭事务的干扰。可以说,这一年多的时间,是一段全部精力埋头学习、进行科学研究的时间。这一年多,沈志云如同

---

① 沈志云:高等学校教师职务任职资格申请表。存于西南交通大学档案馆。

充满了电的马达，没有休过假，连波士顿市内的旅游观光地都没有游览过。麻省理工学院通过走廊把各个学院连成一个整体，每天大家汇集成一大股人流，从同一个入口进入走廊，再分流到各个系室。正如与沈志云同时在麻省理工学院访问的澳大利亚学者汤普森（A. G. Thompson）所言，麻省理工学院好比一个回旋加速器，每个进入到学院大门后走向各个工作岗位的人就是中子。大家都在加速器里获得能量，回去后再以更快的速度运转。沈志云觉得汤普森的话非常准确，在麻省理工学院进修、工作的一年三个月时间，是自己又一次系统、严格的科研训练，获得了不少能量，而这个能量让他在科学道路上大大地提速了[1]。

　　沈志云在美国的工作获得了其指导教师赫追克的高度评价，他在给西南交通大学校长王润霖的信中说：

　　　　沈先生奋发向上和善于完成他决定要做的任何事的能力，给我留下了非常深刻的印象。他是我们实验室极难得的成员，从许多方面对我们这个集体做出了贡献……（沈志云）独立完成了最困难的工作，所以他是《铁路车辆动力分析中蠕滑力计算模型的比较》一文的第一作者。[2]

　　1981年1月，沈志云完成了在美国的工作，准备回国。在美国做研究的过程中，他对计算机的重要性有非常深切的体会。所以虽然钱并不宽裕，但他还是下定决心买一台KOMODO-64计算机回国。不过，沈志云显然没想到国内的一日千里的发展速度。他带着计算机回来的时候才发现，在国内，计算机已经不是稀罕物件，而且计算机比他买回来的更先进。于是，他从美国带回来的计算机就彻底沦为纪念品了。虽然白花钱了，但是国内的发展速度让沈志云万分惊喜，更充满了期待。自己在国外基本上完成了知识的更新，站在了国际车辆系统动力学研究的最前列，现在归国的他更深信，充足电的自己一定可以在国内找到更好的用武之地。

---

[1]　沈志云访谈，2011年11月8日，峨眉山市。资料存于采集工程数据库。
[2]　赫追克的推荐信。存地同上。

第六章
迫导向转向架的研制

就任力学研究所所长

1984年1月，沈志云辞别赫追克回国。出国期间，其担任的基础课部副主任职务自动解除。回国后，仍在理论力学教研室担任教学和科研工作，西南交通大学还专门为他成立了应用力学研究所，任命他为所长，体现学校对归国人才的重视。不过，沈志云这个所长却是个光杆司令，整个力学研究所仅有他一人。

回国后，沈志云开始深入消化在美国进修时"捞进肚里"的各种营养，并将之用到自己的教学和科研工作中。教学方面，他给本科生讲授一个大班的基础课——理论力学，给工程力学专业的学生开设了系统动力学课程，同时还开设了键图法和专业英语课程。在这些课程上，无论是授课内容还是上课方法，都仿效麻省理工学院，很多授课资料都是从麻省理工学院带回来的，全英文授课。学生感觉很有压力、也很有收获，很多学生也因此对沈志云印象深刻。比如沈志云的博士生金学松，听沈志云的键图法和系统动力学课程时，觉得他的学术视野非常广阔而有前瞻性，学术功底非常深厚。

>他整个讲课的思路、思维和一般的（老师）不一样，完全突破了过去满堂灌的教学方法。当时他就鼓励我们在学习中，把学习和科研都紧密地结合起来……他的教学方法，包括教学思想、课堂上传授的内容，都带有很多创新的东西。①

从美国回来，沈志云开始将更多的精力用于科学研究。回国之初，他主要进行了四项研究：

一是轮轨磨损研究。沈志云在美国进行的第二个研究项目是与轮轨磨损相关的。在实际生产中，轮轨磨损也是一个非常突出的问题。因此，他回国前曾和赫追克谈过，将继续进行轮轨关系方面有关轮轨磨损的研究。西南交通大学给沈志云设立了一个研究项目——"轮轨磨损的动力学预测"，准备从动力学的角度来预测摩擦磨损，即从摩擦功（轮轨之间运行中所做的功）的角度来预测摩擦磨损。这是一个全新的视角，是把摩擦学与车辆动力学结合起来预测轮轨的磨损。这个小课题陆续产生了非常多的成果，1986在《西南交通大学学报》发表了《论轨道润滑》一文，论述轨道润滑在减轻轮轨磨损和节约牵引能源方面的功效，阐述了轮轨摩擦功的作用及其计算方法，分析了具体数值计算结果，从而说明轨道润滑研究的重要意义及研究方向。1992年，沈志云参加了在荷兰召开的国际轨道维修养护年会，发表了《钢轨的侧磨与防治措施》一文，研究了钢轨过弯道的侧面磨损与防治情况。同年，在《铁道学报》发表了《轮轨磨损的动力学预测及减少轮轨磨损的措施》的学术论文，论述轮轨磨损的动力学预测方法。文中采用轮轨接触摩擦功作为轮轨磨损指数，通过数值计算定量地给出轮轨磨损程度的预测。作为应用，文章还提出两种减少轮轨磨损的措施，即钢轨润滑和采用迫导向转向架，并计算出其在减少磨损方面

---

① 金学松访谈，2013年12月17日，成都。资料存于采集工程数据库。

的效果。1996年，他与研究生李自力在国际摩擦学最权威的期刊《Wear》发表文章 A Fast Non-Steady State Creepforce Model Based on the Simplified Theory。

二是关于键图法的拓展研究。高校教师身兼教学、科研二任，而教学、科研很多时候都是互相促进的。沈志云在开设课程的同时，也进行了相应的研究。比如，他在开设键图法课程时，就与力学系的李成辉以及当时的副校长李植松三人一同进行研究，应用键图法对铁道车辆结构的集总—分布混合系统进行振动分析。将车辆的转向架构架简化为H型，视为由三根伯努利—欧拉梁组成。将各梁的四个低阶模态取为集总质量，与车体悬挂、轮轨相互作用等构成多体系统，用键图法模拟，通过数值计算求解系统的频率响应。研究结果表明，用键图法对混合系统进行振动分析，与有限元法相比，比较直观且有明显的物理意义，便于修改模型，计算工作量小，故他们认为应进一步推广和研究键图法在结构振动分析中的应用。这项研究成果最后撰写成《结构振动分析中的键图法》一文。

三是关于调车机车失稳的研究。沈志云有两个大学同班同学在二七机车厂（现属北车集团）当总工程师与副总工程师。机车厂生产的调车机车在运行过程中总是失稳，振动情况不好，他们想找研究人员研究改进，于是想到了沈志云。沈志云带领老师和同学在现场进行了仔细研究，收集了数据，回校后进行分析计算，最终一次成功解决了这个生产中遇到的实际问题。

四是研制微机控制的轮轨踏面测量仪。轮轨的踏面非常复杂，呈锥形且是变化的，所以又称车轮型面，对动力学的影响很大。车轮踏面的传统测量方法都是手工测量、人工计算，复杂而欠准确；且关于钢轨与车轮的两个型面如何接触、接触点又是怎样移动的，都缺乏动态的仿真。沈志云带领学生制作了一个用微机控制的型面测量仪，很好地解决了这些问题。

沈志云在理论力学教研室还招收研究生，结合带研究生开展科学研究。在沈志云看来，给本科学生上基础课、给力学专业学生上专业课、带研究生，同时进行科学研究，"这样应当是很完满了"[1]。

---

[1] 沈志云访谈，2011年11月9日，峨眉山市。资料存于采集工程数据库。

IAVSD 学术年会的意外收获

1985年，沈志云赴瑞典林撒平大学参加国际车辆动力学协会（IAVSD）第九届学术年会。在这次会议上，沈志云不仅和赫追克联名发表论文，更重要的收获是沈志云开始萌发了研究货车转向架的想法。

曲线区段上的钢轨及轮缘磨损是铁路运营中遇到的一个严重问题，在小半径的山区铁路运营中尤为突出，这不仅限制了列车通过曲线区段的速度、加重线路和机车车辆的维修，而且增加机车动力消耗、产生噪音和降低舒适度甚至影响行车安全。要解决这个问题，有三个途径：一是改造线路，加大曲线半径；二是钢轨涂油；三是改造转向架结构，以改善机车曲线通过的性能。三种方法中，第一种方法基本不可行，因受投资及地形的限制，小半径曲线在城市郊区及地下铁道几乎是不可避免的。钢轨涂油是一项经济价值很高的工艺，不但可以大大减小轮轨磨损，而且可以节约牵引力[1]。但是涂油必须有严格的工艺，只能涂到轨道的侧面，一旦钢轨与车轮接触面粘上油，将减小摩擦从而减小列车牵引力和制动力。改善转向架结构则是从车辆自身的改造入手，被视为更安全可靠的措施。

转向架是铁道车辆上最重要的部件之一，它直接承载车体自重和载重，引导车辆沿铁路轨道运行，保证车辆顺利通过曲线，并具有减缓来自车辆运行时带来震动和冲击的作用，因此转向架的设计也直接决定了车辆的稳定性和车辆乘坐的舒适性。在铁路运输发展的初级阶段，世界各国均采用二轴车辆，车轴直接安装在车体下面。这种车辆一般比较短小，为便于车辆通过曲线，前后两轴中心线之间的距离一般不大于10米。这样一来，车辆的载重量受到很大限制。随着铁道技术的发展，出现了多轴车辆。为了让多轴车辆顺利通过曲线，都采用转向架，即把两个或几个轮对用专门的构架（侧架）组成一个小车。车体就支承在前后两个转向架上。

---

[1] 毛家训，严隽耄，沈志云：迫导向转向架的理论及应用（上）.《铁道科学》，1985年第11期，第24—29页。

为了便于曲线通过，车体与转向架直接可以相对转动，这样就相当于将车体坐在两个小二轴车上，从而增加了车体的长度、增加了火车的载重量[①]。

在车辆曲线通过时，只有使轮对轴线指向轨道曲线半径的方向，才能避免轮缘贴靠钢轨，而以此为目的设计成的转向架统称为径向转向架。径向转向架有自导向转向架和迫导向转向架之分。迫导向转向架利用曲线通过时车体与转向架之间的相对角位移，来强迫轮对处于所要求的径向位置。1927年，斯给尔斯（B.SCALES）提出的杠杆式导向结构可以算是迫导向转向架的最初设计。后来，各国都在不断设计迫导向转向架，但是到20世纪80年代，迫导向转向架研制依然处于初级阶段，很少投入运用。

在1981年的IAVSD会议参会总结中，沈志云敏锐地意识到："日益提高的运输需求，要求发展高速、平稳、安全的新型结构的转向架，要求规定合理的轴重，要求改善轨道线路的维修养护。"[②] 在麻省理工学院访学时，沈志云进行的第二项研究"轮轨型面对钢轨磨损的影响"已开始涉及轮轨磨损领域，而回国后进行的"轮轨磨损的动力学预测"更进一步加深了他对轮轨磨损的研究。在此次会议上，沈志云与来自荷兰德尔夫特大学的搞非线性振动的专家地帕特（A.de-Pater）交流时，地帕特曾提及他十几年前就进行过的"迫导向"转向架研究，但是没有成功。他建议沈志云可以做"迫导向"的研究。1987年在第十届IAVSD会议上，地帕特还专门给沈志云看了他们没有研制成功的迫导向转向架的照片。

沈志云觉得地帕特的建议非常好，因为中国是一个多山国家，曲线区段上的钢轨及轮缘磨损在中国的铁路运营中非常突出。同时，当时沈志云所参与的货车重载课题研究也涉及这个问题。由于要提高货车的运货量，车辆的载运量就要增加、车体变长、车辆数变多。货车在运行中尤其曲线通过时，车辆直接"切割"钢轨。这样下来，造成两个后果：其一，货车所需的牵引动力增加，速度下降；其二，车轮磨损厉害。若对转向架进行改造，让车轮的轮缘不贴靠钢轨，不仅能减轻轮轨之间的动力作用，还能降低轮轨磨耗。

---

① 余静：《运载设备》。北京：中国矿业大学出版社，2002年，第109页。
② 沈志云，詹斐牛：第七届国际车辆系统动力学学术讨论会铁路车辆部分讨论情况。未刊稿。资料存于采集工程数据库。

因此，从瑞典回国后，沈志云就积极地推进这个问题的研究。

沈志云回国后就去铁道部科技司给机车车辆处处长傅小日汇报了转向架研究的想法。傅小日很支持，觉得这确实是一个亟待攻克的技术难题，并提出设计成功后最好能在线路上试验一下。但是中国的货车全国到处跑，一投入使用，想把它找出来，如同大海捞针，跟踪难度太大。后来，两人商量在云南米轨线上进行试验。米轨，就是指小于1435毫米、大于1000毫米的轨距。100多年前，法国人建造的滇越铁路就是一条米轨铁路，当时昆明到河口路段仍在使用。由于其他的铁路都不是米轨，所以这条铁路相对独立，在该米轨线上跑的火车都是来回在这条铁路上运行，这样方便数据收集。

1985年经铁道部同意，由西南交通大学、齐齐哈尔车辆厂和昆明铁路局协作研制新型米轨用迫导向转向架，并设立"迫导向转向架的理论与应用"的科研项目，沈志云为项目主持人。1985年年底，西南交通大学、齐齐哈尔车辆厂和昆明铁路局签订协作协议，共同进行此项目研制工作，成果共享[①]。

零磨损迫导向转向架的研制

铁道部的研究任务下达后，西南交通大学组成了以沈志云、毛家训、严隽耄等为首的课题组，从1985年起全力进行迫导向转向架研究。

为了进行迫导向转向架研究，沈志云回到学校的第一件事就是在学校车辆实验室专门设计了一个试验台。他按1∶5的小比例尺在实验室建造了一个半圆型轨道，模型车辆根据实际米轨三大件式转向架货车（A3货车转向架）尺寸，按相似理论设计，共包括模型货车、模型轨道、发射装置、停车装置及测试系统五部分。建设这个试验台的目的就是检验迫导向机构能否发挥作用，使机车通过曲线时轮对轴线指向轨道曲线半径的方向。

回校后的第二件事就是对米轨运行情况进行实地考察。虽然铁道部将

---

① 沈志云：迫导向转向架的原理及应用研究工作总结报告。1988年12月，未刊稿。资料存于采集工程数据库。

图 6-1　1985 年在四川峨眉实验室进行迫导向转向架试验（右二为沈志云，左二为严隽耄）

该项目的试验委托给了昆明铁路局，但具体在米轨哪段线路进行试验，得沈志云确定。在去昆明的路上，火车过弯道时，车轮轮缘与钢轨侧面摩擦的"嘎吱""嘎吱"的尖啸声，在深夜分外刺耳。毛家训万分感慨地对沈志云说："老沈，听着这么刺耳的声音，我们做车辆动力学的人还能坐得住吗？"沈志云也发自内心地说："我们听到这种声音的确应该感到惭愧。"[1]

在落实外围工作的同时，沈志云等人研究了迫导向架的原理并进行了理论创新。要让车辆不切割轨道，就必须使车轮轮缘与轨道侧面始终成平行状态，无论是直线或者曲线。直线运行时，由于车轮的锥形踏面，可以自动调控保持不贴靠轨道侧面。可是在曲线通过时，车轮却与轨道成一冲角，从而切割轨道侧面。如何使车辆在任何状态下都自动调整，让这个冲角为零，是迫导向转向架的根本目的。沈志云等人进行了深入的思考，并先后发表了《迫导向转向架的原理及应用》《杠杆式迫导向转向架曲线通过性

[1]　沈志云访谈，2011 年 11 月 9 日，峨眉山市。资料存于采集工程数据库。

第六章　迫导向转向架的研制

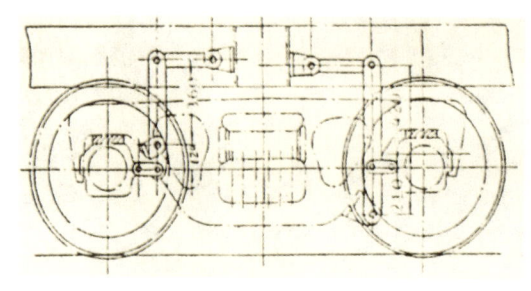

图 6-2 迫导向转向架设计图（两轮上部的拉杆结构为沈志云改造部分）

能的初步分析》的学术论文。论文指出："稳态曲线通过时，车体与转向架之间的相对角位移是曲线半径 R 的函数。刚性转向架的冲角也与 R 有关，跟车体与转向架夹角间成一定比例关系，例如 1∶6 左右。"在此基础上，他们设想："如果使车体与轮对之间通过导向机构而发生直接联系，只要传递比例选择适当，即可使轮对处于完全径向的位置。事实上，通过导向机构的不同设计，可以使轮对在任何曲线半径上均处于所要求的冲角，从正冲角到零（完全径向）直到负冲角。"[①] 也就是说，利用车辆通过曲线时车体与转向架的夹角来控制轮对，使它处于曲线的半径方向，以避免轮缘贴靠钢轨，从而解决轮轨磨损问题。这样，就给迫导向转向架提供了最基本的设计思路。

按照这个设计思路，沈志云等人开始了迫导向转向架的设计过程。他们以齐齐哈尔工厂所试制的 A3 型转向架为基础，加装了一系橡胶堆和杠杆式导向架。导向装置采用 SCALES 式杠杆机构并在四角分导出来，使结构最大限度简化的同时具有增加抗菱刚度、提高运行平稳性的作用。导向增益选择 0.33，比理论最佳值稍大，以平衡制造及运用中导向机构游间的影响。采用球形铰结构，

图 6-3 迫导向转向架（1987 年）

[①] 毛家训，严隽耄，沈志云：迫导向转向架的原理及应用（上）。《铁道车辆》，1985 年第 11 期，第 24—29 页。

使导向机构将车体相对于转向架的横向及垂向运动滤掉，只传递纵向运动。而转向架采用了滚动轴承，在箱形承载鞍的顶部加装了橡胶堆，水平方向的位移可达 9mm。同时，切去侧架内的轴箱导框，在上弦杆及斜弦杆上开孔，以通过垂直杠杆。在开口部位加设补强板。通过有限元的计算，设计应力在允许范围以内，静强度和动强度试验结果均符合国标要求。

迫导向转向架模型经过几个月的设计，终于改装好了。改装完成后，新迫导向转向架模型开始在试验台测试。测试均在模型钢轨上布点进行，测量参数为轮对横移量、车轮横向力和车辆前进速度。通过模型测试，发现曲线通过时无论是稳态还是动态，轮轨间的作用力和轮对横向位移，常规转向架的测试结果与理论计算基本相符，而迫导向转向架的误差却较大。课题组经过反复分析发现是模型制造问题。剔除模型制造带来的误差，迫导向转向架测量结果与理论计算也是基本相符的。

这样，新设计基本成功。1987 年 8 月，沈志云和车辆研究所的毛家训拿着参数北上齐齐哈尔，让车辆厂按照他们的设计参数改装米轨用的迫导向转向架，并装入 C30 型 4618 号敞车。1987 年 9 月 15 日，C30 型 4618 号敞车送至昆明。9 月 15—16 日从昆明至开远区间进行了第一次空车、重车运行试验，直观观察比较成功。

12 月，一辆同型号、技术状态相同的常规转向架敞车（C30 型 4673 号车）与试验车编挂在一起，以便进行对比。两车投入运行后不久，因货源不同不能编挂在一起，分开在整个昆河线上运行。为了观察试运情况，开远铁路分局每两个月去一次列检所观察和检测两车技术状态[①]。

在技术对比中，迫导向转向架试验车 C30 型 4618 运行到

图 6-4　1987 年迫导向转向架在米轨昆河段试验

---

① 沈志云，曾京：我国迫导向货车转向架的研制。《铁道车辆》，1992年第1期，第1—5页。

图 6-5　迫导向转向架昆明鉴定会（1989 年摄于昆明，前排右一为沈志云）

1990 年 4 月，运行两年多，轮缘最大磨耗为 1.5mm，最小为 0.5mm；对比车 C30 型 4673 运行到 1988 年 5 月，仅运行半年多，其轮缘最大磨损就达 3.5mm。试验结果表明，迫导向转向架改善了曲线通过能力，起导向作用，轮轨磨耗减轻，特别在山区米轨线路，对减少磨耗有重要意义[①]。迫导向转向架的研制获得了成功。

1989 年，"迫导向转向架的理论与应用"项目在昆明召开项目验收会。铁道部调集国内知名专家，组成了专家鉴定小组。专家们到现场测试，亲自对比两辆车的磨损情况，得出了非常肯定的结论。铁道部鉴定小组在鉴定文件中明确提出建议：扩大试验，以便在设计制造、运用、检修诸方面取得经验。经过申请，铁道部正式下文，将西南交通大学沈志云等人研究出的迫导向技术列入 1990 年示范性推广计划，并由齐齐哈尔车辆工厂制造，在成都铁路局推广米轨迫导向转向架 10 辆份、准轨迫导向转向架 2

---

① 李映龙：米轨迫导向转向架试验运用情况.《铁道车辆》，1991 年第 4 期，第 24–27 页.

辆份。到1991年，该项工作在成都铁路局科技办公室领导下全面展开，到1991年年底基本完成。

在进行迫导向转向架的研制过程中，沈志云清楚地认识到产学研相结合的模式是快速推进科研发展、促进科研成果尽快转化为运用的一种最理想的模式。按照西南交通大学以前的科研传统，都是学校自己找力量设计一辆新车，然后在学校自己的试验段上运行试验，但是这种做法显然投入的成本高、而且周期长。沈志云在进行迫导向转向架的研究中，完全改变了这种模式。在申请课题之初，铁道部科技司机车车辆处处长傅小日就告诉他，设计成功后由铁道部给齐齐哈尔车辆厂下任务，让其制造新车；车造出来后到实际线路上试验。这种模式大大推进了沈志云的研究，而且也很快地运用到了生产实践。自此以后，沈志云一直坚持产学研的结合。

低动力作用货车转向架

零轮缘磨损的货车迫导向转向架的研制成功，并未让沈志云就此满足而停步。20世纪90年代后期，沈志云带领他的科研团队继续从事低动力作用货车转向架的研制。

沈志云认为，在轮轨关系研究中，货车转向架动力性能，包括运动稳定性、运行平稳性和曲线通过性能等，一直是各国铁路科技工作者极感兴趣的问题。然而，作为综合特性对轨道的动力作用，却没有受到应有的重视。其实，对货车转向架而言，减少对轨道的动力作用乃是其结构优化的主要目的。在保证行车安全和运行平稳的前提下，一台货车转向架的优劣应以其对轨道产生的动力作用的大小来衡量。为此，他提出了低动力作用的观点。所谓低动力作用，就是努力降低车轮对轨道的动力作用。20世纪80年代末，我国货车的最大允许轴重已由21吨增加到23吨，今后还将逐步过渡到25吨。如果让25吨轴重的动力作用降到只相当于21吨轴重的水平，那就很容易为工务部门所接受。

1989年前后，沈志云参加了齐齐哈尔车辆厂主持的两项"八五"国家科技攻关项目，研制低动力作用25吨轴重专用和通用大型敞车[1]。沈志云对轮轨的垂向作用力、横向作用力进行了系统动力学分析，并对稳态曲线通过动力性能、动态曲线通过性能、横向运动稳定性等进行深入分析，提出了低动力作用转向架研制的四种途径。其一，弹簧悬挂向一系转移。传统的中央悬挂将侧架及挂在侧架上的基础制动等零件推入簧下，极不利于减少簧下重量以降低垂向动力作用。英国LTF、法国Y25及我国试制过的改69转向架都实现了这一原则，所以垂向动力性能都有明显改善。其二，降低轴箱水平定位刚度。研究表明，一系水平定位刚度对横向动力作用影响很大。要改善横向动力性能，必须在保证横向稳定性所允许的范围内，尽量减小横向和纵向一系刚度。英国LTF低动力作用转向架一系为圆弹簧加弹性拉杆定位，降低了一系定位刚度，所以具有良好的横向动力性能，很少轮缘磨损。相反，Y25和改69采用利诺尔或楔块式摩擦减振器，纵向被挤死，相当于刚性定位，故横向动力性能差，引起严重的轮轨磨损。其三，保留三大件式转向架均载能力强的优点。三大件式转向架的两侧架有点头运动的自由度，当通过个别不平顺或缓圆点处超高有突变时，四个轮底的荷载仍能均布，不致引起过分减载而导致脱轨。其四，采用导向机构，研制径向转向架。车辆曲线通过时，前轴和后轴都向曲线半径方向偏斜而占径向位置，使冲角为零，故称之为径向转向架。冲角为零的好处是减少了轮缘磨耗、减小了轮轨横向作用力、减小了车轮爬轨的危险性、减少了踏面与轨面间的滑动，从而改善曲线上机车的黏着性能。沈志云认为，采用径向转向架是降低对轨道横向动力作用的有效途径。

　　本着这样的研究思路，沈志云提出了四种低动力作用货车转向架方案：① SWJ1 转向架，准构架式，轴箱顶部弹簧及斜楔式可游动摩擦减振器；② SWJ2 转向架，构架式，轴箱两侧弹簧及斜楔式可游动摩擦减振器；③ SWJ3 转向架，准构架式，轴箱两侧弹簧、斜楔式可游动摩擦减振器及自导向机构；④ SWJ4 转向架，构架式，轴箱两侧弹簧、利诺尔减振器及

---

[1] 沈志云：世纪的召唤。见：谢成枢，《永恒的回忆无悔的年华》。成都：西南交通大学出版社，1997年，第3页。

迫导向机构。经过动力学分析，沈志云得出四种方案中，车辆轴重都是25吨，但对轨道的动力作用均可望相当于或小于21吨轴重的现有转向架；其结构与英国低动力作用转向架LIF相比简单得多[1]。之后，这些方案都被提供给齐齐哈尔车辆厂，吸收到他们完成的国家科研项目中。

这样，沈志云以自己的研究，为齐齐哈尔车辆厂完成国家"八五"科技攻关项目做出了贡献。

高速列车转向架的探索

20世纪90年代，中国开始议论发展高速铁路问题，而当时普遍认为中国高速铁路快速发展的捷径是引进外国技术，消化、吸收、然后再创新，生产出自己的替代产品。沈志云也觉得这是"一条既能吸收国外成果、提高起点，又能自力更生、迎头赶上的十分正确的技术路线。"[2] 沈志云研制过货车转向架，于是在中国倡导发展高速列车之时，沈志云对高速列车转向架的引进吸收创新进行了初步研究。

首先，沈志云分析了高速列车面临的动态环境的变化。当列车时速达到200千米以上，动态环境急剧恶化，阻力陡增、振动加剧、脱轨倾覆危险增大。这种情况下，常规的转向架已经不敷使用。时速超过200千米时，将会出现五种新情况。一是轮轨间的相互动力作用明显增强，垂向动力作用加重。作为高速转向架，必须努力降低这种动力作用。二是高速运行中转向架的各种响应变化加剧，容易造成运动失稳，引起剧烈振动，诱发加剧磨耗甚至引起脱轨。三是曲线通过条件恶化。高速列车一般都要以较大欠超高通过曲线，势将引起横向轮轨力的加大。横向轮轨力将随速度的平

---

[1] 沈志云：低动力作用货车转向架动力性能的研究。《西南交通大学学报》，1991年第26卷第1期，第5-12页。

[2] 沈志云，严隽耄：高速客车转向架的动态环境和设计原理。《铁道学报》，1994年增刊，第1-7页。

方而增长，这种增长随曲线半径的减小而加剧，轮重减载率、脱轨系数和轮轨摩擦功也有相似的变化趋势。横向动力作用的增加，对运行安全威胁很大。四是来自轨道的不平顺激振频率提高。激振频率随运行速度增加而提高，加剧了对机车车辆的激励，最终表现为降低车辆的运行平稳性。五是噪声问题突出。高速列车产生噪声的声源主要有三，即轮轨噪声、弓网噪声和气流所引起的噪声。轮轨噪声是主要的，它随速度的提高而增长。受电弓与接触网的摩擦是另一重要噪声源，这是高速列车特有的现象。高速列车的气动噪声主要表现为车辆表面空气湍流边界层对车体表面的激励和车辆通过隧道时产生的气压变化。沈志云认为，这些变化在设计高速列车转向架时必须予以充分考虑。

为此，沈志云研究了高速转向架的设计原理。

一是降低轴重，减小簧下质量，这是减小垂向动力作用的主要措施。降低轴重必须实现轻量化，为此车体钢结构、车内设备、转向架等部件都应从材料选择和结果优化等方面使自重降低。而减少簧下质量，主要取决于转向架本身的设计。对于动车，驱动装置的悬挂方式是关键。采用小轮径（如840MM）、空心轴、铝合金轴箱、小型锻钢制动盘等，均能取得降低簧下质量的效果。

二是提高横向运动稳定性。其途径有三：第一是减小踏面锥度。减小踏面等效锥度可以提高临界速度，但锥度太小，可能出现低锥度失稳，反而使临界速度下降。另外，要保持小的锥度在实际运用中不容易达到。沈志云指出，根据日本和法国的高速列车运营经验，新车设计若使用1/40的锥度，在等效锥度上升0.1—0.15的情况进行校核，应使临界速度比最高运行速度高20%以上，以适应运用中参数的变化。第二是精心设计一系悬挂。沈志云指出，实现一系横向无磨耗弹性定位是各国共同的发展方向。对临界速度最敏感的参数是一系横向和纵向定位刚度。从理论上而言，纵向刚度与轮对摇头刚度相关，应取小值；横向刚度与临界速度相关，应取大值。但实际应用中，都是纵向刚度大于横向刚度。通过数据分析，他认为只要都在稳定区，纵向刚度和横向刚度谁更大都可以，视设计者的方便而使用。第三是在二系悬挂中加抗蛇行和抗侧滚装置。在车体及转向架之间加装抗蛇行减振器被认为是消除转向架蛇行失稳的有效措施,时速200千米以上的转向架均应考虑这一措施。这样不仅可以加大车体悬挂点的横向跨距,也可以另外安装抗侧滚扭杆来防止车辆失稳。

三是实现二系大柔度悬挂,以保证运行平稳性。二系悬挂直接影响乘坐舒适度。高速转向架区别于常规转向架的基本特征之一是具有大柔度的二系悬挂,以缓冲线路对车体的激励。

四是保证足够的曲线通过能力。沈志云认为关键仍在悬挂参数的合理选择上。对曲线通过性能比较敏感的参数有一系纵向刚度和车辆踏面锥度。大等效锥度的磨耗形踏面对改善曲线通过性能很有效果,但却对运动稳定性不利。为保证后者,不能不选用较小锥度如1/40等。因此,能有效改善曲线通过性能的措施莫过于减小一系纵向刚度,亦即减小轮对摇头的定位刚度,使车轮对轨道冲角得以降低,从而较容易地通过曲线。

五是减少磨耗,延长寿命,便于维修。这是任何转向架设计都必须遵循的一条重要原则[①]。

沈志云关于高速列车转向架的设想,通过长春客车厂付诸生产实践。20世纪90年代初,国内各大车辆厂都开始引进国外的高速列车进行研究、再创新。长春客车厂从英国引进三辆车,想根据它们的转向架研发自己代号为"BT10"的转向架。1992年,长春客车厂邀请沈志云对他们的设计方案提出建议,而后者很直接地指出:"不客气地讲,你们这个'BT10'最多跑到160千米,这不是高速列车发展的方向,要这样做的话,速度提不高。"沈志云说:"根据现在的方向,要搞三无结构,根本改变结构。"所谓"三无结构",就是省略摇枕、摇动台和旁承,这对于简化结构、减轻自重极为有利,是各国高速转向架发展的共同趋势。不过,沈志云认为仅仅"三无"结构还不够,一系还应当采用转臂式定位,这样可以更稳定。"三无结构加转臂式定位,才是现在高速列车转向架的发展方向。"长春客车厂很重视沈志云的意见,并决定继续研制"BT10",将时速定在160千米;另外再研究三无结构式的高速转向架,时速定在250千米。原来,长

---

① 沈志云,严隽耄:高速客车转向架的动态环境和设计原理.《铁道学报》,1994年增刊,第1—7页。

春客车厂一直为没有自己研制的主型转向架而苦恼，所以马上抽调人员组成一个研发小组，脱产专门来按照沈志云的设想研制高速转向架。1997年，转向架终于研制成功，在牵引动力实验室经过试验改造，临界速度可达 350 千米/时。这是我国自己研制的第一台高速转向架，开创了我国发展高速列车转向架的先河。

长春车辆厂将研制成功的转向架定名为 CW 型，马上定位为本厂的主型产品，且长春车辆厂生产的所有车辆都使用这款转向架。连 2001 年中华之星，长春厂使用的也是自己研发的 CW 型转向架[1]。其他工厂在引进基础上研究制造的高速列车转向架都使用的是"三无结构"，跟沈志云的主张一样。

欧洲讲学

1985 年下半年，沈志云申请晋升教授。推荐人之一正是沈志云在美国麻省理工学院的合作者赫追克，"我从沈先生在麻省理工学院一年多的表现，从他发表的论文在世界范围内和同行比较，我感到他是一位很突出的学者。"[2] 在同行评价中，美国教授董平也认为其"在铁

图 6-6 沈志云（右一）和贝利·布瑞克指导学生西蒙·伊夫尼斯基（1987 年摄于英国）

---

[1] 沈志云访谈，2013 年 11 月 9 日，峨眉山市。资料存在采集工程数据库。
[2] 赫追克的信。存地同上。

路车辆动力学方面工作多年，有非常良好的表现，在促进机车车辆动力学的发展，亦有重大的贡献。"在力学学科组及学校的评审委员会的评议中，委员们也一致同意沈志云晋升教授[①]。这样，时年57岁的沈志云晋升为教授。

职称的晋升，并没有使沈志云懈怠。1986年，他承担了铁道部的"轮轨关系计算软件：曲线通过程序的研究"课题。同年，与学校电气系合作进行"受电弓动力学及其主动控制"的研究。

沈志云一直都非常重视国际学术交流与合作。1981年，他就与在国际车辆系统动力学协会会议上认识的英国文化委员会的贝利·布瑞克商谈合作事宜。1983年1月，沈志云和贝利·布瑞克一同申请了英国文化委员会支持的中英合作研究计划。这个研究计划持续了十余年，中国共派出8人次前往英国进修合作研究，同时也接待了英国研究者7人次。来华人员中有一名博士研究生叫西蒙·伊夫尼斯基（Simon Iwnicki），他是贝利·布瑞克指导的博士研究生。贝利·布瑞克在进行矿山货车的轮轨研究，伊夫尼斯基的博士论文研究中有一部分内容是"非线性曲线通过"，他们都没有涉及过这方面的研究。于是，导师就派他到中国来跟随沈志云学习非线性动力学以及非线性动力学计算和程序设计运用。伊夫尼斯基到四川峨眉西南交通大学学习了4个多月，每天跟着沈志云学习、上机，沈志云把他当自己的弟子一样悉心指导。

1987年，沈志云前往欧洲，在欧洲居住了5个多月，这是他第三次较长时间在国外生活。和

图6-7　1987年英国格温特议会大厦前为沈志云升起的五星红旗

---

① 沈志云任职资格申请表。资料存于采集工程数据库。

50年代去苏联读副博士学位、80年代初去美国进修不同,这次他去欧洲的主要目的是讲学。该年春夏,沈志云接到三份讲学的邀请函:一是英国文化委员会的邀请函,邀请沈志云到英国进行为期一年的讲学;二是德国柏林工业大学的讲学邀请函;三是荷兰德尔夫特理工大学的讲学邀请函。此时的沈志云,身上肩负着多项研究任务,不可能有一年时间在外国做研究工作。几番斟酌之下,他决定前往英国工作半年,在半年期间趁机完成到德国和荷兰的讲学任务。

1987年9月5日,沈志云在捷克布拉格参加完国际车辆系统动力学协会学术年会后,直接赶赴英国。他在英国的主要任务是继续指导伊夫尼斯基完成他的博士论文和参加课题"整体橡胶车辆煤矿车辆的研究"。他不时和伊夫尼斯基去矿山现场研究,将理论研究与现场实际情况进行对比。同时,指导伊夫尼斯基修改毕业论文。很快,伊夫尼斯基顺利地通过了博士论文答辩。他来自英格兰南部的格温特州,是该地区第一位获得博士学位的人,很受重视。为此,格温特州议会议长热情邀请沈志云访问格温特州。州议会大楼前,英国国旗和五星红旗正迎风飘扬。温格特州州长全身披挂勋章隆重地接待了沈志云,感谢沈志云为温格特州培养人才做出的贡献。后来,伊夫尼斯基毕业后到曼彻斯特城市大学工作,1992年还邀请沈志云去了曼彻斯特城市大学讲学。如今,曼彻斯特城市大学已经成为国际车辆系统动力学协会的理事会成员,活跃在国际车辆系统动力学研究领域[①]。

在英国期间,沈志云还抽空赴德国柏林工业大

图6-8　1987年英国格温特州议长(中)披挂勋章会见沈志云(左)

---

① 沈志云访谈,2011年11月9日,峨眉山市。资料存于采集工程数据库。

学讲学一周，后又赴荷兰德尔夫特理工大学讲学。两国的讲学主要内容基本一致，即货车迫导向转向架。在欧洲讲学的近半年时间，让沈志云对欧洲的铁道技术的建设情况及学术研究前沿、欧洲的实验室情况等都有了比较详细的了解。

图 6-9　沈志云（左二）在柏林工业大学讲学（1987 年摄于德国柏林）

第七章
建设国际一流的实验室

倡议建设试验台

1988年2月,沈志云从英国回到西南交通大学。一回来,西南交通大学校长沈大元①就找到沈志云,对他说:"老沈,你别回理论力学教研室了,还是回机械系来搞老本行吧。"②沈志云是机械系毕业的,毕业后一直希望能搞机械本行,但一直未能如愿,现在能回机械系当然好。此时,正好机车车辆研究所所长、沈志云的同学严隽耄想卸任,他推荐由沈志云接任机车车辆研究所所长。机车车辆研究所是学校独立的二级科研机构,以研究任务为主,不承担本科教学任务,沈志云也从此开始与本科教育慢慢远离,成为专职的研究者。

1984年,国家为了支持基础研究和应用基础研究,由原国家计划委员会组织实施了国家重点实验室建设计划,主要任务是在教育部、中科院等

---

① 沈大元,西南交通大学教授,1985年10月至1993年6月任西南交通大学校长。
② 沈志云访谈,2011年11月9日,峨眉山市。资料存于采集工程数据库。

部门的有关大学和研究所中,依托原有基础建设一批国家重点实验室。其最初的用意在于通过对实验室装备的重构和升级,为大学和科研院所中从事基础研究的一批优秀科技人才稳定下来创造一个良好的科研环境和实验条件,同时积极发现和大力培养新生科技力量,使国家重点实验室成为从事基础性研究及集聚人才、培养新生力量的基本阵地[1]。1984—1993 年,国家利用科技三项经费投资 9.1 亿元,立项建设了 81 个国家重点实验室,重点在基础理论研究方面进行布局;1987 年,经中央批准,国家计划委员会试验用世界银行贷款安排我国重点学科发展项目;1995 年,国家利用世界银行贷款又立项建设了 75 个国家重点实验室,重点在应用基础研究和工程领域进行布局。两批重点实验室的建成,形成了国家重点实验室计划初步框架,并逐步建立了"优胜劣汰"机制。

1988 年,沈志云从欧洲回国不久,正好赶上国家计划委员会启动第二批国家重点实验室建设申报的大好机会。铁道部有 2 个申报指标,分别给了北方交通大学和西南交通大学。校方非常重视,指定机械系和电气工程系联合申报。但校方对论证后的 18 个方案都不满意,这些项目要么太小,要么水平有限,肯定不能申报成功。在讨论中,沈志云提出:"实验室建设经费只有 135 万美元,并不多,我们能否针对高速铁路研究建设一个像慕尼黑研究所那样的滚动振动试验台?我们钱不够不能搞整车的,但是我们可以搞一根轴的,在这一根轴的精度上和功能上我们超过德国的台子,那不就是世界领先了?"[2] 沈志云的提议马上得到了孙翔和曹建猷的肯定,并作为第 19 个方案参加了随后的方案汇报评估会,开会地点设在成都铁路技校的西南交通大学招待所,这是西南交通大学当时在成都办事时大家落脚的据点。会上,沈志云从铁路发展的方向——重载和高速谈起,仔细汇报了他的方案和设想。他指出从世界范围来看,重载和高速无疑是铁路的发展方向。因此,作为科学研究,应该走在生产建设的前面,建设一个为高速和重载铁路技术研发服务的滚动振动台,无疑是一个非常好的选择。

---

[1] 国家计委科技司:关于国家重点实验室十年基本情况的调研报告。见:国家计划委员会科学技术司,《国家重点实验室十周年文集》。北京:机械工业出版社,1995 年,第 51 页。

[2] 沈志云访谈,2011 年 11 月 9 日,峨眉山市。资料存于采集工程数据库。

沈志云进而向与会者介绍了世界现有的试验台的情况。

发言结束后，沈志云就回峨眉了。曹建猷副校长组织专家对这19个方案进行论证，以确定最终申报项目。这不是一个简单的问题，而是关系学校的发展、关系着各个学科发展的重大问题。一旦某个学科有了国家重点实验室，其学科发展、科学研究将会突飞猛进。所以大家都铆足了劲想争取。可以想见，无论哪个方案上，都需要平衡校内各方的关系和矛盾。而究竟让哪个方案上？最终决定权在某种程度掌握在负责此事的曹建猷副校长手里。

曹建猷是全国著名的铁道电气技术方面的专家，不仅科研水平突出，而且魄力也不一般，在西南交通大学具有非常高的威望，在工作中往往一言九鼎，因此大家私下给他取了一个外号——"曹霸天"。沈志云以前与他的交往并不是很愉快。当初，沈志云到基础课部担任副主任，在峨眉办公大楼的一层想建立一个理论力学教研室的振动实验室。当时，曹建猷是主管科研的副校长兼电气系主任，他正想把沈志云建实验室的那一层楼全部用作电气系的实验室，沈志云插了一脚，曹建猷非常不高兴、沈志云也不肯退让，都有点倔强的两人闹得很僵。

不过，在国家重点实验室建设的问题上，曹建猷却丝毫未把与沈志云的不快放在心上。他最后拍板，两个系申报的其他项目全部撤销，所有的钱都用来申报沈志云提议的项目，即建设滚动振动试验台。他认为，无论是科学技术发展的趋势还是方案本身的技术领先程度，其他方案都没有沈志云的方案好。这个决定让沈志云喜出望外，他知道要做这个决定学校要面临多么大的压力。20几年后，他还感慨万千："曹教授是很不简单的，他自己是电气工程系的，而且我跟曹教授还有一些过节。"学校做出这个决定，需要调解很多矛盾。不过实践证明，这个关键性的决定是完全正确的。

当然，学校最终决定选择沈志云方案，主要在于他的方案的超前性。轮轨关系虽然看似简单，但科技发展到今天，人类依然无法准确地把握轮轨相互作用。沈志云提出建立滚动振动试验台时，中国的高速铁路尚未提上发展日程。到了90年代，铁道运输速度的矛盾更加突出，国内也掀起了建设高速铁路的热潮,这时许多单位才想起要建设高速机车车辆试验台。很显然,耗资巨大的试验台是不可能重复建设的。沈志云正是靠超前的意识,抢占了这个高科技研究的高地[①]。

国家重点实验室的申报

学校力排众议,决定集中力量申报沈志云的方案,既给了沈志云希望,也给了他巨大的压力。因此,沈志云全力以赴,进入实验室的申报论证中。

实验室的基础是科研队伍。申报国家重点实验室是学校头等大事,必须举全校之力。因此,在科研队伍上,沈志云集合全校的科研骨干,以机械系、电气系、理论力学教研室等为主,凡是研究与车辆运输相关专业的科研骨干都汇聚在实验室旗下。经过与校方的充分沟通,最终组建了一个很有竞争力、科研力量又非常强的学术梯队。

1988年下半年,申报答辩临近。派谁去进行主答辩,校方也颇费周折。当时,曹建猷的意见是让沈志云去,因为沈志云对国内外同类实验室的情况非常熟悉,对国内外该领域研究动态的把握也比一般人准确。但是,他的决定却遭到了机械系和电气系的反对。他们认为实验室申报的主体力量是机械与电气两系,理应从两系选派答辩人。当时学校具体负责国家重点实验室申报的研究生部方国泰给曹建猷汇报了两系的反对意见。曹建猷略一沉吟,问:"若我去答辩,他们反对不?"方国泰说:"您去,他们肯定不会反对。"于是曹建猷当即拍板:"我去答辩!"但是他马上拿过纸笔,挥笔写就了一份委托书:"兹委托沈志云代表我去北京参加国家重点实验室申报的答辩工作!"就这样,答辩任务最后落在了沈志云身上。

曹建猷把沈志云叫到办公室,仔细交代了任务并做了多方提醒。他让

[①] 沈志云:在国际科技竞争中强化超前意识。见:淘伯华,《精英思维》。哈尔滨:黑龙江人民出版社,2002年,第206页。

沈志云将钱清泉[①]一并带到北京去，作为参加答辩的工作人员之一。钱清泉主持过的科研项目非常多，曾主持研制成功了我国第一套电气化铁道多微机远动监控系统并于1987年实现产业化，在10多条铁路建设工程中推广应用，并在10多次世行贷款国际招标项目中击败国外强手，中标经费累计达2000多万美元。曹建猷认为这是他们申报实验室的一个有力支撑。

在赴北京正式答辩之前，沈志云在学校里演练过两次，请了多位专家把关。一方面听他的汇报有没有漏洞，一方面琢磨作为实验室评估专家可能提出的问题。铁道部对实验室的申报也很重视，召集西南交通大学和北方交通大学的申报方在铁道部又进行了一次模拟答辩，并由铁道部出面邀请相关专家来把脉、找问题。经过几番演练，不仅做了很多修改，而且沈志云早已将相关问题烂熟于胸，对评委们可能提出的质询问题也有了比较充分的准备。

1988年11月，沈志云、钱清泉和方国泰一行三人到北京答辩。竞争非常激烈，共有275家申请，但只有50个指标。一进答辩会场，沈志云才发现下面坐了很多国内顶级专家。每个专家面前都放着一个打分表，答辩打分的栏目有十几个，每个栏目由专家分类打分，然后计算总分，根据总分进行排名。在答辩中，沈志云重点阐述了实验室申报的设想和建设思路。评委的提问则主要集中在两个方面，其一，怎么能够达到甚至领先世界先进水平？其二，如何为中国的生产建设服务？沈志云这两方面的问题事先都有充分的准备。对于如何达到国际先进水平，沈志云从世界高速铁路及我们铁路建设的规划谈到世界铁路技术的研究前沿，并从西南交通大学的科研成果到人才储备等方面进行了充分论证。而对于该实验室与生产建设的关系，则由钱清泉向大家展示一大摞西南交通大学与各生产单位包括国外的生产单位签订的各种相关合作研究合同，合同经费达1亿几千万元，给评委留下了非常深刻的印象[②]。

[①] 钱清泉（1936－），铁道电气化自动化专家，西南交通大学教授，博士生导师。1936年出生于江苏省丹阳市，1960年毕业于唐山铁道学院（现西南交通大学）。长期从事铁道电气化与自动化领域的科研与教学工作。1997年当选为中国工程院院士。

[②] 沈志云访谈，2013年11月9日，峨眉山市。资料存于采集工程数据库。

答辩结束后，沈志云感觉非常好。虽然有了充分准备，答辩中也没感觉到紧张，但是答辩结束后他还是发现背心湿了。评审会议结束后不久，好消息传来——西南交通大学的实验室申请评比总分排 27 位。这一下让他心中的石头落了地。他同时打听到北方交通大学惨遭淘汰，他们的申报排 150 多位。沈志云深刻地感受到，不仅是西南交通大学的方案好、有充分准备，学校的战略决策也非常重要。如果当初学校在 18 个项目中选择 2、3 个申报的话，肯定会落得和北方交通大学一样的结局。当初他在答辩现场提到基本思路就是"重点建设一个达到或领先世界先进水平的试验台""不搞力量分散"时，就发现不少评委在轻微地点头。所以，他更佩服曹建猷的决断了。时任西南交通大学校长沈大元也曾回忆说："重点实验室能成功申报，曹教授的帮助特别大。曹教授当时已经是学部委员了，在铁道部的影响特别大。加上实验室要解决当时国家铁路迫切需要解决的一些瓶颈问题，"[①] 所以最终能抓住机会成功入围。

实验室申报入围的消息传来，西南交通大学一片欢腾，决定马上着手进行实验室建设的准备工作。校方准备成立一个筹备小组。至于谁来当这个组长，一定程度还是由曹建猷拍板，曹建猷推荐沈志云同时让钱清泉和孙翔当副组长。"孙翔和钱清泉是我们学校打出去的两个拳头，一个作重载，一个作远动（控制），这在生产现场已经有一定的地位了，所以我们不能拿实验室的问题干扰他们两人的工作。沈教授属于基础性研究，沈教授就留下来专门搞基础性研究。"[②] 沈志云不仅是实验室方案的最初倡议者，而且也全程参与了申报论证、答辩，由他来当组长，无论是机械系还是电气系，都不好再反对。而让钱清泉和孙翔当副组长，既不会牵扯他俩太多的精力，也能凝聚机械系和电气系的相关力量。

筹备小组成立后，就开始了紧张的工作。筹备工作主要有两项：其一，挑选人才。没有人才，筹建实验室就是空话，必须组建一个强大的科研团队；其二，找一个滚动振动台的总设计师负责试验台的设计。由于申报时已经有了一个队伍，故挑选实验室工作人员相对比较简单，沈志云主

[①] 沈大元访谈，2014 年 1 月 17 日，成都。资料存于采集工程数据库。
[②] 沈志云访谈，2013 年 11 月 9 日，峨眉山市。存地同上。

要从机械系包括机车车辆研究所、电气系和基础课部挑选了一些年轻人到实验室。而挑选设计师则花了他很多心思。当时，机械系机械设计教研室的不少老师找到沈志云自我推荐，希望能参与实验台设计，但沈志云觉得他们都没设计过这么大型的试验台，经验不足。正在犯愁，学校从国防部门调来马世骏。他曾经在国防部门搞过大型设备的设计，有进行大型设备设计的经验。沈志云到马世骏家里，和他深入交谈后，马上决定邀请马世骏做试验台的总设计师，在分工时他又任命张卫华为总体部分设计负责人。张卫华乃机械制造专业毕业的学生，大学毕业后报考理论力学的硕士研究生，主要搞弓网关系研究，其导师就是沈志云。沈志云赴欧洲前，曾叮嘱张卫华做一个用于弓网研究的小型试验台。沈志云出国回来后，张卫华真就设计制作了一个实验台，并与电气工程系的余万聚一起开始做试验，测试出了一系列数据。这让沈志云刮目相看。后来，沈志云发现张卫华在机械设计、图纸绘制等方面的能力都很强。不过，有才的人总是脾气不太好。沈志云笑言，说自己并不喜欢张卫华，因为张卫华总是喜欢挑刺，连老师的毛病也照挑，而且经常当大家的面给沈志云提意见。提意见的时候也直来直去，根本不注意说话方式，有些时候真让沈志云下不来台。但是沈志云事后冷静一想，张卫华虽然脾气不好、说话冲，但是他的意见很多都是可取的，对自己的改进有很大帮助。因此，在试验台的设计中，他让张卫华负责总体设计和一些关键部件如曲臂等的设计。连同马世骏、张卫华在内，沈志云共招揽了22个人，这些人构成了国家重点实验室的最初班底。

当时，学校分配给重点实验室两个办公室，这22个人就把这两间办公室坐的满满当当。没有设计室，他们就在办公楼背后搭起的临时工棚里架上图板开始设计。

1989年3月，科技部下文正式通知西南交通大学实验室申报入围，不过必须经过专家的现场评估合格后才能正式立项。按照沈志云的料想，专家到现场评估无非是进一步论证实验室建设的可行性。自从得知入围后，自己带领团队就开始了工作，春节也不休息，所以应该打的是有准备的仗，他满怀信心地等待着现场评估专家的到来。

脑袋别在裤腰带上

1989年4月，国家计划委员会委派两位专家到西南交通大学对实验室进行现场评估。两位专家到校后，与实验室的各位成员进行座谈，把该考察的地方一处不落地看了一遍，把设计草图一一翻阅了一遍。在听完沈志云的汇报后，就问沈志云："你们建这么大的实验室，要承担什么样的风险，你想过没有？"沈志云一愣，只好老老实实地回答："这么大的一个设备，如果搞成功了，非常有用；如果搞失败了，那就是一堆废铁，是很大的浪费。"专家继续追问："其中的责任，是很大的。你们想过吗？这么巨大的浪费，恐怕你的性命难保哦。"沈志云只能沉重地点头认同。专家看沈志云的面色无比凝重，转而安慰他说："我看你们很认真地思考了最坏的结果。希望你们本着高度的责任感，拿出全部干劲儿，防止最坏的结果出现。"此后，专家的这句"失败了恐怕性命难保"的话就烙在了以沈志云为首的实验室建设者的头脑中，大家都以"把脑袋别在裤腰带上"的置之死地而后生的心态，不顾一切地投入到实验室建设中，未敢有丝毫懈怠。

10月，国家计划委员会正式批准西南交通大学成立牵引动力国家重点实验室[①]。

实验室虽然正式立项了，但是实验室的建成却凝聚了无数人的心血。首

图7-1　沈志云（前排左三）在西南交通大学九里堤校区与连级三（前排左二）、严隽耄（右二）、方国泰（右一）、孙翔（后排右一）讨论试验台设计方案（1989年11月摄于四川成都）

---

① 关于成立牵引动力实验室（国家重点实验室）的通知。资料存于采集工程数据库。

先是实验室的方案经过几轮论证，与最初的设想相比做了非常大的改动，试验台由一根轴变成四轴整车试验台。可经费却是个大难题。国家重点实验室的世行贷款经费为 135 万美元，要建成一个国际领先的实验室捉襟见肘。不说别的，就是实验室的关键设备之一——液压设备，目前国内生产的达不到要求，必须从国外购买，135 万美元只能购买一台。当然当初申报实验室的时候若提出要建立两轴或三轴的试验台方案的话，肯定会被淘汰。因为专家都清楚，135 万美元的经费绝对是杯水车薪。不过既然国家已经决定要投入 135 万美元，如果有可能再找一些钱，把实验室的功能放大几倍，那肯定是一件功在千秋的事情。于是，沈志云决定试着去找经费。

实验室建设的经费，不仅仅是钱的问题，更是需要外汇的问题。20 世纪 90 年代初，大笔外汇都得靠指标调配，难度可想而知。沈志云踏上了寻找经费的漫漫道路。他带着助手去北京找经费，拿着报告到科委、计委、教委等单位找领导汇报，请求支援。铁道部更是他重点争取的对象，反反复复说明实验室扩建的原因。为了节约经费，他和助手居住在铁道部附近招待所的地下室，一个房间住 7、8 个人，沈志云就和这些素不相识的旅客住在一起。吃饭也是在小摊上随便对付几口。好在他的意见受到了铁道部领导的重视，也非常赞成沈志云的想法：既然要搞试验台，一定要搞一个世界先进水平的试验台。最基本的投入都做了，再投入一些可以起到事半功倍的效果。于是，铁道部在配套给重点实验室建设经费中增加外汇 41 万美元，解决了做三轴试验台的经费问题。

1990 年 5 月 10 日，为了保证设计质量，沈志云决定将设计团队拉到

图 7-2　沈志云（左一）夫妇与铁道部总工沈之介（左二）及铁道部机车车辆处处长傅晓日（左三）的合影（20 世纪 80 年代摄于北京）

青岛四方机车厂进行工艺设计,聘请工厂长期从事工艺装备制造的老工程师曹仁担任导师。曹仁提议按四轴实验台设计。四轴实验台的功能比三轴强大得多,可以做整车试验,这自然是沈志云梦寐以求的事情,可经费依然是难题。他斟酌良久,同意了曹仁的想法,先按四轴实验台设计。三个多月现场设计完成后,沈志云在铁道部组织的专家评审会上汇报了四轴试验台的想法,得到与会专家们的大力支持。专家们一致认为四轴才能做整车的试验,那才是中国铁路最需要的。若花那么多经费只做一个转向架的试验台,实在可惜。转向架说到底只是零部件,岂能与整车相提并论。后来在铁道部总工沈之介的努力下,铁道部给重点实验室再投入79万美元,加上前面已批准的41万美元,合计投入120万美元作为实验室的建设配套外汇。这样,实验室的建设经费合计外汇255万美元,其中世界银行贷款135万美元、铁道部配套的外汇120万美元,同时铁道部另配套投资人民币4477万元。这是当年那一批国家重点实验室建设中经费最多的。可以说,以沈之介为首的铁道部领导对于实验室的建设起了非常关键的作用,沈志云曾笑谈:"最大的功臣还是沈之介。"[①] 钱的问题解决了,实验室的方案就从最初设计的一根轴的试验台变成了整车试验台。这样,就和慕尼黑研究所的试验台完全一样,可以进行整车试验了。

其次,试验台延长成三车可以一起做试验的平地试验台。慕尼黑研究所的台子耸立在地面,做整车试验时必须把车辆吊起来放到台子上,试验完毕后再把车辆吊下来。在试验台设计之初,沈志云就充分考虑了试验的方便性。沈志云提出,试验台最好与地面齐平,这样车辆就可直接开上试验台做试验。与地面齐平,就意味着必须挖很深的坑,增加了建筑成本。不过,由于与地面齐平,试验台两头还可以延伸,这样中间放试验车,两边各放一辆车,无论方便度还是试验功能都增加了。三辆车在一起进行试验有两大优势:一是动力学模拟的运行模拟,可以考虑连挂车的影响;二是可以进行法国铰接式两车共用一台转向架的高速列车的试验。这一功能在国际上是唯一的,德国慕尼黑试验台不能做这种试验。

---

① 沈志云访谈,2013年11月9日,峨眉山市。资料存于采集工程数据库。

为了能更大地扩展试验台的功能，设计人员将 27500 伏的高压线引进实验室，再装上一个变压器，这样实验台除了做动力学性能试验外，还可以做功率模拟试验。比如在进行滚动试验时，电压变成 1000 伏，带动下面的马达，让试验台的滚轮滚动，驱动被试车辆的车轮，模拟列车在轨道上的运行；做功率模拟时，27500 伏电压进入被试机车，由机车驱动滚轮，地面原驱动滚轮的电动机转变为发动机，产生的电流还可反馈到电网；做功率模拟时，能进行机车牵引、制动等试验，还可以测试受电弓和接触网的工作情况。

沈志云全面负责实验室建设，但当时他的核心任务还是抓试验台。一方面是抓机械设计，一方面是抓试验台的驱动液压工作站的引进。滚动振动试验台这种复杂的设备在国外都是委托技术设计公司进行设计制造，国外公司也希望能承担全部工作，而不仅仅是提供部件。但其索价均在千万美元以上，这不是实验室所能支付的。因此，沈志云通过多次的讨论，决定只引进关键部分——电液伺服激振系统，而其他的机械部分、电控盒总控部分等一概自行设计，由国内工厂制造。

电液伺服激振系统是试验台的核心部件。当时国外生产液压工作站的主要有两家，即美国的 MTS 和德国的 SCHENCK 公司，这两家都在国际上享有盛誉。MTS 的控制软件比较好，德国的硬件好，但德国的价格也略贵。经过反复比较，实验室最终购进了德国 SCHENCK 公司的液压工作站。德国的设备确实质量非常有保证，迄今 20 多年都没出过大问题，一直在有效地工作。

1994 年，沈志云利用配套投资，又引进了同一公司的四个作动器，这四个作动器与滚动振动试验台合用一套电液伺服控制器和计算机系统。这样在有限的投入下，组成了一个功能卓越、能力强大的可控激振系统，可组成各种型式的多点可控加载疲劳试验台，进行大型结构和机车车辆构架等静、动强度试验。另外，还可组成四维振动平台用于零部件的振动分析和地震引起的建筑振动分析等[①]。

---

① 国家重点实验室验收报告。未刊稿。资料存于采集工程数据库。

在设计试验台的同时，沈志云也在多处打听、寻找试验台的制作厂家。当时，沈志云原本想找德阳第二重型机械厂，但是德阳第二重型机械厂的报价高达 770 万元，而且其中部分关键零件还让民营工厂做，质量没有十分的保障。另一家则是广州重型机械厂。广州重型机械厂愿举全厂之力来生产这个机械台，报价还比德阳第二重型机械厂低，为 550 万元。后来，沈志云决定舍近求远，让广州重型机械厂负责生产机械台，试验台中间的轴承则由洛阳轴承厂制造。

图 7-3　沈大元（左三）带队赴广州重型机械厂监督机械台生产（右二为沈志云，左一为总设计师马世骏，1992 年摄于广州）

试验台的机械设计也很复杂，一旦失败，就是废铁一堆，是要掉脑袋的。为了避免出差错，沈志云将设计队伍拉到现场。只有设想与生产现场一致时，才能避免误差。中间若有不明白的地方，设计人员直接到第一线求教厂里的高级技术人员。设计人员在广州重型机械厂一住就是三个多月，对每个细节给予充分考虑与论证。制造期间，沈志云也派人始终在现场盯着，大家轮流在广州驻守。从铸件到组装调试的全过程都跟踪，随时根据工序要求和工厂的技术人员一起共同研究解决制造

图 7-4　修建中的基础平台（1992 年摄于四川成都）

第七章　建设国际一流的实验室　　*119*

图 7-5　试验台试模拟系统初步设计审定会（讲台汇报者为沈志云，1994年摄于四川成都）

中遇到的问题。

实验室建设是一个系统工程，西南交通大学几乎集中了全校的力量投入其中。

一方面，在设计制作试验台的同时，实验室的场地建设等也在紧锣密鼓地进行。当时西南交通大学在学校的东北角选了一块地做实验室用地。这块地最初是从附近农民的手里租的，购买土地需要很多手续，而要等手续齐全再修建肯定来不及。试验台送来以后，必须安装在一个基础平台上。这个基础平台必须先做好，且须在实验室厂房盖好以前建好。试验台设计时速450千米，能否达到450千米，试验台下的基础平台就非常重要了。沈大元校长将这个基础台的设计交给了土木系的基础实验室，基础实验室在桥墩、路基等方面的设计比较在行，但设计这个试验台的基础平台并没有经验。沈志云带着他们跑遍了国内、参观了所有的振动台，比如西南设计院的建筑振动试验台。每到一个振动台，大家都仔细观摩、细心求教。后来，基础教研室完全按照600千米以上的时速要求设计了基础平台，重量达4000多吨，支撑这4000多吨基础平台的是65根钢筋混凝土灌注桩，每根桩直径600毫米，打入地下近25米深。这个基础平台安装好机械台后，刚好与地面齐平。

另一方面，整车的试验台要运到西南交通大学所在地的实验室，或实验室建成后要进行整车试验，都必须有连接实验室的轨道。好在西南交通大学距离成都火车站比较近，但学校与火车站隔着一条河，需要修筑一座铁路桥，这座桥的跨度在50米以上。学校就把建设实验室专用线的任务交给了土木系的桥梁教研室和线路教研室，并最终建成了一条连接实验室长1.4千米的专用轨道。

1992 年 1 月 5 日是中国传统节日春节。午后，沈志云不知不觉走到了实验室建设工地上。当时还是一片废墟，刚开始钻井下挖。但是即便是到废墟上逛一下，也觉得踏实。让沈志云没想到的是，大年初一他在工地上遇到了严隽耄、郑朝阳等老师，有的老师还把孩子

图 7-6　郑朝阳（左一）、黄丽湘（左二）、周文祥（左四）、严隽耄（右二）、沈志云（右一）春节在实验室工地（1992 年摄于四川成都）

也带到了工地上，想来大家和他的心情一样。

1993 年初，试验台制作完毕，2 月送到成都，花了几个月的时间，一次组装成功。由于原定 1993 年 8 月要在西南交通大学召开 IAVSD 第十三届学术年会，其中一个内容就是参观实验室，因此时间也非常紧迫。1993 年 4 月，教育部副部长韦钰参观了实验室的建设，铁道部总工沈之介也很关心实验室建设，来到实验室建设现场。当时正开始浇筑实验室的屋顶。由于混凝土浇筑仅仅保养就得一个多月，时间根本来不及。于是，校长沈大元当场拍板，实验室建筑不用钢筋混凝土，全部改用钢结构，上面搞钢屋架。搭建钢屋架非常快，一两周就可以做好，然后把瓦一铺，实验室就有了屋顶。就这样，实验室建设在与时间赛跑中基本就绪。

从 1989 年开始建设实验室，沈志云就"悠悠

图 7-7　在西南交通大学召开的第十三届 IAVSD 会议（1993 年摄于四川成都，背景为新建的会议楼）

第七章　建设国际一流的实验室

万事，唯此为大"，四年多时间一直提心吊胆。在实验室建设过程中，曹建猷又不时以"脑袋别在裤腰带"来打趣、激励相关人员，每个人都憋着一口气，干劲十足。沈志云的压力也特别大，所以在建实验室的这几年里，沈志云的脾气也渐长，若发现有谁不用心，往往会招致沈志云的一顿臭骂，所以大家都有些敬畏他。但他对真正认真干活的人非常信任、非常支持，并鼓励大家甩掉包袱。由于铁道部的唯一国家重点实验室的建设落到了西南交通大学，所以羡慕嫉妒者不少，什么风凉话都有。沈志云就对大家说，"你们别理会这些，我在前面挡着。"沈志云用自己的身躯阻挡着四面来风，让大家专心致志地建设实验室。

1993年8月23日，在西南交通大学召开了IAVSD第十三届学术年会，大会主席是沈志云。参加此次大会的代表共138人，当中正式代表105人，其中境外代表81人，分别来自美国、英国、德国、荷兰、瑞典、日本、意大利、加拿大、法国等19个国家和地区。这次大会共收到论文200余篇，经过学术委员会严格评选，确定述评报告5篇、宣读论文46篇、张贴论文34篇，总计81篇。其中，铁路方面43篇、公路方面42篇。

这次会议的议程之一就是参观牵引动力国家重点实验室。参观给代表们留下了深刻印象。当他们看到22型客车在900RPM旋转的四对滚轮上作滚动试验时，无不惊叹中国在短时间内取得的巨大成就[①]。

虽然实验室在国际车辆系统动力学第十三届学术会议上亮相，获得了中外学者的赞誉，但并不代表实验室已经建设成功。尤其是试验台的成功与否，还要以能否进行试验

图7-8 铁道部配给的实验用车

① 沈志云：第十三届国际车辆系统动力学大会学术交流概况。《国外铁道车辆》，1994年第1期，第1页。

为标准，要看车辆在振动台上是否会出现蛇形。在轨道运行中，失稳就是蛇形失稳，一旦出现蛇形，表明试验台成功地模拟了实际运行情况。如果试验失败，则所有的付出将付之东流。

做试验的日子是1994年1月28日。28日吃过午饭，大家都怀着忐忑的心情集中在实验室和控制室，车辆已经在试验台放好，一切检查调试都已经完成。随着沈志云一声令下，试验开关打开。轰隆隆的声音传来，大家更是屏住呼吸、眼睛都不眨地盯着控制屏幕。突然，蛇形出现了。大家不约而同一阵欢呼：蛇形了！蛇形了！这是中国试验台首次试验出蛇形的现象，在世界上亦很少看到。虽蛇形现象在理论研究上早已被预见，但却很难在现实中模拟。现场的一大批专家教授几乎都是第一次亲眼看到蛇形现象，都异常激动。

通过对试验车进行的滚动试验，得到明显的失稳自激蛇行运动。临界速度相当于170千米/小时左右，符合该车情况。蛇行失稳运动的出现说明试验台在设计原理和制造精度上是成功的，所得到的频率响应函数，平整光滑，优于德国慕尼黑试验台，已达到了当时国际先进水平[1]。

1995年11月1—2日，由清华大学、北方交通大学、上海铁道大学、铁道部机车车辆总公司、铁道部计划司等单位的专家、教授组成的国家验收专家委员会和国家验收检查小组一行13人来到西南交通大学对牵引动力国家重点实验室进行验收。沈志云在验收会上作"关于牵引动力国家重点实验室建设的总结报告"。验收组对实验室的仪器、设

图7-9 沈志云进行牵引动力国家重点实验室验收汇报
（1995年摄于四川成都）

---

[1] 牵引动力实验室：牵引动力国家重点实验室九四年工作进展及九五年工作要点.《学术动态报道》，1995年第1期，第3页。

备、实验室经费的使用情况等逐一进行了认真仔细的检查验收，并观看了机车整车滚动实验。2日下午，验收专家委员会做出评价：

> 牵引动力实验室的研究方向及近、中期目标明确，围绕铁路机车车辆学科的发展前沿，在基础理论研究及高新技术开发方面作了大量的研究工作并开发了先进的机车车辆动态仿真和结构强度分析方面的软件，参与了高速机车车辆、重载用大型货车和新型机车车辆的研制及试验，并参与了交直交牵引传动方式和牵引自动化技术的开发。实验室在边建设边研究的过程中，围绕机车车辆滚动振动试验台开发了相应的计算机测试和监控系统，再现了轴箱载荷谱并获取了轨道激扰函数等，并在车辆系统动力学综合软件 TPDYNA1.0 和非稳态轮轨蠕滑力模型研究等方面取得了进展，成为培养本学科高层次、高质量人才的重要基地，对学科发展和铁路运输现代化建设具有重要作用，同意通过验收[1]。

沈志云认为牵引动力实验室是自己"一生中最实在的一件成果。"[2]

1996年5月13日，一个春暖花开的日子，沈志云骑着三轮车到曹建猷家里，邀请其参观已经通过国家验收的牵引动力国家重点实验室。此时，曹建猷已年近80岁，身体状况不太好。牵引动力国家重点实验室从最初的设

图7-10　沈志云用三轮车拉着曹建猷参观牵引动力国家重点实验室（1996年摄于四川成都）

---

[1] 本刊特约稿：我校牵引动力国家重点实验室通过国家验收.《学术动态》，1995年第4期，第3-4页。

[2] 沈志云日记。未刊稿。资料存于采集工程数据库。

想到后来成功申报乃至建设，无不凝聚着曹建猷的心血。连"牵引动力"的实验室名称，都是曹建猷命名的。现在，牵引动力国家重点实验室终于建成了，可曹建猷的身体却每况愈下，沈志云非常难过。在这个风和日丽的日子，两位头发花白的老人——当时西南交通大

图 7-11　沈志云在试验台前（1996 年摄于四川成都）

学仅有的两位院士，在三轮车的徐徐前进中不断地左看右看，愉快地交谈着。这是西南交通大学百年难遇的风景。看着轰鸣、滚动着的试验台，两位院士的脸上露出了欣慰的笑容。

高铁大发展中的牵引动力实验室

　　牵引动力国家重点实验室是铁道部门建设的第一个国家重点实验室。实验室建成后，在中国铁路尤其是高速铁路大发展的过程中发挥了很重要的作用。

　　机车滚动振动试验台主要用于机车车辆运行的动态模拟，是机车车辆动力学研究和牵引制动性能研究最有意义的设备，可进行任何四轴机车车辆动力性能三大要素——运动稳定性（蛇形失稳）、运行平稳性和曲线通过的试验研究以及机车车辆的模拟及自振频率试验分析。输入的激励频率为 0～30 赫兹，振幅 ±10 毫米，模拟运行速度可高达 450 千米/时，滚轮驱动电机总容量为 3200 千瓦，可进行同步、恒速、恒扭控制，控制精度在误差 1% 之内。另外，还可以应用于货物装载安全性的研究等。国外

类似功能、可同时进行滚动和振动的整车试验台仅有德国一台。即便时至今日，南车、北车集团纷纷建立自己的试验台，但是他们的试验台都或是滚动或是振动，将滚动振动融为一体的依然只有牵引动力国家重点实验室一家。

牵引动力国家重点实验室以强有力的试验能力为手段，以理论研究为基础，为机车车辆动力学、牵引制动、轮轨关系等问题的研究提供了前所未有的优越条件。

首先，牵引动力实验室完成了大量试验任务，促进了铁路技术的大发展。牵引动力国家重点实验室建成时，是国内唯一的滚动振动试验台，在铁路大提速及高速铁路发展中，为机车车辆优化做出了贡献。20世纪90年代，中国提高列车速度的呼声越来越强烈，国内各大车辆厂都在研究更高速度的机车车辆。产品出厂后、在正式上线路试验前，都希望能有手段对动力性能进行综合评估。作为国内唯一能全面模拟机车车辆运行的实验室，牵引动力实验室接受了很多试验任务。"客车来做，货车也来做，机车也要来做，两轴机车的、三轴机车的，还有当初国内准备大力开发的学习法国的铰接式动车，也需要来实验室做试验。"① 无论是160千米/时客车提速，还是研制200千米/时及以上的旅客列车和发展300千米/时高速列车，实验室在转向架设计、动力学性能研究、整车台架性能试验研究等方面都发挥了重要作用。在试验中，不仅测定了新机车车辆的动力学性能及驱动系统性能，同时通过参数和结构的优

图7-12 "机车车辆整车滚动振动试验台"获国家科技进步奖一等奖证书

---

① 沈志云访谈，2013年11月9日，峨眉山市。资料存于采集工程数据库。

化，使被试车的运行性能得到优化，并通过各种极端工况试验，保证了新车上线运行的安全性。1995—1997年的两年时间里，牵引动力国家重点实验室就进行了6项重要试验，包括准高速机车车辆研制（"八五"攻关项目，后获国家科技进步奖一等奖）、25吨轴重大型货车（"八五"攻关项目）、250千米/时动力车（"八五"攻关项目）转向架构架按国际标准的疲劳试验、韩国承制200千米/时豪华客车的动力学试验、250千米/时客车转向架（"八五"攻关项目）、我国自己研制的第一台交—直—交机车（"八五"攻关项目）的功率模拟和动力学模拟。牵引动力实验室第三任主任张卫华说："除了正常的检修，试验台从1995年正式启用以来，试验任务应接不暇，从未停止过试验，而且这一试验技术在几乎所有的机车车辆主机工厂得到推广，这是在设计之初始料不及的。"[1] 迄今，实验室利用机车车辆整车滚动振动试验台先后完成了46个新型机车车辆试验。

图7-13 三轴转向架在做试验（1999年摄于四川成都）

随着试验任务的增多，牵引动力国家重点实验室的场地已经无法满足要求，于是又进行了扩建。将原本设计的试验台由四根轴增加到六轴，试验车间的长度由原来的70米加长到100多米，同时添加了一个参数测定试验台。沈志云说："被试的车辆进来，先得测量它的参数，参数测好后将车子送到台上做试验，所测参数再送到计算机去仿真，"然后将整车实测结果和计算机仿真结果相比较，就能对存在的问题进行分析，提出解决的途径。这种把台架试验和计算机研究相结合的机制，是德国慕尼黑试验

---

[1] 李白薇：牵引中国速度——访牵引动力国家重点实验室主任张卫华，《中国科技奖励》，2012年第5期，第82-86页。

图 7-14 CRH2-300 在牵引动力国家重点实验室做试验，试验时速达到 410 千米（2013 年摄于四川成都）

台所没有的。

除了机车车辆整车综合参数测定试验台以外，牵引动力实验室还研制了受电弓混合模拟试验台、阻尼测定台、轮轨蠕滑脱轨试验台和高速黏着试验台等大型设备，使实验室的试验功能更加齐备。到 2004 年，实验室设备研制经费达到 4517 万元，数量达到 305 台（套）。

牵引动力实验室的试验与德国慕尼黑试验台在管理机制上还有一个很大的不同，即在试验之余，还帮助解决试验中出现的问题、改进车辆性能。慕尼黑的试验台只有几个人，只负责试验，没有研究。而牵引动力实验室则不同，不仅负责试验，还负责研究、提出改进意见。沈志云说："我们有一个跟科研项目结合的科研能力很强的科

图 7-15 正在试验台试验的长春客车厂的 CW 型转向架（1997 年摄于四川成都）

研团队的保证。我们给现场试验方的不只是数据，还有结论——试验的车辆存在什么问题、怎么改进。能够改进的，比如说换一个弹簧、换一个减震器就能解决的，那就临时改一改、在试验台换一换再试，试到能够合格为止。"① 比如长春客车厂的转向架测试试验。1992 年，长春客车厂在沈志云的建议下研制"三无结构"的高速列车转向架。到 1997 年，这个后来命名为 CW 的转向架终于研制成功了，目标定位是 250 千米 / 时。CW 转向架研制出来后，马上拿到牵引动力实验室进行试验。结果，一上试验台就出问题了——刚跑到 120 千米 / 时就失稳了。

研制小组组长张鑫鑫紧张得汗水出来了。这可是研究小组 6 人用了 5 年时间全力以赴的研发成果。设计目标是 250 千米 / 时，结果刚到 120 千米 / 时就失稳了。他非常着急，就住在成都，天天泡在牵引动力实验室里找原因。牵引动力实验室的老师及培养的博士、硕士也帮忙进行分析研究。后来，牵引动力实验室主要进行动力学研究的戴焕云② 提出，

图 7-16　CRH380B 在牵引动力国家重点实验室做试验
（2010 年摄于四川成都）

图 7-17　韩国高速列车在牵引动力国家重点实验室做试验（2007 年摄于四川成都）

---

① 沈志云访谈，2013 年 11 月 9 日，峨眉山市。资料存于采集工程数据库。
② 戴焕云（1966－）研究员，教育部新世纪优秀人才支持计划人选。长期从事机车车辆设计理论、车辆系统动力学的理论与应用研究及机车车辆试验工作，参加研制成功的 250 千米 / 时高速客车转向架填补了国内空白并进行了大量推广，成为现在国内的准高速和高速车的主型转向架。

第七章　建设国际一流的实验室　*129*

"把转向架与车体间起牵引作用的中央拉杆拆掉,再试一下看。"张鑫鑫听从建议,马上把中央拉杆卸掉,再上试验台。这一下,没有了中央拉杆,居然不失稳了。失稳的原因终于找到了——牵引的中央拉杆刚度太大。当时CW的牵引拉杆是铁道科学院设计的,无论是张鑫鑫小组还是后来CW转向架拉到牵引动力实验室时,实验室都没有审查拉杆刚度。此后,通过分析悬挂参数,牵引动力实验室将CW的中央拉杆进行了改进,降低了刚度。在试验台上跑到了350千米/小时都没有失稳。这个转向架后来成为长春客车厂的主型转向架,被并广泛运用于高速列车上。

此外,牵引动力国家重点实验室还进行了比较突出的科学研究,依托实验室培养了一支在国内外富有影响力的科技队伍。国家重点实验室的申报、建设过程,也是学术队伍的凝聚、培养过程。沈志云说:"科学发展到今天,任何一项大型的研究绝不是一个人就可以完成的。对于机车车辆这种复杂产品来说,更是如此。我们的优势在于有一个像机车车辆研究所这样的战斗集体。"正是依靠这支队伍,圆满完成了国家重点实验室的申报、建设,"老、中、青配合默契,团结战斗,无私奉献,蔚然成风,尤其是年轻人刻苦钻研、勤奋学习,一天三个单元(指上午、下午、晚上)都在机房和办公室里度过,出色地完成了任务。我们筹建的试验台,仅机械部分就有500余吨重,全部由我们自己设计。虽然只有少数几个人,但却在三年中完成了几千张设计图纸,目前正在制造厂生产,每天都有大量的技术问题需要他们驻厂解决。学科建设必须有一只好的队伍,队伍建设是最主要的学科建设,这是我几年来体会最深的一点。"[①]

不过,沈志云也深深体会到了实验室初建时期留住人才的艰难。实验室队伍新组建,彼此之间的性格、处事方式还在磨合期,沈志云有时得调解他们的矛盾。在实验室初建过程中,就有几位年轻人离开了实验室。因为在他们看来,要建成一个整车试验台,基本上是不可能完成的任务。每当有人离去,沈志云都在他的记事本上标注"×××离去!"即便今日,透过其笔迹,仿佛也能够体会到沈志云写这句话时的黯然心情[②]。沈志云最初

---

① 沈志云:狠抓科学研究,促进学科发展。1992年手稿。资料存于采集工程数据库。
② 沈志云日记。存地同上。

挑出的 20 余人，大约流失了 1/3。不过让沈志云欣慰的是，留下来的后来都成了独当一面的科研骨干。

实验室建成后，他万分真诚地引进人才。为了让学校引进的长江计划学者、特聘教授李芾尽快取得研究成果，他不仅倾力相助，而且立即将自己的主任办公室让出。同时，他还想办法动员在美国留学的金学松回到西南交通大学，加入到牵引动力实验室的研究团队。他也想尽办法留住人才，包括帮他们解决后顾之忧甚至解决待遇问题。实验室副主任陈良麒原本在人事处工作，沈志云对其行政能力非常欣赏，多次动员他到实验室来。当时实验室刚刚开始筹建，并不怎么被人看好。沈志云最后允诺给陈良麒比其在人事处多一至两倍的收入，将其成功邀入实验室建设队伍。当时是 20 世纪 80 年代末，事业单位的工资制度都很死，沈志云就敢用"高薪"来吸引人才，这足以说明沈志云的魄力。陈良麒从实验室初建开始，就作为沈志云的搭档在牵引动力国家实验室工作了十余年，为实验室的建设做出了非常大的贡献。在实验室初建时期，为了赶进度，陈良麒几乎天天去工地监工，甚至动手和工人一起干。沈志云多次看见陈良麒干得一身泥水。陈良麒笑谈，他就是被每个月多的几百块钱吸引到牵引动力实验室去的[①]。其实，当时如果不相信沈志云能建成实验室、不认可沈志云的能力与人品，陈良麒也不会冒着风险参与建设实验室的"苦差事"。通过不断地培养与引进人才，牵引动力国家重点实验室最终形成了一支在国内外有重大影响的队伍。

牵引动力国家重点实验室刚筹建时，沈志云任主任，共有人员 26 人（含脱产博士生），其中 17 人具有或正在攻读博士学位。沈志云认为，实验室人员的任务不仅仅在于完成实验，不是单纯的实验队伍，而是一支科研队伍。国家重点实验室的目的是为科技发展服务，实验室应该将实验与科学研究结合起来进行世界最领先的科学技术的探索和研究。在这种思想的指导下，牵引动力实验室以轨道交通车辆为研究对象，重点开展以高速、重载列车为核心的基础性、前瞻性、战略性创新研究，承担了国家大量的科学研究工作。1991—1997 年，牵引动力实验室争取立项的部委级以

---

① 陈良麒访谈，2014 年 7 月 11 日，成都。资料存于采集工程数据库。

上课题 18 项，包括国家自然科学基金重点项目 1 项、国家科委重大科技攻关项目 1 项、铁道部重点科研课题 2 项；全体固定人员总科研经费在千万元以上，发表学术论文 95 篇，出版专著 6 部，获省部级以上奖励 6 项。其后，依托国家重点实验室的平台，牵引动力实验室

图 7-18　沈志云（左三）与金学松（左二）、刘建新（右二）等在进行科学研究（20 世纪 90 年代中期摄于四川成都）

的科研人员申请了多项国家级的科研项目，包括"863""973"项目。其学术成果在国内外产生了广泛影响。

当然，对于科技人员来说，实验室也是其成长的良好平台。到今天，实验室现有教职工 94 名，其中教授（研究员）53 名、副教授（副研究员和高工）26 名、博士生指导教师 31 名。同时，实验室拥有高校机械领域第一个国家自然科学基金委创新研究团队和轨道交通领域第一个教育部创新团队，拥有院士 3 名、国家 973 计划项目首席科学家 2 名、"长江学者"特聘教授 5 名、"长江学者"讲座教授 2 名、国家杰出青年基金获得者 7 名、科技部中青年科技创新领军人才 3 名、国家教学名师 1 名、跨（新）世纪优秀人才培养基金获得者 18 名、全国优秀百篇博士论文获得者 5 名、国家"百千万人才工程"人选 4 名、国家级突出贡

图 7-19　沈志云（左）同张卫华（右）在实验室讨论工作（20 世纪 90 年代后期摄于四川成都）

献专家学者 1 名、省部级突出贡献专家 12 名、"千人计划"特聘教授 3 名、四川省引进海外高层次人才"百人计划"人选 7 名。其中，1 人获何梁何利科学与技术进步奖、1 人获何梁何利科学与技术创新奖、1 人获第九届"光华工程科技奖"。2011 年，牵引动力实验室被科技部授予"'十一五'国家科技计划执行优秀团队奖"①，成为我国轨道交通领域基础研究的核心力量。

这支在国际上享有盛誉的学术队伍是沈志云培养和凝聚起来的，是与国家重点实验室的建设同步建立起来的。当有学生问："沈院士，回顾几十年治学与科研的道路，您感到最骄傲的是什么？"沈志云微笑地回答："那就是培养了一个优秀的团队，可以让我们的实验室不断进步与发展。"②沈志云非常注意给年轻人提供舞台，帮助他们成长。他数次表示，"只有自己往后退，把这个舞台留给年轻人，他们才能更好地施展才华、发挥作用。"③他不赞成"老当益壮""发挥余热"，一是认为这违背科学规律，更重要的是他认为这样会挡了年轻人的发展道路。他发现，只要他在牵引动力实验室，每逢大事，大家都望着他、希望他拿主意。有些年轻人的想法明明比自己好，却碍于他在场而不敢说或不愿意说④。因此，一旦机会成熟，他就从实验室主任位置上退下来。他说自己退出实验室，才能让更多的年轻人发挥作用⑤。1996 年，沈志云将实验室主任的位置让给了钱清泉，从科研一线退下来。

当然，牵引动力国家重点实验室的建设工作也得到国家的充分肯定。1998 年，沈志云主持的牵引动力实验室建设成功申报铁道部科技奖。其后，牵引动力国家重点实验室的机车滚动振动试验台获铁道部科技进步奖一等奖，并被评为教育部当年十大科技进步之一，第二年又获得国家科技进步奖一等奖。在 2003 年和 2008 年的国家评估中，牵引动力实验室两

---

① 牵引动力国家重点实验室简介。西南交通大学牵引动力国家重点实验室网站。
② 西南交通大学研究生新闻中心沈志云院士做客"妙语茶香"：从选择中获得人生理想。西南交通大学网站，2009-03-12。
③ 翟婉明访谈，2013 年 12 月 13 日，成都。资料存于采集工程数据库。
④ 沈志云访谈，2013 年 11 月 10 日，峨眉山市。存地同上。
⑤ 沈志云：我对人才强校主战略的一点思考。西南交通大学网站，2014-02-24。

次被评为优秀国家重点实验室。这表明，实验室建设完全得到了国家的肯定。在高速铁道已经成为中国的名牌、成功走向世界的今天，牵引动力实验室必将发挥更大的作用。正如实验室主任张卫华所说：

> 实验室的建设适应高速列车基础理论研究和创新研究的系统性、试验性和实践性的要求，重点建设了三个研究平台：高速列车基础研究实验平台、高速列车数字化仿真平台、高速列车服役性能实验研究平台……20年前建设的机车车辆滚动振动试验台成为了我国机车车辆提速创新研究的重要法宝……牵引着中国速度。[①]

建设国家轨道交通实验室的期望

牵引动力国家重点实验室的成功建设，让沈志云更为深刻地认识到了实验室建设的重要性。在新的国家实验室申报建设中，沈志云又向学校提出了建设更高层次的国家实验室的设想。

进入21世纪后，国家层面对国家实验室在一个国家科技发展中的突出作用的认识越来越深刻，决定以国家之力建设一些如同美国国家实验室那样在国际科技领域具有重要地位与影响的实验室。《国家中长期科学和技术发展规划纲要（2006—2020年）》提出，"根据国家重大战略需求，在新兴前沿交叉领域和具有我国特色和优势的领域，主要依托国家科研院所和研究型大学建设若干队伍强、水平高、学科综合交叉的国家实验室和其他科学研究实验基地。"在2003年前，国家实验室已经建成4个，2003年科技部批准筹建5个并准备建设第二批，而且有意向给铁道部一个。得知这个消息，沈志云很快行动起来。

沈志云认为，鉴于能源与环境问题日益突出且中国人口众多、部分区

---

① 李白薇：牵引中国速度——访牵引动力国家重点实验室主任张卫华．《中国科技奖励》，2012年第5期，第82-86页。

域人口密集的情况，轨道交通是最经济、最环保的交通方式，必定会在中国得到更大、更快的发展。鉴于实验室对于科学研究的重要性及实验室建设对于学校的科学研究、人才培养、学科建设的促进作用，沈志云认为建设一个轨道交通国家实验室，无论于国家的发展还是对学校的发展都十分有利，必须抓住这个机会放手一搏。国家实验室若仅依托西南交通大学，没有铁道部的支持，不可能成功申报。所以，他首先去铁道部了解其想法。没想到，铁道部不仅准备拨款支持实验室申报，也认为该实验室应该依托西南交通大学。沈志云很高兴。2004年6月15日，他邀请中南大学的一位院士一同建议西南交通大学校长周本宽申报轨道交通国家实验室，并希望校方抓住这个机遇集合全校力量建设一个国家实验室平台。校方比较重视沈志云的建议，马上专门召集了一个中层干部会。在会上，沈志云从国家的高级别的研究机构谈起，介绍了目前已经建成及正在筹建的几个国家实验室的情况。

> 高速、重载、新型城市轨道交通是我国轨道交通的发展方向，新一轮国家实验室申报正赶上我们高速铁路快速发展，也很需要更进一步发展，所以铁道部很支持我们申报国家实验室。但是铁道部认为作为第一期工程，高速列车是当务之急，但实验室还是要全面针对高速铁路、高速列车技术、高速铁路建设等技术。虽然一期工程把我们限定在高速列车的技术上，但还是可以叫轨道交通国家实验室。[①]

这次会议上，沈志云提出了"两高一新"（高速重载、高速磁浮、新型城市轨道交通）的学术思路。会后，西南交通大学迅速行动起来，开始了轨道交通国家实验室的申报准备工作。

铁道部很快兑现其支持国家实验室申报的承诺，拨款3亿人民币，西南交通大学自筹1.5亿元，用于实验室的一期建设工程。同时整合校内外资源，包括北京交通大学、铁路科学研究院的科研力量，设计了十几个创

---

① 沈志云访谈，2013年11月10日，峨眉山市。资料存于采集工程数据库。

新平台，又建立一幢实验大楼。到 2006 年，轨道交通国家重点实验室正式成为科技部批准进行筹建的 10 个国家实验室之一。但是，由于科技部坚决反对异地联合办国家实验室，而铁道部内的铁科院、北京交通大学等单位坚决要求参与国家实验室的建设，从而铁道部坚持三家联合。这样一来就与科技部相持不下，最终没有达成一致。由于迟迟没有得到正式挂牌，部分人有些懈怠，沈志云非常着急，他呼吁："不要只立足于等上级批准，要立足于协同创新、团结合作，把既有国家机构联合运转起来，一同走出去发挥集团优势，在国家发展和国际竞争中取得话语权，得到应有的地位。"[①] 影响力和地位从来都是靠实力、靠努力取得的。如今，轨道交通国家实验室依然处在建设过程中。

---

① 沈志云：我对人才强校主战略的一点思考．西南交通大学网站，2014-02-24。

第八章
交通运输创新人才培养

培养创新人才

沈志云不仅是一名研究者,也是一位教师。从毕业留校到1984年从美国回来到应用力学研究所,一直坚守在教学第一线。从自身的经历出发,沈志云非常拥护20世纪80年代初中国恢复学位制度。他认为,科研人才必须经历正规的科研训练。读学位不在于获得一种资格,而在于必须经历这种正规科学研究的训练,这才是一生长远起作用的因素[①]。

1982年,沈志云开始指导第一位研究生,后因出国,转给了别的导师。1984年回国后,他承担的本科课程减少,开始要指导研究生。

研究生招生时,沈志云非常注重考查研究生的品质。沈志云认为,研究生就是日后从事科学研究的人才,而科学研究是非常艰苦的,学生必须有充分的思想准备。1991年,机械系大四学生邬平波被保送上研究生,他

---

① 西南交通大学校史编辑室:《竢实扬华 桃李春风》。成都:西南交通大学出版社,1996年,第675页。

图8-1　沈志云（左）与学生周力（右）（2006年摄于四川峨眉）

找到沈志云，表达了自己想跟其继续学习的愿望。沈志云却婉言拒绝："系里有很多比我好的老师，你去找他们吧。"被拒绝后的邬平波回到宿舍，郁闷不已，但是他没有放弃。几天后，他再度找到沈志云说："沈老师，您是一位学术水平非常高的老师，我真心希望能跟着你学习。我是机械系的第一名，成绩不错，我也很喜欢科学研究。"沈志云意味深长地看了他几眼，说："跟着我做研究非常辛苦，你受不了这个苦！"依然不答应做邬平波的导师。邬平波不想放弃，再度找到沈志云家里，恳请能做沈志云的研究生。其实，沈志云收研究生的时候，在考试之外都会仔细地考察学生的各方面情况，尤其是吃苦精神。邬平波学业上自然比较优秀，沈志云怕他过于自满，就以拒绝方式来"打击"、考验他。小伙子顺利通过了考验，且他的执着也让沈志云很欣赏，所以沈志云也就顺势答应收下了他[①]。

在指导研究生的过程中，沈志云对学生有几大要求：

第一，要热爱科学研究。热爱是最好的老师，科学研究的道路辛苦异常，只有沉下心来、不理会世事喧哗、不为物欲所左右，心无旁骛，才能坚持下来。因此，他觉得读硕士或博士，必须有这样一个境界："读硕士研究生也好，读博士也罢，都要有非常明确的目标，也就是说在科学研究上要有自己的建树，不为别的，就是一种热爱，热爱科研，热爱自己的专业，这个是非常关键的，否则没法出成果。"[②]

第二，要高度关注实际问题。沈志云注重培养学生的实践能力。经常

[①] 邬平波访谈，2014年7月14日，成都。资料存于采集工程数据库。

[②] 曾京访谈，2013年12月13日，成都。存地同上。

结合自己的课题指导学生。曾京是沈志云指导的第一个硕士研究生。他让曾京加入自己承担的迫导向转向架的项目研究工作。沈志云认为，让学生参与课题是对学生最好的锻炼。曾京的毕业论文选题就是货车迫导向转向架的磨耗研究。他不断地对学生强调，研究一定要理论结合实际。在这一系列研究过程中，不仅推进了课题，也提高了学生的能力。曾京回忆说："论文过程从理论分析到试验，这个试验包括实验室的试验、线路的试验，沈老师都让我们去做，大胆地让学生来做科研，提高学生的独立动手能力。"[①]

沈志云的博士生金学松也认为老师非常注重在实践中培养研究生的科研能力。

> 他希望硕士或者博士论文的工作要围绕我们生产实践中一些重要的工程科学问题，所以我们在做博士论文时，基本围绕我们国家高速铁路的一些关键力学问题来开展，其他的博士生情况基本也都是这样。我的博士论文紧紧围绕国家自然科学基金重点项目，即高速列车轮轨系统动力学问题来开展研究的。

沈志云一生指导了两篇全国优秀博士论文，这在全国并不多见。而这两篇优秀博士论文都是与他承担的课题息息相关，金学松的博士论文就是其中之一，选题来源于当时沈志云主持的国家自然科学基金重点项目。

第三，要积极创新。让学生非常佩服的是，沈志云始终站在国内外科学研究的最前沿，而且远见卓识。据学生们回忆："他要做什么东西、在科研上研究什么东西，都是最好的、最领先的东西。"同时，沈志云极力鼓励学生创新，"他的创新精神非常强，总是要想做新的东西，而且这个新的东西不仅仅限于国内，而且是国际的。"[②]"没有真正高质量的研究成果，很难在沈老师的手里拿到五分。"

第四，一定要有国际视野，要站在国际学术研究的最前沿。沈志云的成长受益于国际化，"学术发展离不开国际化。回忆我的成长，得益于国际

[①] 曾京访谈，2013年12月13日，成都。资料存于采集工程数据库。

[②] 金学松访谈，2013年12月17日，成都。存地同上。

化是非常明显的。"因此，他认为"应当有更多的人走出国门，到世界同行学术舞台上去比拼，闯出一片天下。"① 他曾派曾京单独到意大利参加国际学术会议，在此之前学校没有学生出国的先例，他就找校领导反复说明申请。后来，曾京继续在沈志云的指导下攻读博士学位，在读博士期间，他又利用中英合作项目将曾京送到英国培养了一年多。

> 通过这个合作项目，我的国际视野、国际交流能力有很大的提高，所以我现在也希望我的学生也是这样，要走出去。现在很多学生怕，可能觉得英语交流能力差，我觉得这个不要怕，必须要走出去，所以一些国际会议，我都鼓励学生要去参加，多到国际上进行交流，这也是对自己能力培养的非常重要的一个方面。②

只要有机会，沈志云就让他的学生出国进行学术交流，他的大部分学生都去国外参加过学术会议或进行过短期交流。

就这样，沈志云给了学生非常鲜明的理念，影响着学生的科学研究道路。他的学生金学松说，他们一直都按照沈志云的思路和要求进行科学研究。

> 我们的研究要做到前沿，我们的研究工作要有创新，我们要想做大事，做大的、难的科研工作，需要团队作战精神。培养研究生的时候不仅仅让他们写几篇文章，而要解决实际问题，写文章的能力训练是必需的，同时要真正解决实际问题，要为科研、生产、实践服务。③

在指导学生的过程中，沈志云经常和学生一起加班、一起去生产现场。沈志云的性格比较直，脾气比较急。学生做得不好的地方，他也会很严厉地批评。但在学生研究中遇到困难时，沈志云又不断鼓励学生。他经

---

① 沈志云：我对人才强校主战略的一点思考．西南交通大学网站，2014-02-24。
② 曾京访谈，2013 年 12 月 13 日，成都。资料存于采集工程数据库。
③ 金学松访谈，2013 年 12 月 17 日，成都。存地同上。

常去学生进行试验的场地查看研究进展，鼓励大家一步步地做、一步步地往前推进。邬平波的论文进入编写程序的关键环节时，沈志云就搬张凳子坐在邬平波的身旁，看着他一个字母一个字母地输入，有错误马上让邬平波纠正。邬平波原本不是很有把握，见老师在旁边指

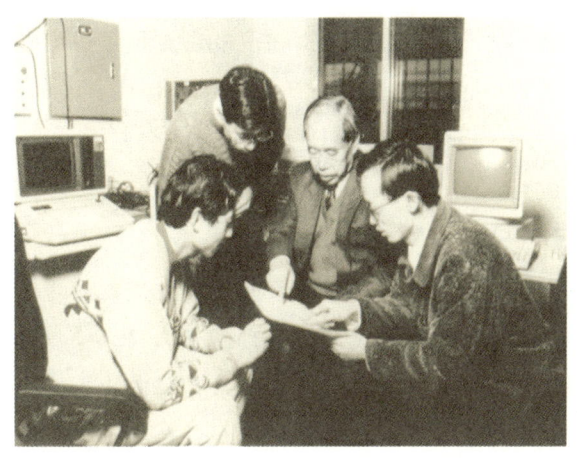

图 8-2　沈志云（右二）在指导研究生（20 世纪 90 年代摄于四川成都）

导，信心大增，很顺利地完成了编程工作[①]。在平时生活中，他也非常关心学生，和学生在一起喝茶、吃饭、聊天，对学生的后顾之忧也尽力予以帮助和解决，这样学生才能全力以赴从事研究工作。

在科学研究上，他很民主，充分尊重学生的意见、保护学生的创新意识。他曾说："现阶段，搞科技的人要有自由发挥的空间，提高待遇只是一方面，最重要的是要尊重他们，给他们定一流的目标，让他们自由发挥。"[②] 他强调"学生要自己独立去完成很多工作，对老师不能有太多的依赖。"[③] 博士、硕士毕业论文选题往往决定了博士生及硕士生以后的研究方向。在毕业论文选题上，沈志云只强调选题必须紧扣国家重大研究问题，至于究竟选什么研究课题，则放手让学生自己选择。当初邬平波硕士毕业论文选题时，沈志云给了他 9 个方向让其选择。后来邬平波继续读博士，在博士论文选题时，沈志云连范围都没提供。他认为已经开始读博士了，大方向应该自己定。他指导的优秀博士论文获得者金学松当初在选博士论文题目的时候，也是自己先选，确定方向后再和沈志云商议。金学松选择的是轮轨蠕滑理论进一步研究，这个研究意味着必须突破沈－赫－叶氏理

---

① 邬平波访谈，2014 年 7 月 14 日，成都。资料存于采集工程数据库。
② 沈志云：乘长风，破万里浪，沈志云院士谈载运系历史使命。西南交通大学网站。
③ 曾京访谈，2013 年 12 月 13 日，成都。资料存于采集工程数据库。

论，沈志云也没有觉得自己的理论是不可突破的，反而非常欢迎学生在自己的基础上进一步创新。确定题目后，沈志云放手让学生进行研究。他非常注重结果，至于过程及用什么方法，他不过多予以限制。他的学生认为：

> 这也是一种很好的管理方式，因为过多的强调这个过程，就容易使他人的研究思路受到约束。因此，你用什么方法，我可以不过多地干预你，你自己选；如果你想不出来，我们可以讨论，但是，这个过程主要你自己来选，你找最佳的方法、最佳的途径，要得到最好的结果。沈老师喜欢看最好的结果。①

沈志云培养人才的理念和方法也深刻地影响着他的学生们。金学松就深受沈志云的影响。他在给学生布置任务的时候，理念完全和沈志云一致，要求学生自己出思路；如果学生想不出好的思路，可以和老师讨论，老师提供建议、思路、方法。

> 如果觉得我的思路、方法你实施过了，又发现不可取，那么我们再讨论，你也可以用其他人的思路、方法。我也注重结果，中间的思路、方法可能是多种多样的，不要限制……（但）我还是鼓励学生可以先用自己的方法，自己拿出更好的方法来做，比我给学生方法重要，对学生今后的科研发展、对个人的科研素养的提高是非常有好处的。因为，老师的指导在学生一生中是短暂的，很多要靠学生自己去想思路、想方法，所以我更鼓励学生自己找思路。②

曾京也直言：

> 实际上，我现在很多的方式也是按照沈老师指导我们的方式在做

---

① 金学松访谈，2013年12月17日，成都。资料存于采集工程数据库。
② 同①。

的。我希望学生能够独立思考，尤其是想读博士的，我希望他们热爱学习，而不是为了找一个更好的工作、更好的就业，而是爱科学研究、热爱自己本学科这个专业，这样才能出成果。①

此外，沈志云刻苦努力的工作态度也给学生留下了很深刻的印象。邬平波还记得，在沈志云的第一个国家自然科学基金重大项目答辩前夕，沈志云住在北京的宾馆里做演讲用的PPT。做完后，一遍遍地进行演讲练习，让邬平波卡时间并提意见。其时，沈志云已经获评院士，在国内已经声望卓著，其课题又是铁路技术的重大研究问题。邬平波觉得他完全没必要这么认真。不过，这种认真劲儿却铭刻在邬平波心里，一直影响着他。二十年后，邬平波仍清楚地记得老师一丝不苟的那一幕。

图8-3 国家级教学成果奖颁奖留影（前排左五为沈志云，1997年摄于北京）

沈志云培养创新人才的经验和贡献得到教育界同仁和政府的肯定，1997年他和几位老师主持的"在科研实践中培养机车车辆跨世纪优秀人才"获得国家级教学成果一等奖。2001年，沈志云又因指导的两篇博士论文入选全国优秀博士论文而被国务院学位办授予最佳博士生导师奖。

如今，沈志云的学生多分布在全国高校及科研院所，其中尤以牵引动力国家重点实验室居多。很多学生都已经成为科研骨干。沈志云培养的这批人才，必将对中国铁路技术发展做出贡献。

---

① 曾京访谈，2013年12月13日，成都。资料存于采集工程数据库。

第八章　交通运输创新人才培养

获选两院院士

院士，是学术界授予科学家的最高荣誉。院士制度起源于欧洲。1948年，国民政府中央研究院评选出第一届院士81人。1950年，新中国建立科学院作为全国最高科学领导机构。中国科学院成立了各学科的专门委员会，由科学院院长聘请委员组成，委员为具有科学技术顾问性质的名誉职务。1953年，中国决定仿效苏联建立学部委员制度，向院士制度过渡。1955年5月，国务院批准233人作为科学院学部委员。6月，中国科学院召开学部委员会成立大会，中国的学部委员制度正式建立。在"文化大革命"期间，中国科学院的学部基本停止了活动。1979年开始恢复活动，并于1981年学部委员会第四次大会前选出新学部委员283人，沈志云的同事曹建猷就是1981年当选学部委员的，这是学部委员的一次大的扩充。第四次学部委员会议明确了科学院的学部委员会是科学院最高的科技决策机构。1984年召开的科学院第五届学术委员会议讨论了学部委员会的功能定位：对国家重大科技问题提供咨询；对中国科学院的重大学术问题进行评议和指导。这样，学部委员会从决策机构变为咨询机构，不过此次并未增选新的学部委员。

1991年年初，中国科学院学部开始准备新的学部委员选举。1981年的学部委员选举采取差额选举和无记名投票的方式，而1991年则要求各单位进行申报，申报以后再组织选举。申报有几个渠道，一是单位推荐，二是院士提名，三是通过科协申报。由于西南交通大学直属铁道部，所以申报院士首先应该报到铁道部，由铁道部推荐给科学院。当时西南交通大学校方很重视，动员科研成果比较突出的教授进行学部委员申报。全校一共有7人申报，沈志云是其中之一。其他铁路行业高校及研究所也有不少人申报。通过评选，沈志云顺利入选中国科学院学部委员候选人选，他也是西南交通大学唯一的入选者。通过四轮评选，历时一年，沈志云最终当选为中国科学院学部委员。这一次，中国科学院共增选学部委员210人。

沈志云当选工程院院士则不是自己申报、再经评选产生的。中国最初并没有工程院，1992年，中国科学院学部委员张光斗、王大珩、师昌绪、张维、侯祥麟、罗沛霖提出"早日建立中国工程与技术科学院"的建议。1993年11月，国家科委、中国科学院采纳了6位学部委员的建议，联合向国务院送交"关于建立中国工程院有关问题的请示"。1994年2月，国务院批示"中国工程院将实行院士制度，是我国工程技术界的最高荣誉性、咨询性学术机构。中国工程院院士是国家设立的工程技术方面的最高学术称号，必须从已做出重大成就和贡献的优秀工程技术专家中选举产生。根据统一的标准和条件，第一批中国工程院院士经过一定遴选程序，报请国务院批准，由中国工程院聘任。"批文同时决定"中国科学院学部委员改称为中国科学院院士。"对于第一批工程院院士的产生办法，国家科委、中国科学院提出："参照我国首批学部委员和各国第一批院士产生的做法，中国工程院第一批院士可根据确定的标准和条件，按照一定程序，经过提名、协商和遴选，由筹备领导小组提出100人左右的拟聘名单（其中含30名工程背景比较强的现中国科学院学部委员），报请国务院批准后，以中国工程院名义聘任。"①

据此，中国科学院学部联合办公室将推荐到中国工程院的30名学部委员做了分配，其中分配给技术科学部21名。1994年2月23日，中科院召开技术科学部常委会，首先确定工程院学部委员遴选原则：①中国工程院的发起人；②有国外工程院院士称号的学部委员；③对工程技术确实有重大贡献者；④来自产业部门、研究院所及大学的学部委员。最后由常委会投票选出了进入中国工程院的21人建议名单。沈志云作为来自产业部门大学的学部委员且年龄较轻（时年65岁，属于比较年轻的院士）而入选21人建议名单。28日，中国科学院主席团通过了全院30人的名单。

1994年6月3—8日，中国工程院第一次院士大会在北京召开。出席首届院士大会的首批拟聘中国工程院院士66名，他们是1994年3月初由中国工程院筹备领导小组召开全体会议，经过认真阅读候选人材料、分组

---

① 国务院批转国家科委、中国科学院关于建立中国工程院请示的通知。《中华人民共和国国务院公报》，1994年第4期。

讨论、大会介绍和反复协商，最后由领导小组成员以差额无记名预投票遴选出的。同时，中国工程院筹备领导小组委托中国科学院学部主席团，经过各学部酝酿、协商后，由学部主席团和工程院筹备领导小组全体会议先后审议、表决通过，确定30名工程技术背景比较强、具有一定代表性的中国科学院院士一并列入中国工程院首批院士的拟聘名单。后来，医学学部成立，又遴选了3位科学院院士当工程院院士。本来根据两院章程，院士可以互报，1995年工程院第一次公开评选院士时，不少科学院院士申报工程院，评选时，由于名额紧张，院士的选票都优先投向还不是院士的候选人，结果只有一位中科院院士当选，此后就再也没有院士互报了。截至1996年，全国一共有34位"双院士"，以后就很难再有双院士了。沈志云有幸成为中国34位中科院与工程院的"双院士"之一。这也体现了国家和学术界对其学术贡献的肯定和认可。

交通运输工程学科的诞生

学科的基本含义是指一定科学领域或一门科学的分支。而在高等学校，学科是高校的细胞组织。世界上不存在没有学科的高校，高校的各种功能活动都是在学科中展开的。离开了学科，不可能有人才培养，不可能有科学研究，也不可能有社会服务。中国国务院学位委员会更以学科分类来指导高校的科学研究和人才培养。所以，学科的设置变更不仅与各高校建设息息相关，也与专业队伍的

图8-4　沈志云（站立者）参加交通运输工程学科会议
（2002年摄于上海海运学院）

归宿感紧密相连。

中国的学科分类目录，尤其是大的门类下一、二级学科虽然相对稳定，但也随着时代的发展而变化。各高校的本科、硕士、博士专业随着学科目录的变化而不断调整。国务院在各一级学科设置相应的学科评议组，审议各高校的学位点的增设与撤废。沈志云所在的学科原叫铁路、公路和水运学科组，学部委员曹建猷担任学科组长。沈志云获评中科院学部委员以后，1993年曹建猷退下来，由沈志云担任学科组长。是年，国务院学位办调整学科结构。得知这个消息时，曹建猷非常担心铁路、公路、水运学科被裁撤，因为这本是三个行业拼凑而成的一级学科。如果把铁路中的铁道工程归并到土木学科、将交通运输管理归并到管理学科、机车车辆归并到机械学科的话，无疑对于西南交通大学乃至铁道部的很多高校的相关学科将是一个沉重打击，将影响这些高校相关学科的长远发展。

1995年5月，铁路、公路、水运学科评议组在西南交通大学召开学科组会议。与会人员都已经深切感受到了学科的裁撤危机。在会上，大家都认为铁路、公路、水运学科组不能撤销，而且其范围还要扩大。沈志云提议，将学科领域扩大，把航空运输和管道运输也归并进来，学科名称也要作相应改变。通过讨论，大家一致决定将一级学科名称由行业性很强的"铁公水"改为学科性很强的"交通运输工程"，下属的二级学科分别改名为载运工具运用工程、运输规划及管理工程、交通信息及控制工程、道路及铁道工程，并将起草的修改意见报送国务院学位办。学位评审委员会不仅承认了交通运输工程为一级学科，也认可了二级学科的设置，在1997年公布的学科名录中，这些一级、二级学科都在列，名称没有任何改动，且都有了国家的正式编号。

1995年学科组会议不仅商议了交通运输工程学科存在的理由，还在"保卫一级学科"的浓厚氛围中一致提出要建设好这个新的交通运输工程一级学科，并做出决定：开设一门交通运输工程一级学科研究生必选的基础课——交通运输工程学；由学科组组织编写一本教材；由学科组创办期刊——"交通运输工程学报"，作为本学科的最高学术园地。这样就构成了交通运输学科建设的"三个一"工程。国务院学科评议组的任务本来只有学位点的评议,在保卫学科的特殊情况下,同时成了学科建设的组织者,这在国务院学位委员会的所有学科评议组中是罕见的。

"三个一"工程的第一项工程是开设必修课"交通运输工程学"。当时大家认为,全国各高校的交通运输工程学的研究生不论属于哪个二级学科,都必须学习交通运输工程学这门共同的基础课程。开设这门课程的目的"是扩大本学科研究生的知识面,使之了解本行业以外其他运输方式的基本情况、发展趋势,更便于研究生拓宽视野、扩大研究领域。"①

要统一开设一门必修课,最好有一本比较权威的教材。就当时的情况而言,国内并没有这方面的教材。而"三个一"工程之二就是编撰一本教材,所以大家提议学科组应该集合全国的优秀力量,把航空部门和管道运输吸收进来,共同编撰出版一本交通运输工程学的教材。"从综合交通讲起,一直讲到每一个行当的交通,编撰成交通运输工程学的教材。"② 于是,以交通运输学科评议组为中心组成了《交通运输工程学》编审委员会,由沈志云担任主任委员,邓学钧担任副主任委员,许志鸿、张一军等11人为委员。1999年,《交通运输工程学》由人民交通出版社出版,到2003年已经出版1万册。作为全国交通运输一级学科及其所含二级学科硕士研究生的共同专业必修课教材,已在全国70多所高校使用,试用反馈情况良好。2003年,由沈志云主编的《交通运输工

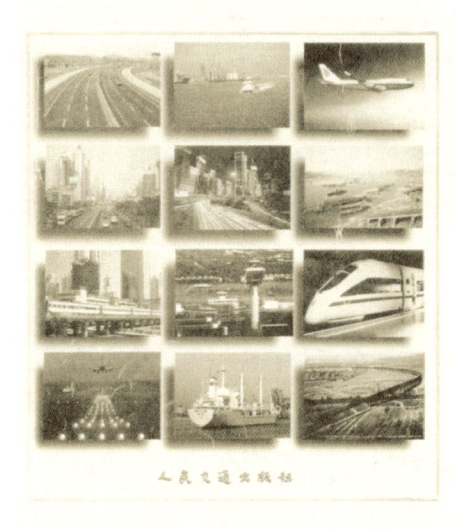

图 8-5 交通运输工程学教材

---

① 国务院学位委员会交通运输工程学科评议组武汉会议纪要。未刊稿。资料存于采集工程数据库。

② 沈志云访谈,2013年11月9日,峨眉山市。资料存于采集工程数据库。

程学》通过国务院学位委员会和教育部的专家评审，被列入"2002—2003年度研究生教学推荐用书"。2003年5月，该教材再版。

"三个一"工程之三是创办一本学术期刊。1999年，《交通运输工程学》出版后，沈志云就开始张罗学术刊物的创办，他打算让西南交通大学申报一个学术刊号，但当时西安公路学院有6本期刊并提出可以将一本学术期刊改办为交通运输工程学的学术刊物，这个建议获得通过。1999年10月8日，在武汉召开的学科评议组会议决定由西安公路学院和西南交通大学共同主办《交通运输工程学报》，以一级学科的名称命名，办成一个交通运输工程学领域最高的一个学术平台。会议指出：《交通运输工程学报》起点要高，要从交通大系统宏观及专业发展的角度来定位，要注意创新，促进学科的融合，体现综合性、专业性，刊物反映的信息要新、要快。"[1]

图8-6 沈志云（前排右三）、邓学钧（右四）参加交通运输工程学科青年学术骨干会议（摄于20世纪90年代初）

2001年，《交通运输工程学报》正式创刊，沈志云任学报主编，他亲自撰写了《交通运输工程学报》创刊词：

> 虽然交通运输事业取得了很大的成绩，但我们仍应清醒地认识到，相对国民经济的快速发展来讲，交通运输事业的发展仍显落后，瓶颈制约尚未消除。这种制约的形成虽然有资金等因素的影响，但在科学技术已成为第一生产力的今天，交通运输科技发展及成果转化的制约

---

[1] 国务院学位委员会交通运输工程学科评议组武汉会议纪要。未刊稿。资料存于采集工程数据库。

已成为其中一项重要的制约因素，如何繁荣交通运输科技研究、促进交通运输科技成果转化，已成为摆在广大交通运输科技工作者面前的一项重要课题。

学报初创时期比较困难。"第一期、第二期都是我们亲自写，第一期就登了我的一篇文章，即关于高速铁路的文章。大家都亲自写文章，好不容易才凑满一期。"不过让沈志云欣慰的是，学报越办越好，不仅进入 EI 检索系列，而且在 2011—2012 年的交通运输领域学报影响影子排名中，第一名是上海交通大学学报，第二名就是交通运输工程学报。连原本在铁路行业有非常大影响的《铁道学报》也才排到第五名。沈志云说："这个成功是我们大家的，一个事情只要我们大家齐努力，就能够干得成功。"①

学科建设的关键一环还在于培养人才。大家提议专门召开交通运输的青年学术论坛，为交通运输领域青年人才的成长搭建平台。早在 1993 年，在曹建猷的提议下，铁路、公路、水运学科组曾经在西安公路学院召开了青年学术会议，当时只有 30 多人参加，都是本领域的青年精英。交通运输工程学科组换届后，决定将该会议形成制度，每两年召开一次青年学术会议，届时将采用邀请老专家讲学与青年学者发表自己学术观点的相结合方式，以促进交通运输领域青年学术人才的成长。目前，这个会议已经召开十届，每次会议的规模都非常大，均有三四百人参加，最多达到六百人，为交通运输学科培养了很多后起之秀②。

可以说，作为交通运输工程学科评议组组长，沈志云不仅完成了保护交通运输一级学科的任务，而且让交通运输学科蓬勃发展，为国家培养了大批交通运输人才。

---

① 沈志云访谈，2013 年 11 月 9 日，峨眉山市。资料存于采集工程数据库。
② 沈志云访谈，2013 年 11 月 7 日，峨眉山市。存地同上。

第九章
为发展高速铁路奔走

  2013年12月20日，笔者在杭州飞成都的飞机上看到当日的《今日早报》上一则新闻——"北上赏雪，南下看海，坐高铁朝发夕至"。新闻报道杭州开通了至哈尔滨、深圳的高铁。高铁已经走进了人们的生活，正在改变人们的生活。

  不过，这一切的发生并不是一帆风顺。无数人为之奔走奋斗。2011年7月15日的《南方人物周刊》曾称沈志云是高速铁路最坚定的支持派之一，说"坚定的支持派"不乏嘲讽之意[1]。不过，也有媒体称其为"中国高速轮轨之父"[2]。无论是褒扬或嘲讽，都可以反映出沈志云在中国高铁发展战略中的重要作用。他不仅是高铁最坚定的支持者，也是不遗余力为发展高铁而奔走呼吁者之一。

高铁"缓建""急建"之争

  1825年，英国人修建了世界上第一条铁路。由于火车的速度远远高于

---

[1] 陈彦伟，刘欣然：高速下的阴影。《南方人物周刊》，2011年7月15日。
[2] 张路延："中国高速轮轨之父"——沈志云。《华西都市报》，2013年6月9日。

轮船和马车，并有运量大、可靠性高、全天候等优点，使铁路在19世纪后半叶和20世纪初在世界各国得到迅速发展，并很快成为世界各国交通运输的骨干，对世界经济发展做出了突出贡献。列宁曾说，若对铁路发展史进行考察就会发现，"铁路是近代工业文明的产物，铁路的修筑又反转来促进工业文明的发展。"[①] 但是，20世纪50年代后，由于运输工具的多样化，尤其是汽车、高速公路以及航空运输的快速发展，铁路的发展受到巨大挑战，一度沦为"夕阳产业"。

铁路如何走出困境，是每个铁路人都在深刻思考的问题，沈志云自然也尤其关注。提高列车的速度是摆脱困境的出路。按照目前世界关于铁路速度的分档，时速100～120千米称为常速；时速120～160千米称为中速或准高速；时速160～200千米称为快速；时速200～400千米称为高速；时速400千米以上称为特高速。从20世纪50年代开始，世界各国就在进行火车提速的试验。1964年，日本建成了世界第一条高速铁路——日本东海道新干线，火车时速达到了210千米，突破了保持多年的铁路列车运行速度。而东海道新干线在其后的营运竞争中，成功地迫停了东京到名古屋的航班，这是在现代交通竞争中成功的范例，激起了世界铁路工作者的极大兴趣。继日本之后，法国、德国、意大利等欧洲国家相继掀起高铁建设热潮。

"文化大革命"结束后，中国铁路不仅运营里程相对较少，而且技术装备和现代化水平也相对较低。铁道部提出，要用5年的时间重点进行铁路电气化、机械化、自动化、高速化的研究试验，取得试点经验并在部分关键技术方面赶上和超过世界先进水平。由于中国经济发展相比世界落后，中国的航空、高速公路和汽车产业欠发达，因此，在20世纪80年代以前，中国铁路并没有感受到来自其他交通方式的竞争压力，虽然说要进行高速化研究实验，但行动迟缓。铁路依然在低水平的层面上发展着。

20世纪80年代末期，中国铁路发展的困境开始出现。铁道部首先对

---

① 列宁：《列宁全集》（第22卷）。北京：人民出版社，1984年，第182页。

现有线路进行了改造，以缓解困境。1980—1990年是中国铁路发展史上对既有线实行强化科技改造力度最大的10年，国家先后对1.6万千米繁忙干线进行了强化技术改造。虽然旧线改造取得了突出成绩，但由于新线建设太少，到20世纪90年代，铁路严重滞后成为国民经济发展的"瓶颈"。另一方面，高新技术迅猛发展并渗透到经济与社会的各个方面，世界发达国家铁路由于技术进步的提升，开始复苏并重新崛起。显然，中国铁路的发展已不能仅仅停留在以传统方式修建铁路和采用传统技术装备的水平上，而是要在大力修建新线和强化改造既有线路的发展过程中，积极采用先进的技术与装备；在增加铁路数量的同时，更要提高铁路运输效率和经济效益。因此，铁道部提出，充分发挥知识分子在科技兴路中的主力军作用，瞄准世界铁路先进水平，在行车、运量、密度上创一流，在铁路数量上有大发展，质量上有大提高，技术和管理上有大突破，缩小与世界铁路整体水平的差距，基本适应国民经济发展和社会进步的需要，为21世纪我国铁路更好发展奠定基础[1]。同时强调选择货运重载、客运高速等技术作为研究开发的主攻方向，以信息技术为突破带动铁路传统产业的升级改造，提高客、货运输主要作业自动化程度，推广运用先进机车与车辆技术，根据不同运输需要，采用不同层次的技术与装备[2]。

在铁道部明确发出要进行高速铁路建设的信号后，许多专家、学者以及政府官员都参与到中国是否应发展高速铁路以及如何发展高速铁路的论证中来。沈志云也是其中之一。

早在20世纪80年代中期，京沪铁路运力不足的问题已经显现。以铁道部专业设计院原副院长姚佐周、上海铁路局原总工程师华允璋为代表的"缓建派"认为，京沪线目前的繁忙可以通过提速、扩能解决。如果急上超大型项目会加剧财政、金融危机。而坚决站在"急建派"一边的沈志云与铁道部原总工程师沈之介、中国社科院数量经济技术研究所所长李京文等人一致认为建设京沪高速铁路从现实发展考虑是迫切需要的，并且技术

---

[1] 李文耀:《中国铁路变革论：十九、二十世纪铁路与中国社会、经济的发展》。北京：中国铁道出版社，2005年，第129页。

[2] 同[1]。

上可行、经济上合理、国力能够承受、建设资金有可能解决。他认为，依靠改造旧有线路可以在一定程度上提高速度，但由于传统铁轨属于有砟轨道，所以其承载的速度是有限的。一旦速度过高，将会导致碎石乱飞，存在巨大安全隐患；而低速度又完全达不到社会经济发展对运输速度的要求。1990年，铁道部完成《京沪高速铁路线路方案构想报告》并提交全国人大会议讨论，这是中国首次正式提出兴建高速铁路。

对于如何建设高速铁路，沈志云着重从技术政策方面予以思考。1992年8月16日，经过比较长的思考，他撰写《引进消化，总结提高，形成特色，实现高水平国产化——试论我国发展高速铁路的技术政策》一文。沈志云在文中比较全面地思考了中国如何快速发展铁路的技术问题。他的思考立足于中国实际，努力寻找一条既能快速赶上世界水平，同时又强调自主创新、节约成本的发展高速铁路的技术路线。现在回过头去看高速铁路的发展历程，正是走的这样一条"引进—吸收—再创新"的技术路线。1992年，沈志云正忙于研制高速试验台，同时却能如此超前地构思并提出中国高铁的发展之路，不能不肯定他思想的前瞻性和预见性。他的这些思想不仅成为90年代各次讨论中他发言的主题，而且被写入1999年工程院上报国务院的咨询报告中，对于2004年国务院对发展高铁提出"引进消化吸收再创新"的方针起到明显的促进作用。

1993年4月，铁道部联合国家科委、国家计委、国家经贸委和国家体改委（简称"四委一部"）组织专家成立了京沪高速铁路前期研究课题组。1994年在广州召开的可行性研究会议上，面对两派的争论，沈志云建议挑选一段条件比较好的线路做200千米以上的高速列车试验，包括"一些高速项目都可在那里去做试验，X2000的摆式列车也可在那里做试验。"[1] 铁道部采纳了这个意见，很快在从山海关到锦州间的60余千米建成了可进行350千米时速列车试验的线路。同月，京沪高速铁路前期研究课题组发布50万字的《京沪高速铁路重大技术经济问题前期研究报告》，重申"要把握时机，下决心修建，而且愈早建愈有利"的论点。这份报告在业内获

---

[1] 沈志云访谈，2013年11月9日，峨眉山市。资料存于采集工程数据库。

得普遍好评。铁道部为此还专门成立了一个京沪高速铁路预可行性研究办公室，由铁道部总工程师、课题组具体负责人之一沈之介出任主任。机构放在铁道科学研究院，目的是组织全国的铁路专家讨论京沪高铁可行性。

但是，事情并没有偏向"急建"方。1996年3月，在全国人大批准的《国民经济和社会发展"九五"计划和2010年远景目标纲要》中，明确表示，"21世纪前10年，集中力量建设一批对国民经济和社会发展具有全局性、关键性作用的工程……着手建京沪高速铁路，形成大客运量的现代化运输通道。"虽然明确要建设京沪高铁，但其开工却被推迟到21世纪。不过，高铁被推迟也与当时中国实行宏观调控政策、收缩银根、限制大型建筑项目上马，以调控此前几年基础投资过猛的势头，从而实现经济"软着陆"有关。

虽然高铁被推迟到21世纪似已成定论，但沈志云并没有气馁。他利用自己的影响力，在不同场合积极继续高呼高铁建设。1996年8月10日，沈志云在《科技导报》上发表《论修建京沪高速铁路势在必行》一文，急切呼吁修建京沪高铁。他认为，从市场分析来看，虽然目前的各种预测结果都比实际情况低，但是也得出了必须修建京沪高铁的结论。同时，若考虑到中国的人口众多、经济发展迅速、农村剩余劳动力多、人均旅行次数低及城市人口增长速度快五个因素，则"需要一条比现在效率更高、更安全可靠、更舒适、更少污染的运输大通道，则是确定无疑的。"而要"全面满足这些要求，非高速铁路莫属。"他认为，发展航空及高速公路都是必须的，但是无论是航空还是高速公路，其容量有限，在交通运输中所占的比例也有限，无法与铁路相比。而且即使将现有的京沪间旧铁道进行改造，也无法满足需求，因为"中国铁路的运输密度是全世界最高的。而京沪线的运输密度为全国铁路平均密度的5倍，沪宁段则高达6倍多，为全国之冠。如此高密度运行，全世界所罕见。而且客运货运全面紧张，加开客车就要少开货车、影响货运。为什么几十年行车速度提高不多？客货运都紧张是主要原因。"沈志云说："京沪高速铁路修建以后，原有旧线主要用于货运，货运能力可增加一倍以上，再加上公路航空和水运，京沪乃至东部沿海的交通问题有望从根本上解决，由限制经济发展的'瓶颈'变成

图 9-1　高铁与磁浮成都论证会合影（1998 年摄于四川成都，前排右起：严陆光、刘大响、沈志云、华允璋、姚佐周、周翊民）

促进经济发展的'火车头'。"①

1998 年，沈志云在论文《关于高速铁路和高速列车的研究》一文中，再次呼吁发展高速铁路。

> 随着社会主义市场经济的建立和发展，随着人们生活水平的提高，随着航空和高速公路的发展，铁路运输开始受到冲击。1996 年铁路客货运量都呈下降趋势。有迹象表明：在西方早已出现了的铁路衰退，迟早会降临到中国铁路的头上。……只有修建了高速铁路以后，才使铁路的面貌焕然一新。所以，中国铁路要在一定运距内同航空和

---

① 沈志云：论修建京沪高速铁路势在必行.《科技导报》，1996 年第 14 卷第 8 期，第 12—13 页。

公路竞争并取得优势，不能不考虑修建高速铁路。

他认为，在上海和北京两个世界超级大城市间，"唯一可以满足现代化要求的是高速铁路。"中国目前已经完全具备了修筑高速铁路的技术准备，因此他建议："立项修建京沪高速铁路""精心研制高速试验列车""加强基础性研究"①。

在铁道部和铁路技术专家们的争取下，1998年中共中央、国务院颁布3号文件，要求"做好京沪高速铁路的前期技术准备，力争在2000年开工"②。这样，高速铁路修建提前到2000年。此时距离1993年正式论证已经过去了5年。

轮轨与磁浮

随着1998年中央决定要在2000年动工修建京沪高铁，各方马上积极行动起来。

1998年，国内开始论证京沪线的技术问题。有专家认为轮轨高速铁路是落后的技术，提出京沪高速铁路应采用更为先进的高速磁浮列车方案，从而又引发磁悬浮（简称磁浮）与高铁近十年的争论。

铁道部最初论证京沪高速铁路时，并没有考虑磁浮列车。国务院十分重视这一意见，多次组织各方面专家研究讨论。沈志云是轮轨派的代表，作为铁路技术领域里唯一的两院院士，他的意见自然很有影响力。不过磁浮的确是新技术，为慎重起见，沈志云向中国工程院建议于1998—1999年组织由50多位院士及有关专家参加的咨询组，就磁浮列

---

① 沈志云：关于高速铁路及高速列车的研究。《振动、测试与诊断》，1998年第1期，第1-7页。

② 沈志云，钱清泉：京沪高速铁路建设。《中国工程科学》，2000年第2卷第7期，第28-33页。

图9-2 沈志云(左)夫妇与严陆光合影(20世纪90年代后期摄于北京)

车同轮轨高速铁路的技术比较开展调查研究。工程院采纳了他的建议,成立咨询组并任命沈志云任咨询小组组长,由他负责组织专家进行技术论证。

1998年10月,沈志云在西南交通大学主持召开京沪线的技术论证会。论证会既邀请了轮轨的赞成派,也邀请了轮轨的反对派和磁浮的赞成派如何祚庥[1]、严陆光[2]等一共30余人。会上大家各抒己见,讨论热烈。沈志云之所以力主京沪线上采用轮轨而不是磁浮技术,理由有二:其一,高速铁路技术已经成熟了,既有实验室做试验,也有实际线路上的试运行;而磁浮技术不成熟、不能工程化,其成熟至少需要10~15年时间。其二,轮轨的造价比磁浮低得多[3]。如果从工厂造价和运量来看,磁浮显然不是经济的选择。而磁浮派也针锋相对,提出了磁浮噪音小、速度快等优点。沈志云马上反驳磁浮噪音小是认识误区。但会议最终未能达成一致。

1998年11月,论证组又在深圳召开了第二次论证会。会议安排参会人员先乘坐广深线的摆式X2000列车,然后再讨论。通过考察,专家们取得了一致意见,即京沪线仅仅通过引进摆式列车来提速不能解决问题,"因为它最多能够提高速度的20%~30%,那么120千米提高20%也就140千米,要达到300千米根本就不可能。"[4] 这样,依靠改造现有线路速度要达到300千米的方案被否定了。此后,再也没有专家坚持通过改造京沪线提

---

[1] 何祚庥(1927-),上海人,粒子物理、理论物理学家,中国科学院院士。
[2] 严陆光(1935.7-),原籍浙江东阳,1935年7月生于北京。中国科学院院士,国际欧亚科学院院士,乌克兰科学院外籍院士,第三世界科学院院士,著名电工学家。
[3] 沈志云:关于终止德国常导磁浮国产化的建议,未刊稿。资料存于采集工程数据库。
[4] 沈志云访谈,2013年11月9日,峨眉山市。存地同上。

速来解决京沪间交通压力的意见了。

1998年12月下旬，咨询组在北京召开总结会，目的是要通过最后的总结报告。除徐冠华外，咨询组的其他近50名院士都参加了。会议讨论得非常热烈。但是在这次会议上，轮轨和磁浮依然难以达成一致意见。最后沈志云建议都退一步：

> 磁浮先建个试验段，轮轨也搞个试验段，这公平合理吧？……轮轨就建上海到南京，把上海沪宁线最繁忙的这一段修成高速铁路，先启动起来……看看有什么问题，再来总结提高……北京机场到天津机场之间可以考虑建一条磁浮线路，把这两个机场变成一个机场，解决北京机场不够而天津机场又有剩余能力的问题。

这一方案被大家接受[1]。会议最后达成协议：由沈志云起草咨询报告的轮轨部分，严陆光、连级三[2]起草磁浮部分，由何祚庥来起草前言，最后由铁道部的工作人员汇总成文。咨询报告必须送递咨询组的每位成员。同意报告的，可以签上自己的名字；不同意的则不签名；基本同意但有补充意见或反对意见的都可以先签名，再将自己的意见附在咨询报告的后面。

1999年3月31日，中国工程院以院文26号向国务院呈报了《磁悬浮高速列车和轮轨高速列车的技术比较和分析》的咨询报告。在工程院院文中，提出了四点建议：

其一，建设京沪高速铁路是我国发展高速铁路的首先选择；其二，轮轨高速技术从国际上看，既是成熟技术，又是正在不断发展中的高新技术，在京沪线上采用轮轨技术方案是可行的；其三，磁浮高速列车有可能成为21世纪地面高速运输新系统，具有明显的技术优势；其四，采用摆式列车对于客、货高密度混运的京沪线而言，难以达到提速200千米/时

---

[1] 沈志云访谈，2013年11月9日，峨眉山市。资料存于采集工程数据库。

[2] 连级三（1933-），浙江省上虞市崧厦镇上湖头村人，西南交通大学电气工程学院教授、博士生导师，电力牵引与磁浮列车专家。

以上的目的，因而是不可取的。

咨询报告交上去以后，轮轨派是持乐观态度的，以为很快就有批复。没想到事情却有了新变化。4月3日，有专家联名给国务院领导写信，指出他们在工程院咨询报告的签名是违心的，京沪线只能考虑磁浮，不能考虑轮轨。这样一来，报告中原本的磁浮与轮轨各找试验段的建议被彻底推翻。国务院批复了他们的来信，要求铁道部、科技部等几个部长找写信的专家了解情况[①]。

1999年7月，磁浮派前往德国考察磁浮列车。回来后，将乘坐德国磁浮的感受及磁浮的优点报送国务院，建议马上修建磁浮专线。为慎重起见，国务院要求科委、发改委、铁道部等部委组织更大规模的专家进行论证。

1999年7月，沈志云随宋健访问日本考察新干线。与去德国的考察团

图9-3　沈志云（第二排左二）陪同宋健访问日本（1999年7月摄于日本）

---

① 沈志云访谈，2013年11月9日，峨眉山市。资料存于采集工程数据库。

主要考察磁浮列车相对应，去日本主要考察轮轨高速。这次考察让沈志云感受最深的有两点：其一，轮轨高速列车是铁路高速客运系统的主体，其技术在不断进步；其二，磁浮高速列车是铁路高速客运系统的补充，其工程化尚需时日。

> 我认为将高速磁浮列车定位为轮轨高速铁路系统的一种补充是有道理的。由于成本高、运量小，将高速磁浮列车发展成独立于现有铁路网的全国性的主要高速客运网是不经济的，也是不现实的。只有在一些特别需要考虑高速度的情况下，才可以采用磁浮列车。例如，北京—天津如能实现低噪声的500千米/小时磁浮列车行车，半小时可以到达，犹如市内公共交通一般将两大城市连成一片，不失为一个先进的技术方案。①

9月，铁道部主持召开了论证会，咨询组的全体成员以及相关人员参加。这次会议共开了4天，双方在会上针锋相对，激烈辩论，依然没能达成一致意见。

1999年10月24—31日，沈志云再次带队去日本考察新干线及山梨磁浮试验线。此次考察是7月宋健率代表团访问日本考察高速铁路技术的后续工作，是为了更深入地比较轮轨与磁浮技术的优劣。代表团于10月25—28日参观了日本博多综合车辆所、川崎重工兵库工厂、米原大型风洞实验中心、JR东日本新干线

图9-4　沈志云（后排左四）在日本同日本学者座谈
（1999年10月摄于日本）

---

① 沈志云：高速磁浮列车应定位为铁路高速客运系统的一种补充——随宋健同志考察日本新干线有感。《学术动态报道》，1999年第3期，第8-9页。

图9-5 沈志云（右二）参观日本铁道研究院（1999年10月摄于日本）

综合指挥所、饭山隧道、铁道综合技术研究所，并与日本运输省、日中铁道友好推进协会、铁道综合技术所等技术官员就高速铁路的具体技术问题进行了三次研讨。10月28日，沈志云在研讨会上作了"中国铁路的现状及发展"的学术讲演。10月29日，代表团登上了山梨磁浮试验线。在日访问期间，代表团都乘坐新干线出行，此番又登上磁浮列车，对两者的舒适性、平稳性、噪音等有了更直观的对比。

这次考察的结论主要有四点：①4月提交的咨询报告《应尽快修建京沪轮轨型高速铁路，同时开展磁浮高速技术的研究》的观点是合理的。②磁浮高速列车只能是轮轨高速的一种补充。从日本山梨试验线的情况分析，至少在5年继续试验之后才能判断技术上是否成熟可以工程化，并根据日本的经济发展及交通需要的状况决定是否延伸建设。乘坐时，当速度超过350千米/时，振动和噪音已很严重，需要在技术上做很大改进。③300千米/时左右的轮轨高速铁路高新技术含量高、经济效益好，能大大促进沿线地区的经济发展，日本新干线是一个比较好的例证。④日本有意同中国合作。沈志云建议将该结论作为《磁浮高速列车和轮轨高速列车的比较和分析》咨询报告的补充送交国务院[①]。

磁浮与轮轨之争还在继续。2000年年初，科技部成立了磁浮预可行性研究小组并进展迅速，磁浮项目于当年年底获得立项。在专家组德国考察后，上海市内开始兴建30千米长的磁浮试验线。2002年的最后一天进行

---

① 赴日考察新干线。资料存于采集工程数据库。

试运营后，上海有了世界上第一条投入商业运行的磁浮铁路。

除了与磁浮派面对面的争论外，沈志云还发表《京沪高速铁路技术方案的探讨》《京沪高速铁路建设》《轮轨高速是最佳选择》等文章，向人们解释技术问题，宣传高速轮轨比磁浮更适合京沪线的观点，"磁浮高速列车应当研究，但不一定要以首先在京沪干线上实现为目标。"并呼吁停止争论，尽快建设京沪高铁："争论不休，难以决策，势必贻误战机，坐失中国发展高速铁路技术的大好机遇。"[1] 京沪高速铁路当前技术上最有可能的选择是轮轨高速列车[2]。

2004年3月，沈志云再度撰文厘清人们对磁浮列车认识的两个误区。

> 磁浮列车受到关注的主要原因是它的高速度，但是人们往往忽视了以下两点：高速度并非磁浮列车的特长；对地面交通而言，过高的速度并非有利。随着速度的提高，空气阻力在总阻力中所占比重迅速上升。根据日本新干线列车和德国TR06磁浮列车的实测及在实测基础上的推算，当速度为200千米/时、300千米/时、400千米/时、500千米/时，轮轨和磁浮列车空气阻力占比分别为67%、80%、87%、92%和53%、72%、83%、92%，所以在地表稠密大气层里以300千米/时以上速度运行的高速列车，不管是轮轨还是磁浮，90%以上的阻力均来自大气，需要的牵引功率更加突出，气动噪音更是如此。[3]

在呼吁发展高速铁路的同时，沈志云也积极从事高速铁路相关技术的研究。他主张"以降低轮轨动力作用作为发展机车车辆的技术路线。日本和发达国家都有许多成熟的经验，但并未明确提出以降低轮轨动力作用为

---

[1] 沈志云：京沪高速铁路技术方案的探讨。《交通运输工程学报》，2001年第1卷第2期，第10-13页。

[2] 沈志云，钱清泉：京沪高速铁路建设。《中国工程科学》，2000年第2卷第7期，第28-33页。

[3] 沈志云：对磁悬浮高速列车技术认识的两个错误观点。《交通运输工程学报》，2004年第4卷第1期，第1-2页。

核心。我们在吸收他们经验的同时，如果能够抓住低动力作用这个关键，就有可能形成我国高速机车车辆的技术特色。"[1] 1994—1998 年，他先后发表《高速客车转向架的动态环境和设计原理》《关于铰接式高速客车研制的建议》《论高速机车车辆系统动态仿真综合软件的研制开发》《关于高速铁路和高速列车的研究》等学术论文。2001 年，在《高速磁浮列车对轨道的动力作用及其与轮轨高速铁路的比较》一文中，从高速磁浮垂向动力学、纵向动力学、横向动力学等三个方面，从动力学的角度对磁浮与轮轨高速作了比较。

除了写文章外，沈志云还到各处作报告，宣传高速铁路。前前后后在工厂和高校一共作了 25 场报告，报告的中心内容依然是宣传高速铁路，宣传"京沪高速一定要上轮轨"，宣讲"轮轨与磁浮的比较，纠正了磁浮方面的一些认识误区。"他反复强调，"每小时 300 到 400 千米的速度空间只有轮轨是适合的，磁浮成本要高一倍，运量低一倍，将来票价要高一倍以上。"沈志云直言作报告的"目的就是鼓舞我们自己，自己不要松劲。咱们自己要有信心，先把我们自己内部的技术队伍团结好。"[2] 从这段讲述我们可以看到沈院士为高铁奔走呼吁的决心及其坚忍不拔的意志。当然，沈志云在全国各地的报告经媒体报道后，起了一定的作用。

大家的共同努力终于看到了希望。2006 年，旷日持久的轮轨与磁浮之争有了结果。2006 年 3 月，国务院常务会议讨论并原则通过了《京沪高速铁路项目建议书》，同时新建沪杭磁浮交通项目的建议书也获国务院批准，该项目将正式开展工程可行性研究工作。2006 年 4 月 3 日，铁道部宣布经国务院批准立项的京沪高速铁路于年内开工，预计 2010 年投入运营。

至此，轮轨与磁浮之争大致落下了帷幕，双方各有斩获。但就京沪线而言，轮轨最终取得了胜利。不过，这场旷日持久的争论中各方的甘苦，只有亲自参与其中者才能知晓。

---

[1] 沈志云：狠抓科学研究促进学科发展。未刊稿，资料存于采集工程数据库。
[2] 沈志云访谈，2013 年 11 月 10 日，峨眉山市。存地同上。

中国高铁技术创新辩论

经过长时间的争论，中国高速铁路终于迎来了大发展的时期。铁道部制定的《"十五"期间铁路提速规划》中提出，到"十五"末期，初步建成以北京、上海、广州为中心，连接全国主要城市的全国铁路快速客运网，总里程达 16000 千米；客运专线旅客列车最高时速达到 200 千米及以上，繁忙干线旅客列车最高时速普遍达到 160 千米，部分干线旅客列车最高时速达到 120 千米及以上；主要干线城市间旅客列车运程在 500 千米左右的实现"朝发夕归"，1200 千米左右的实现"夕发朝至"，2000 千米左右实现"一日到达"。

2002 年，中国第一条标准意义的高速铁路秦沈（秦皇岛至沈阳）客运专线正式建成通车。这条线其实就是为京沪高铁做准备的，其中有 60 千米比较直的线路是按 350 千米的标准进行设计的。由于当时轮轨与磁浮的技术之争正酣，因此以客运专线命名，而未提"高速"字样[①]。

2008 年年初，京沪高速铁路正式开工。对于京沪高铁修建过程中各种质疑的声音，沈志云经常进行回应。其中，回应最多的还是高铁技术问题。一直以来，关于中国是否有高铁自主知识产权的问题争论激烈。有人公开说中国高铁自主知识产权不到 20%，也有说我们距离自主研发的距离还很远，也有人认为中国完全拥

图 9-6　沈志云在第七届西部科技论坛上做报告（2011 年摄于四川成都）

---

① 沈志云访谈，2013 年 11 月 10 日，峨眉山市。资料存于采集工程数据库。

有100%的自主知识产权。2007年，沈志云在接受《科学时报》记者采访时表示，"应该说，时速200～250千米的列车已经达到85%的自主产权，300千米时速运营的技术方面达到80%都没有问题。"回应了国人对于京沪高铁的技术国产化的质疑。① 两年多后，在回顾中国高速列车的研制过程时，沈志云说："'和谐号'的动车组，我们用5年时间就研制出了第三代，这就是站在人家的肩膀上在进步。"中国花大力气研发的"中华之星"因为在试验的时候问题比较多而未被直接采用，但这种研究锻炼了队伍，也让大家认识到外国技术不能完全照搬到中国。

没有经过前期的200～250千米/时这一阶段的运行，外国客车很难适应中国的需要。外国公司不了解中国铁路的特点和要求，如高中速混运在国外很少见；又如轮轨型面和轮对内侧距离等技术标准，必须与我国铁路一致。京沪高速铁路2010年要投入运行，2008年京津线要试运行，没有经过前期磨合的外国公司，不太可能赶上进度。②

也有学者对"70%"的自主知识产权表示怀疑，但沈志云解释说，关键是核心技术达到了先进水平，百分比是其次的。

国产化率不是唯一指标，关键是技术指标要能达到国际先进水平，可以引领世界高速铁路技术的发展……我们的优势就在于轮轨、动车、基础建设各个方面都采用最新的技术，所以我们能够保证高速度的安全。国外的高铁在试验时也能跑出时速三四百千米的高速度，但是一方面他们的市场需求有限，跑得太快不一定划算；再者因为人家的技术是几十年间慢慢建立起来的，线路标准太低，发展潜力不大。比如日本从20世纪60年代开始建设的新干线路轨系统基本定型，

---

① 佚名：两院院士：京沪高速铁路国产化率不是唯一指标.《科学时报》，2007年11月1日。
② 佚名：院士反驳中国高铁一味提高速度技术不过关说法.《三联生活周刊》，2010年12月31日。

早期线路最小半径曲线是 2500 米，后来提高到 4000 米，这样就只能支撑时速不超过 300 千米的列车，这种列车通过建成的东海道新干线时仍然必须降速到 270 千米，不然的话，就会出现线路和车辆不匹配的问题。再好的车到了那样的轨道上就跑不了。我们新建高铁的最小曲线半径是 9000～10000 米，能支撑的速度也就较高。所以，我们这次是建立了高铁的国家创新体系，建立了统一的工程平台，从理论到技术非常配套。①

美国曾经也怀疑中国高铁的自主知识产权问题，曾派律师团进驻北京三个月逐项审查中国高铁的自主知识产权，最后得出中国高铁完全拥有自主知识产权、不存在任何有关产权方面的问题的结论。沈志云认为，这是对中国高铁创新的完全肯定。

沈志云认为，京沪高速铁路是我国中长期铁路网规划中投资规模最大、技术含量最高的一项工程。建成后，京沪高速不仅是世界上最长的高速铁路，也将是我国第一条具有世界先进水平的高速铁路。"京沪铁路建成的那一天，就是标志我国技术水平达到世界先进水平的那一天。"②

京沪高铁设计时速 350 千米。不过临近通车，铁道部却将速度降至 300 千米。不仅京沪高铁降至 300 千米，就是原本跑 350 千米的武广高铁也降为 300 千米。这一举动引起了很多人的猜测，国外媒体更是大肆渲染，说中国高铁很多技术都不过关。

2011 年 5 月 20 日，沈志云参加第七届西部科技论坛，在会上接受记者采访时分析了高铁降速的原因："一是 UIC（国际铁路联盟）没有时速 350 千米的技术标准；另外一方面，信息化程度不够，无法事先提供某趟高速列车关于安全的准确信息，乘客不知道安全到什么程度，心中无数。"沈志云认为，中国高铁当前面临的一大任务是完善第三代高铁技术，在充分科学论证的基础上制定高铁时速 350 千米的国际技术标准；采用现代信

---

① 佚名：院士反驳中国高铁一味提高速度技术不过关说法。《三联生活周刊》，2010 年 12 月 31 日。

② 佚名：两院院士：京沪高速铁路国产化率不是唯一指标。《科学时报》，2007 年 11 月 1 日。

息技术，实现高铁列车时速350千米运行安全的实时监控。

  通过实践，现在看来是很成功的，350千米是没有问题的，但这个只能说我们跑到了350千米，有关科学研究和论证还不够，将来能不能安全地继续跑下去？只有在进行严格的科学论证的基础上，建立国际标准并按照标准执行。否则既不能说服广大乘客，也不能说服有关部门。所以，按照国际惯例可以跑到时速350千米，但我们按照300千米跑是稳妥的，现在先按照时速300千米跑，但迟早是要回到350千米的。①

  沈志云一直认为，速度是高速列车各种技术发展的集中体现，所以高速度就代表着高水平。不过，沈志云并不是盲目地追求速度。早在1992年，沈志云谈到高速铁路的技术路线时，并未曾强调高速度。他当时的想法是中国高速铁路应当遵循"经济适用"的原则，其中一点就是"不太高的速度，如250千米/时左右。"② 当时的沈志云并未曾完全预料到中国高速铁路技术创新的速度和程度。到京沪高铁通车时，沈志云发现中国的高速铁路技术已经达到了世界一流水平。中国设计的高速动车在实验室完全可以跑到四五百千米，而在实际运行中也试验过400千米的速度。高速铁路从2008年起到2011年6月，以最高运营时速350千米运行总里程达到2.5亿千米，运送旅客4亿多人次，并未发生任何安全事故。国外没有运营时速达到350千米的高速列车，这三年的业绩就是中国高速铁路技术超过外国的铁证，而乘坐过这种列车的4亿多人就是这一领先世界业绩的见证人。所以，他说铁路迟早要跑回350千米，就是因为他觉得中国的高铁技术是成熟的，时速达350千米在技术上是完全没问题的。其二，他认为中国的高铁尤其是京沪高铁是按350千米设计的，只有跑350千米才最舒适、最经济、最安全。如果在350千米的设计线路上跑300千米是巨

---

  ① 佚名：中科院院士谈高铁降速：迟早要跑回350公里.《成都商报》，2011年5月21日。
  ② 沈志云：引进消化，总结提高，形成特色，实现高水平国产化——试论我国发展高速铁路的技术政策. 未刊稿. 资料存于采集工程数据库。

大浪费。这一点，即便在"7·23"甬温动车事故以后，沈志云依然坚持。他说，"我相信安全第一，而安全不能只靠降低速度来保证。"①沈志云强调，担心速度越快越不安全是不必要的。因为速度是高速铁路大系统的自变量，如果线路确定的运行时速是350千米，那么

图9-7　沈志云参加京沪高铁验收（2011年摄于京沪线）

就会围绕确保350千米时速列车的安全运行来制定标准体系。"只要把安全技术体系及监控机制全面落实，就能保证安全运行。"高速铁路安全是靠技术来保障的，并不是速度越低越安全②。不过沈志云有一点也许忽略了，在中国的生产实际中，技术水平会受其他因素的干扰，比如管理水平。如果管理水平上不去，相关人员责任意识不强，再好的技术保障也会出现差错。后来在低速水平上发生的"7·23"动车事故恰好说明了这一点。

2011年5月25日，沈志云参加了京沪高铁的技术验收。专家们从北京出发的时候时速300千米，沿途停靠站点，遇到隧道和大桥时都停下来仔细查看。从上海回北京时速350千米，当然有个别路段当时还未完全竣工，所以经过这些路段列车会降速。总的说来，专家们认为350千米的速度跑下来是最舒适的。这次验收也邀请了一些高铁的反对派参加。在最后验收总结大会上，讨论也很热烈。但一致认为京沪高速铁路技术已经达到了世界先进水平③。

可以说，参加京沪高铁验收归来的沈志云是非常兴奋的。奔走十余年

---

① 王垚：中国科学院院士沈志云：高铁降速 退一步是为进两步．四川在线，2011-10-30．
② 陆琦：沈志云院士：高铁发展离不开基础研究．《中国科学报》，2012年5月3日．
③ 沈志云访谈，2013年11月10日，峨眉山市．资料存于采集工程数据库．

的京沪高铁终于就要开通了,就如同看着自己的孩子出生一样。他深信,高铁将带来中国铁路发展的春天。

退一步,进两步

没想到,2011年7月23日的一场事故,让高铁又处在了风口浪尖,饱受诟病。7月23日晚8点30左右,在甬温线永嘉站至温州南站间的双屿路段发生动车追尾事故,后车四节车厢从高架桥上坠下。这次事故造成40人(包括3名外籍人士)死亡,约200人受伤。

8月10日,国务院召开常务会议,决定开展高速铁路及其在建项目安全大检查,适当降低新建高速铁路运营初期的速度,对拟建铁路项目重新组织安全评估。随即,铁路全面降速,设计最高时速350千米的高铁按时速300千米开行;设计最高时速250千米的高铁按时速200千米开行;既有线提速到时速200千米的线路按时速160千米开行。全国成立了12个检查组,有一个组专门检查新建线路,有一个组专门检查动车组,另10个组到有高铁的铁路局检查所有高速铁路。

铁路出了这么大的事故,沈志云自然十分关注。他每天关注新闻,通过各种渠道了解情况,连网上的贴吧都一一点开观看。随着工期的停顿以及国人的讨伐,很多铁路人心灰意冷。就在政府大力整顿和降低高速运营速度、全国舆论几乎一边倒"讨伐"高铁、大部分铁路技术研究者都噤若寒蝉的时候,沈志云勇敢地站在了风口浪尖,为高铁发展高声疾呼。2011年9月,在华东交通大学召开的第九届交通运输

图9-8 沈志云在第九届全国交通运输领域青年学术会议上做报告(2011年9月摄于江西南昌)

领域青年学术会议上,沈志云主动联系会议主办方要在会上做报告。

> 现在这个情况,我说什么,都要挨骂。所以,我只好把列宁搬出来,列宁讲的退一步进两步。降速嘛是退一步,进两步我们要跑回到350、380的速度。①

9月27日,在第九届全国交通运输领域青年学术会议开幕式后,沈志云作了题为"退一步进两步——论中国高铁的后发趋势"的学术报告。在谈及中国高铁因"7·23"事故面临的困境时,他认为,中国高铁经过大检查、大整顿、大改进之后也会"从低谷走向顶峰",现在的降速目的是检查整改问题,是必要的举措。因为在高铁快速发展过程中,确实存在一些问题。但中国高铁的核心技术是没有问题的。因此,我们今天的降速是为了更安全的提速。"我们需要高铁,世界需要中国的高铁!"当天的会议有很多媒体记者参加,这也是沈志云所希望的。他希望能够借助媒体发出高铁的声音、坚定铁路人的意志,让他们明白目前的困难是暂时的。

其实,在作报告之前,关心沈志云的人都为他捏把汗。之前就曾有报道含沙射影地批评他。而沈志云在"7·23"事故前一个多月,还在那篇被媒体标为《中科院院士谈高铁降速:迟早要跑回350千米》的采访里说过:"中国最高时速350千米的高铁已经跑了2亿多千米,已经运送了4亿人,三年没有出任何安全事故。"② 言犹在耳,却发生了动车事故。虽说该事故不是时速350千米发生的,但毕竟影响恶劣,所以大家怕这个报告的内容见诸报端后被"拍砖"。沈志云安慰他们说:"不怕,我说的是事实,大家会明白过来。"话虽然这样说,但沈志云还是十分关注社会的反响。"讲了以后,我看媒体,有一篇有五百多条反应,基本上还都是肯定的。只有一条说:'沈院士的脸皮真厚,都什么时候了,还在那里说高铁好。'就这么一条,也算是骂人吧,总的还算好。"③ 这让沈志云颇觉安慰。

---

① 沈志云访谈,2013年11月10日,峨眉山市。资料存于采集工程数据库。
② 佚名:中科院院士谈高铁降速:迟早要跑回350千米。《成都商报》,2011年5月21日。
③ 沈志云访谈,2013年11月10日,峨眉山市。资料存于采集工程数据库。

一个月后,在西南交通大学115周年校庆典礼上,沈志云作了"相期同造最高峰——谈中国高铁的发展"报告。在报告的开场,他响亮地喊出"中国高铁要引领世界,中国高铁的名片不能丢。"报告中,他回顾了2004—2010年中国高速铁路的发展历程,用"难得的国家投资机遇、难得的商机、难得的国家技术创新体系"三个"难得"来分析中国高铁今天的业绩[①]。西南交通大学是铁路行业特色十分鲜明的高校,在中国铁路发展过程中也做出了很突出的贡献。而"7·23"事故发生后,学校的师生们也颇觉有些灰头土脸。沈志云鼓励大家:"'7·23'动车事故主要是责任事故,中国一定能在更短时间内恢复良好的发展势头。"他让师生们理解国家做出的全面降速决定,他说该决定是"退一步""退下来彻底整顿一下,以利再战是非常必要的。"但是大家要相信,一定能进两步:研发350千米及以上的高速铁路是21世纪世界共同的趋势。并鼓励交通大学师生继续为高铁的发展奉献力量。

在中国高速铁路最艰难的时刻,沈志云就是一个不惧风霜刀剑的战士,他勇敢地站在风口浪尖,声嘶力竭地呼喊着"退一步,进两步",描绘着中国高铁的美好前景,鼓励着大家共同前进的信心。他,就是高铁最坚定的守护者!

正如沈志云所预料的那样,2012年高速铁路情况已经发生明显好转。2012年4月1日,为进一步贯彻落实《国家中长期科学和技术发展规划纲要(2006—2020年)》和《国家"十二五"科学和技术发展规划》、加快推动高速列车科技发展,科技部组织编制了《高速列车科技发展"十二五"专项规划》,提出"继续提高列车速度"和"实现高速列车谱系化、智能化"的目标。这表明,国家再度肯定了高速铁路技术并将其作为"十二五"计划中重点发展的高端技术设备之一。沈志云自然非常高兴,"这个规划终于抓到要害了。"随即银行恢复提供贷款,各项在建工程陆续开工,出行乘坐高速列车的人越来越多。中国高铁真如沈志云所预见的那样,短时间内就恢复了元气。

---

① 陈玉春:两院院士沈志云呼吁:中国高铁的名片不能丢.《光明日报》,2011年11月3日。

高铁春风暖丹心

中国高铁改变了世界，改变了人们的生活。正如美国《新闻周刊》所说，高铁改变了"人们对其居住的大陆的看法"。2011年，就有报道称："受中国高铁不断取得成功的带动，目前在全球都涌动着一股高铁热，全世界正在进入'高铁时代'。"

图9-9　沈志云在CRH380驾驶室（2011年摄于京沪高铁驾驶室）

2012年11月8日，中国共产党第十八次代表大会在北京召开。胡锦涛总书记在大会报告中说："创新型国家建设成效显著，载人航天、探月工程、载人深潜、超级计算机、高速铁路等实现重大突破。"

看到这一句话，沈志云欣喜不已。这是中国时任最高领导人在党的最高会议上正式肯定高速铁路，而且将高速铁路与载人航天、探月工程、载人深潜、超级计算机等并列为中国的重大技术突破，进入国家战略性突破的行列。沈志云觉得，自2011年高速铁路降速以来笼罩在高速铁路上空的阴霾一扫而空。

2012年11月下旬，沈志云参加了北京至武汉高速铁路运营前的考察。考察结束后，他满怀喜悦地提出三大建议：

一、建议继续加大对建设高速铁路的投入……（鉴于高速铁路）是公益性很强的基础设施，投资周期都很长，应当以国家投资为主，特建议今后继续加大投入，使中国高铁继续健康发展，不致半途而废。

二、建议将高铁营运速度的上限恢复到每小时350千米……现在武广已商业运营3年，京沪已达一年半，CRH380已安全运行120万千米，没有发生重大安全事故，该车设计速度为400千米/时，线路的设计速度为350千米/时，安全技术保障体系的目标速度也是350千米。

三、建议继续支持和进一步发展高速铁路国家技术创新体系。[①]

字里行间，充满了沈志云对高速铁路的关爱与喜悦之情。

2013年3月5—9日，第十二届全国人大通过的政府工作报告同样指出："创新型国家取得新成就，载人航天、探月工程、载人深潜、北斗卫星、超级计算机、高速铁路等实现重大突破，第一艘航母入列。"作为国家战略突破的6大重大突破增加了北斗卫星，但仍然有高速铁路。究竟高速铁路取得哪些重大突破？社会上没有定论，沈志云觉得应当出来说清楚。正好2013年5月25日，沈志云受邀参加第十五届中国科协年会，会上他上他作了"中国高速铁路技术发展"的报告，重点阐述他对高速铁路"重大突破"的理解。

> 突破这个词是很有讲究的，它不仅是国内突破，也是世界性的突破……这个突破是什么？建设规模吗？高速公路已有10万里，高铁还不到它的1/10。我的专业是机车车辆，我认为在高速列车技术上有三大突破：理论、技术和管理。

在理论上，半个世纪以来，整个世界的高速铁路都没有独立的理论，"我们在实践中形成高速列车耦合大系统动力学理论，着重全系统的耦合关系，讲究全局仿真、全局优化、全局控制，高铁终于有了自己的理论。"用系统动力学的理论来分析铁路各个子系统是沈志云不断强调的思想。铁路是一个庞大而复杂的系统，传统意义上铁路子系统动力学主要包括接触网动力学、受电弓动力学、机车动力学、车辆动力学、轨道动力学及桥梁结构动力学六个方面，而铁路大系统动力学就是要将这些分割的子系统动

[①] 沈志云：院士、专家观摩考察京广高速铁路北京至武汉段活动指导意见。未刊稿。资料存于采集工程数据库。

力学分析有机地统一起来，特别是要确立各组成子系统相互间的动态耦合关系，明确哪些系统之间属强相互作用、哪些子系统之间属弱相互作用，从而界定各子系统动力学研究所不可忽视的相关系统影响因素。因此，铁路大系统动力学研究的基本内容首先在于进行各相关子系统之间的耦合动力学研究[①]。高速列车系统动力学研究一方面要贯穿高速列车的设计、分析、制造、运行和维修，以提高高速列车的动力学性能、实现高速列车与耦合系统的友好匹配；同时通过相应的试验和运用过程，对高速列车系统动力学的模型和仿真方法进行试验验证，完善其动力学理论体系。

在技术上，我国高速列车实现了最高运营速度 350 千米/小时，而且有三年商业运营的业绩，这是国际领先的技术突破；还有高速列车心脏——电力牵引及控制的突破，高速列车先进制造、维修等技术都反映在最高运营速度上面。

在管理上，率先建立起高速列车国家技术创新体系，实行政府统筹下产学研相结合的中国模式。在这个体系下，围绕高速铁路建设与研发，凝聚了全国科技力量，团结全国 68 位院士、500 多位教授、数万名科技人员组成国家队，加强基础性研究，形成强大的先进制造能力，把高速列车及其有关系统纳入这个国家创新体系，实现了最强的开发能力，保证了高速铁路的快速发展[②]，实现了以运用为核心的全过程工程管理[③]。

2013 年春节，沈志云兴奋地写下："三蛇共舞迎琼海，高铁春风暖丹心。"沈志云和他的儿子、孙子都属蛇，所以是三蛇。高铁终于被正式正名，沈志云觉得兴奋异常，所以是三蛇共

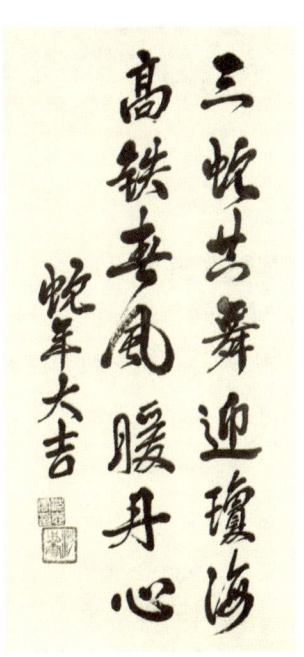

图 9-10　沈志云墨宝
（2013 年）

---

① 翟婉明：铁路大系统动力学理论的研究。《学术动态》，1998 年第 1 期，第 14-15 页。
② 张路延："中国高速轮轨之父"——沈志云。《华西都市报》，2013 年 6 月 9 日。
③ 龙九尊：沈志云：中国 2020 年建成 1.8 万千米高铁网。《中国科学报》，2013 年 8 月 20 日。

舞。高铁被沈志云誉为自己的第二恋人，高铁终于迎来了春天，自己十余年一颗为高速铁路奔走呼号的心终于感觉到了暖意。

> 总算是过来了，而且是很快就过来了（指高铁恢复元气）……不然的话，还要死死接着去喊："退一步，进两步。"……现在我也可以安心了，安心养老了。①

图9-11 沈志云在打太极拳（2014年摄于四川峨眉）

70岁以后，沈志云从科研第一线退了下来，安心在国内颐养天年。他很喜欢峨眉的家，大部分时间都居住在峨眉。他说峨眉校区那么多学生都是他的孩子。当初学校给他们修建住房时，就希望沈志云每年开学时能与新生见见面，所以无论在哪里，开学典礼的那天，沈志云都必须赶回峨眉同新生见面。平时，沈志云在家里看看书、打打太极拳，很多时候陪夫人姜兵在学校里转转。毕竟在峨眉工作、居住了几十年，一草一木都有感情。路上遇到同学，同学们也很乐意和他们亲近，说说学习、谈谈人生，其乐融融。

姜兵一辈子都在背后默默支持着沈志云。沈志云留学苏联时，姜兵在国内产女，独自抚养女儿；"文化大革命"中沈志云挨批，姜兵只要有时间，都会去接归来的丈夫；沈志云忙着做实验，通宵不归，她就一大早提着饭盒给丈夫和学生送早餐；平时丈夫出行，只要不太远，她就骑着三轮车送他去。即便后来沈志云成为两院院士，依然如此。丈夫忙于工作，家里的大小事情都是姜兵负责。每年新生报到时，姜兵总是骑着她的三轮

---

① 沈志云访谈，2013年11月10日，峨眉山市。资料存于采集工程数据库。

到校门口帮新生搬行李。新生们最开始都以为这是一个挣钱的老太太，总是警惕万分地拒绝她帮忙。有学生实在扛不动时，让她帮忙拖行李，也是一路紧紧跟随，生怕一不小心行李被偷走。到地点后，面对着拒收搬运费、骑车远去的老

图 9-12　沈志云夫妇重回当初谈恋爱经常光顾的公园（2014 年 4 月摄于湖南天心公园）

太太，很多学生都一时反应不过来。当在学校再次看到这位老太太拉着沈院士出入学校时，大家才明白这位老太太是何许人也。口口相传，西南交通大学的很多学生都很喜欢这位善良的老太太。后来姜兵记忆力退化，有时外出找不到回家的路时，峨眉校区的师生发现后都会主动地将她送回家。

80 岁以后，姜兵记忆力减退，很多事情都忘记了，很多人都不认识了，可唯有一事记得非常清楚，尤其是大家聚会时，她总是非常郑重其事地宣布："沈志云最聪明了。当初有很多人追求我，很多都比沈志云帅，但我就是喜欢沈志云，因为他聪明。"每每这时，沈志云总有些不好意思地打断她。望着这一幕，你就会知道什么叫爱情、什么叫永恒！

沈志云很用心地照顾着自己的老伴。因为姜兵，沈志云一般不太外出，他如同对待孩子一样，细心呵护着她。

中国人的高铁梦

2013 年 5 月—11 月，沈志云多次在西南交通大学、中铁二局等单位作报告，报告的题目都是"中国人的高铁梦"。在报告中，他仔细描绘了

中国人的高铁梦：

2020年，1.8万千米高速铁路成网，覆盖90%的人口，连接所有人口在50万人以上的城市，最高运营速度达到350千米/时……公交化运行，旅客随到随走……列车安全正点，很少受天气影

图9-13 沈志云在西南交通大学给学生做"中国人的高铁梦"学术报告（2014年摄于四川成都）

响……车上平稳舒适。①

正如沈志云所言，中国人的高铁梦正在展现绚丽的前景。按照铁路中长期计划，到2020年中国的四纵四横客运专线网络全长将达到18000千米。截止到2013年，随着宁杭、杭甬、盘营高铁以及向莆铁路的相继开通，高铁新增运营里程1107千米、中国高铁总里程达到10463千米。沈志云对高铁前景充满了期待：

从国际发展看，高铁仍在蓬勃发展时期。21世纪的目标是使商业运营时速达到350千米以上，形成畅通的高铁网。另外，地铁、有轨电车、磁浮铁路等都在发展，高铁用于货运及军运问题也都在研究。轨道交通发展的黄金期远未过去。②

虽然沈志云数度强调要安心养老，大部分时间都在峨眉和三亚陪伴夫人姜兵，但依然忍不住关心中国铁路的发展。现在，让85岁高龄的沈志云无论如何都放不下还有三件事。第一件是中国高铁恢复时速350千米。第二件是中国高铁350千米技术标准的制定。技术标准是国际技术地位的根

---

① 沈志云：《中国人的高铁梦，载100个人的中国梦》。长沙：湖南教育出版社，2014年。
② 沈志云：我对人才强校主战略的几点思考。西南交通大学网站，2014-02-24。

本体现。谁制定了标准，就意味着谁掌控着该技术的控制权、谁就在国际上具有无可争议的技术地位。中国只有制定出国际公认的高铁技术标准，高铁技术在国际上才具有不可撼动的地位。最后一件是牵引动力国家实验室的发展。当前，牵引动力实验室的发展受到了一些干扰，而实验室马上要进行新的评估，他非常担心。铁路，是沈志云毕生的事业和热爱，在其有生之年，始终是他放不下的牵绊。

结 语

从 20 世纪八九十年代到本世纪初，在四川成都西南交通大学的校园里，不时能看到这一道风景：一辆三轮车上坐着两位老人，两位老人头发花白，面容祥和。穿着非常简朴，夏天通常是塑料凉鞋加 T 恤短裤。多数时候，是老太太拉着老爷子从路边停满汽车的马路上驶过。若不知道这两人身份而仅从着装上判断的话，也许会认为这是学校的工人。其实，这就是西南交通大学唯一的双院士——沈志云夫妇。学校给院士配有汽车，只要院士有需求，汽车随时可以接送。可是，沈志云夫妇还是一如既往地把三轮车作为出行工具。夫妻俩对生活的要求标准向来很低。

沈志云是中国科学院、工程院院士，机车车辆专家，中国高速铁路发展的战略家。纵观沈志云成长历程，他是一个比较典型的"大器晚成"型的科学家。他真正开始出科研成果的时候已经年近 50 岁。从苏联副博士毕业后回国到"文化大革命"结束的十多年，本是从事科学研究的黄金时期，可受政治运动的影响不仅不能从事科学研究，很多时候还朝不保夕，惶恐度日。不过，略去这一段历史，表面上看来，沈志云又是"幸运"的，他正式发表的第一篇国际学术论文就产生了非常良好的影响，发表的第二篇国际学术论文就奠定了一生的成就，恐怕如今有的学者动辄发表上百篇的 SCI、EI 检索论文，其影响也未必能与他的两篇文章相比。沈志云在总结自己成长经验时，也谦虚地用"幸运"二字来形容。

确实，沈志云是"幸运"的。他的幸运在于他赶上了铁路大发展的时代，沈志云的时代是中国铁路大发展时代。沈志云人生中的黄金十年虽然被"文化大革命"所耽误，但他也遇到了改革开放的春风。"文化大革命"结束后，中国的科技、教育政策等发生了翻天覆地的变化，身处高等学校的沈志云重新有了用武之地。再加上改革开放后，国民经济的快速发展促进了中国铁路的大发展。20 世纪 80 年代，中国铁路客货运输的日趋紧张。中国政府不仅大力修建新线，也加大了对旧有线路的改造，同时政府加强了铁路技术研发。在这样的背景下，沈志云的铁路技术研究正好适应了国家生产的需求。机会只会给有准备的人。沈志云历来非常注重科技与国民生产建设的结合，因此，铁路大发展就给沈志云提供了一个广阔的舞台，沈志云用毕生的精力和心血在这个舞台上上演了一幕幕华丽的篇章。

当然，沈志云的成功用"幸运"两个字根本不足以概括，他的成功是多种因素综合作用的结果。

从个人特质上看，沈志云非常聪明，学习能力比较强。沈志云说自己的后脑勺比较突出，这是民间认为聪明人的象征之一。沈志云夫人姜兵也反复强调，当初选择沈志云，就是因为沈志云聪明。沈志云的聪明反映在沈志云的记忆力超群、理解领悟能力很强。沈志云的学习成绩一直都很优异，初高中六年，年年成绩在国立师范学院附属中学排名第一，尤其是平面几何基本上大小考试都是满分。沈志云的大学同班同学、后来又一起留学苏联的同事严隽耄认为沈志云的学习能力非常强，尤其在学习俄语中表现得特别突出，总能找到办法记住大量的俄语单词。

这种领悟能力还体现在他能从别人的只言片语中发现问题，激荡出思想的火花。1980 年年底，美国董平副教授到西南交通大学讲学，对沈志云的影响其实非常深远。沈志云从董平讲学中萌发了要寻找一个简便算法和建立一个实验台的想法，这些思想的火花不断地坚持放大，前者成了沈氏理论，后者就是牵引动力国家实验室。

同时，沈志云非常刻苦、勤奋。沈志云曾笑谈："除了幸运，我还有个优点，肯下笨功夫。"① "文化大革命"结束后，他发现自己的知识结构已经完全落伍了，于是拼命地更新知识。他把每天的时间分成4单元，每天晚上学习到深夜2点多，天天如此。去美国进修时，他已经53岁了，但是干劲儿丝毫不比年轻人差。后来，为了研究轮轨蠕滑力的计算方法，曾经连续一周没出机房。为了研究迫导向转向架，年近六十的他与学生一起熬夜加班、一起去现场做试验。

再者，沈志云目光长远且非常执着。他强调站在科学研究的前沿，要求科学研究必须有创新性成果。与沈志云院士共事多年的翟婉明院士说"沈志云院士是一个很智慧的学者，他看待一些问题，特别是对研究发展方向的把握非常准确。""他是很有远见的一个前辈。"② 在很多中国人主张改造旧有铁路提高速度以解决运能与需求矛盾时，他提出了发展高速铁路的观点。在中国尚未开始讨论高速铁路时，他就提出了要建立一个国际一流的高速机车车辆滚动振动试验台。这些无不显示其突出的前瞻性。

沈志云也非常执着。他的几个标志性成果，如沈－赫－叶氏理论、机车车辆振动滚动试验台都不是一时起意，最早可以追溯到1980年，是多年不断思考和不懈追求的结果。沈志云曾对学生说："人是要有一点精神的。我是湖南长沙人，湖南人有一个'毛病'，认定的事一定要干到底。"③ 在科学研究方面，沈志云也总是如此地认"死理"，认定的事情一定要干到底。他的每一项标志性成果都是持之以恒的结果。提倡发展高速铁路则更为执着。从在国内开始考虑高速铁路开始，他就通过各种途径呼吁修建高速铁路，从参与"缓建""急建"之争，到参与轮轨与磁浮的大争论，再到后来的"7·23"动车事故后在低谷中的坚守，二十余年如一日奔走呼吁，终于等到高速铁路的春天。

---

① 张延路："中国高速轮轨之父"——沈志云。《华西都市报》，2013年6月9日。
② 翟婉明访谈，2013年11月13日，成都。资料存于采集工程数据库。
③ 沈志云：德育报告。未刊稿。存地同上。

沈志云一直以一种"破釜沉舟"的心态从事科学研究。科学研究没有平坦大道，需要不断承受失败的勇气。很多时候，沈志云"豁出去"了，全副精力投入科研事业。在牵引动力国家重点实验室建设过程中，"提着脑袋进行实验室"建设，全然没有太多顾及建设失败对自己的影响。在"7·23"动车事故后，面对很多人对高铁的谩骂，他不断解释事故与速度无关，与技术无太大关系，将自己呈于风口浪尖；当国家对高速铁路进行全面检查并全面降速时，他在不同场合宣讲"迟早要跑回350千米"，并安慰大家"退一步进两步"。2014年8月，沈志云在送给笔者的书的扉页上，还用毛笔写着几个大大的字："为跑回350而呼喊"。也许跑回350已经成了沈院士的"执念"。速度不单纯是速度问题，而是一个系统技术问题，如果新线设计速度降下来，必然让修建中的技术要求也随之下降。比如线路曲线半径，时速200多千米和300多千米是不一样的，如果设计时速200多千米的铁路线是无法提速到300以上的。速度下来了，技术也许跟着就退步了，久而久之铁路技术工作者的锐意创新的意识也就淡薄了。这才是沈志云最担心的，也是他声嘶力竭呼喊跑回350的根本原因。所以，沈志云始终不放弃对速度的追求。对于认定的事情，沈志云从来都是全部投入，不给自己留退路的"倔强"者。这份"倔"，是坚持，是坚守。

现在，人们出行时总希望能有高铁。即便有动车的地方，也有点不满足。两三年前，人们可能还觉得火车慢一点更有安全感，但是，现在的人们却对慢腾腾的火车不能忍受。时代发展很快，人们对科技的期望发展得更快。时速350千米，已经不再是沈志云一个人的"执念"了。

从家庭环境方面看，沈家家风醇厚，最关键的是沈志云有一位人生的领路人。沈志云曾与沈家后人聚集在一起，总结沈家的三大家风：勤劳善良，勤奋努力，艰苦奋斗，这三大家风对沈志云的成长影响至为深远。更为重要的是，沈志云成长过程中始终有一位领路人，在影响、指导着他的成长。这位领路人就是沈志云的兄长沈立芸。沈志云和姐姐沈健纯在一篇回忆哥哥的文章中写到："我们姐弟两人一生最崇拜的人是谁？不是杰出政治家、科学家，不是著名文学家、艺术家。"虽然他俩对这些人也充满尊敬，但"我们这一生最崇拜的人只有一个，就是我们的哥哥沈立芸。"①长兄如父，沈立芸从小就教育沈志云要用功读书。在人生的关键时刻，哥哥总是替弟弟把握好了人生的方向。无论是选择考大学，还是选择铁路领域，兄长沈立芸都有关键性的影响。人的一生总是需要良师益友的指导，尤其是青少年时期，有一个站得更远、看得更清楚的领路人，对青少年的成长尤为关键。

从所受学校教育上看，沈志云基础扎实，经受了严格的科研训练。沈志云自中学起成绩优异，虽然中学时代恰逢外敌入侵、求学之路颠沛流离，但是国立师范附中的教学却保持在一个比较高的水平。其数学、物理、英语等都在中学打下了非常良好的基础。沈志云就读的唐山工学院，严格是其传统，虽然大学只读了三年，但并不妨碍沈志云学习的广度和深度。在苏联的学习更让沈志云第一次接受了非常系统的科研训练，从选择研究问题的切入点到分析解决问题的方法，沈志云都受益终身。

同时，沈志云也在工作中打下了扎实的理论基础。他两度从事理论力学的教学，让他的理论力学功底深厚，从事车辆动力学研究时事半功倍。沈志云认为，"基础理论之重要是普遍的原则"②。

从沈志云的学术交往看，国际化在其科研成长中发挥了很重要的作用。沈志云通过 IAVSD 的国际平台，成功地站在了国际学术的前沿；频繁而广泛的国际学术活动，使沈志云保持着与国际同行的密切关系。合作研究、联名发表论文、访学、讲学、联合培养博士研究生等一系列的活动，使他一直活跃在本学科的国际学术舞台上，具有越来越大的知名度。同时，为中国本学科保持国际先进水平、为青年人能到国际学术讲台上展现身手提供了十分有利的条件。

当然，在沈志云的成长过程中，铁道部、西南交通大学等单位也发挥

---

① 沈健纯，沈志云：我们的哥哥。见：沈立芸先生一百周年诞辰纪念册，未刊稿。资料存于采集工程数据库。

② 西南交通大学校史编辑室：《崇实扬华　桃李春风》。成都：西南交通大学出版社，1996年，第675页。

了非常重要的作用。铁路是基础设施之一，按照中国模式，是政府重点投资的行业，因此，政府在该行业的作用非常关键。沈志云一生都坚信，产学研的结合既是科学技术快速转化为生产力、也是科学技术服务社会生产的最好模式，更是促进科学技术快速发展的方式。没有铁道部、科技部以及西南交通大学的支持，沈志云关于货车迫导向转向架的研究、国家重点实验室的建设以及发展高速铁路的梦想很难快速实现。正如他在西南交通大学 2008 年的开学典礼中所讲的那样：

> 我们创建了中国特色的"高速模式"，那就是"以我为主，世界点菜"。即在国家高度集中的统一领导下，引进世界所有最先进的高速铁路技术，自行设计制造，打造中国品牌，官产学研相结合，构建国家铁路创新体系……有了这个模式，又有充实的国力，一个前所未有的又好又快发展铁路的高潮，正在全国兴起。①

在此过程中，沈志云表现出了突出的沟通能力。这种沟通能力使他不仅能争取到更多的可用资源促进科学技术的发展及尽快转化为生产力，也能团结更多的科技力量为国家的建设服务。虽然其中不乏曲折，但是毋庸讳言，对于铁路技术及铁路建设而言，政府统筹下的产学研结合无疑是最优模式。

对于沈志云而言，他的一生是专一的一生，对爱情如此，对事业更是如此。他一生都奉献给了中国的铁路技术。轮轨关系、高速铁路，是他终身情之所系；让火车平稳地、舒适地"飞"起来，是他的夙愿。这位湘籍院士从 1949 年进入唐山工学院读大学，大学毕业后留校任教，跟随唐山工学院（唐山铁道学院）迁移到峨眉，再到成都，工作单位始终只有一个。用他自己的话来说，他的工作经历简单得不能再简单，一行字就可以写完。其实，自沈志云踏入唐山工学院起，他一生就奋战在铁路领域。他见证了中国铁路技术的大发展，对中国铁路技术的发展付出了毕生心血。

---

① 沈志云：峨眉 2008 开学典礼上的发言。未刊稿。资料存于采集工程数据库。

晚年更是不遗余力呼吁发展高速铁路，是高速铁路的"战士"和守护者，在诽谤、流言面前毫不退缩。如今，高速铁路已经改变了人类的生产和生活方式，对中国乃至世界的经济、社会、国防的作用越来越明显；中国高铁技术也得到了越来越多的国家的肯定，成为中国响当当的名片之一，引领世界进入"中国时代"。而沈志云，无疑是跑在世界前列的"引领者"之一。

对中国铁路，沈志云可谓"披布丹心，输写肝脑，竭股肱之力！"

附录一　沈志云年表

1929 年
5 月 28 日，出生于湖南省长沙县黄花市杨家山，原名沈志芸，大学二年级改名沈志云。

1935 年
入杨家山柳家公屋复合班小学。

1937 年
年底，沈家在距离杨家山 20 千米外的打卦岭枞树山购买了 6 亩旱地、半亩山林、5 间土砖茅屋，全家搬迁至此。同时，转入清凉寺小学继续上初小。

1938 年
6 月，初小毕业。
9 月，在新冲子小学念高小。

1941 年
10 月，兄长沈立芸从长沙市租了一条小船，全家逆涟水逃难到安化县杨家滩（今涟源市杨市镇）。

下半年，在杨家滩附近的中心小学读完高小。

1942 年

7月，高小毕业。投考国立师范学院附属中学失败，休学一年。

秋冬，在家复习功课。

1943 年

上半年，在兄长任教的娄底春元中学随兄长补习功课，备考国立师范学院附属中学。

8月，参加国立师范学院附属中学入学考试，被录取。

9月，进入国立师范学院附属中学读初一，学校在湖南安化蓝田六亩塘。

1944 年

6月，长沙沦陷。随即，国立师范学院附属中学迁往湖南叙浦。基本断绝与家庭联系，半工半读，读完初二初三。

1946 年

8月，国立师范学院附属中学迁往湖南衡山县南岳大庙。入国立师范学院附属中学读高中，1949年4月高中毕业。

与姜耋荣谈恋爱。

1947 年

在国立师范附属中学读高二。

参加高年级同学组织的励志社，励志社后改名格致社。

1949 年

和格致社的同学一起参加游行活动。

春，被兄长沈立芸强行叫回家，复习备战大学入学考试。

8月9日，到武昌实验中学准备参加大学入学考试。

8月10日，参加唐山工学院的入学考试。

8月中旬，住在武汉大学学生宿舍，参加武汉大学、清华大学的入学考试。

9月初，得知被三所大学录取。在兄长的建议下，选择攻读唐山工学院。

9月底，辗转到河北唐山，就读唐山工学院机械系一班。

1950年

1月下旬，寒假回家。

1月15日，春节前一天离家返校。

3月25日，加入中国新民主主义青年团。

10月，报名参加抗美援朝运动，被编入唐山市抗美援朝志愿军大队。

该学年中由助教沈亭寿带领到皇姑屯工厂翻砂车间进行生产实习。

1951年

到佳木斯机车厂实习。

1952年

5月4日，唐山工学院更名为唐山铁道学院，属铁道部直接领导。

8月，在唐山铁道学院理论力学教研组任助教兼教研组秘书，从事教学辅助工作，继续学习俄语。

1954年

2月25日，支部大会讨论通过入党申请，成为候补党员，次年转为正式党员。

9月，唐山铁道学院杜庆萱教授翻译苏联《电力机车》教材，参与翻译机械部分。

1955 年

2月，因苏联专家来校，调回机械系车辆教研室担任助教兼车辆教研室副主任，辅导"车辆修理工艺与车辆修理工厂"课程。

1956 年

春，获苏联留学机会，随即赴天津体检。

7月27日，到北京第二外国语学院参加留苏考试。

8月1日，与爱人姜矗荣在北京铁道学院（今北京交通大学）结婚。

8月上旬，用翻译教材所得稿费到杭州、上海旅行结婚。

9月初，到留苏预备部学习俄语，准备留学苏联。

1957 年

11月7日，动身去苏联，坐了7昼夜的火车到达莫斯科，住在莫斯科的电信工程学院宿舍，等候去列宁格勒。

11月17日下午，作为留苏学生一员，在莫斯科大学受到访苏的毛泽东等国家领导人接见。

11月20日前后，到达列宁格勒铁道学院机械系攻读研究生，导师为契尔诺可夫（И. И. Челноков）教授，具体指导教师为康斯坦丁·伊万诺维奇·尼可拉耶夫（К. И. Николаев）副教授，专业方向是车辆修理。

1958 年

2月，长女沈永红出生。

跑遍苏联6个车辆修理厂，选定了"一次性落车研究"的副博士论文选题。

1959 年

4月22日，作为列宁格勒铁道大学中国留学生会会长，参加学校马列主义教研室参加纪念列宁诞辰89周年纪念活动，作了"列宁主义在中国"的报告。

6月，参加契科夫工厂的联欢会并发言。

11月，参加列宁格勒铁道大学150周年校庆，代表中国留学生赠送庆贺礼物并发言10余分钟。

该年一直往返工厂，进行一次性落车研究。

1960 年

7月中旬，中国政府命令在苏联学习的全体留学生分批陆续回国参加政治学习。回到北京高校进行集中政治学习，时间持续一个月。

8月中旬，集中学习结束，利用假期去洛阳看望妻女，后回长沙看望父母兄姐。

9月初，接受中国政府审查后回到列宁格勒继续学业，撰写学位论文。

1961 年

3月16日，通过列宁格勒铁道学院的毕业论文答辩，获副博士学位。副博士论文为 Исследование основных условий посадки кузова пассажирских вагонов на тележки（客车一次落车基本条件研究）。

4月初，回国。继续到唐山铁道学院车辆教研室任教，并很快晋升为讲师。夫人姜銮荣也被调到学校校医院工作。

1962 年

将父母从湖南老家接到唐山一起居住。

主讲《车辆修理》课程，并重新撰写了车辆修理教材，其中一章为其副博士论文内容。

1963 年

车辆修理课程教学在铁路系统高校中声名鹊起，多所铁路院校邀请其授课。

1964 年

10月，中共中央要求大学进行半工半读试点。唐山铁道学院也开始准备在车辆专业进行试点,被学校从车辆教研室抽调出来进行试点筹备工作。

10月18日,高教部、铁道部正式决定唐山铁道学院搬迁至四川省峨眉县。

1965年

1月18日,唐山铁道学院成立半工半读办公室和教研室。

1月20日,任唐山铁道学院半工半读教研室主任。

2月18日,半工半读举行开学仪式,劳动基地是与唐山铁道学院一路之隔的唐山车辆厂。

2月20日,次子沈利人出生。

4月21日,唐山铁道学院成立半工半读委员会,任委员。

9月,半工半读教研室改为半工半读独立大队,任队长。

下半年,因唐山铁道学院即将迁往四川省峨眉县,与学院院长顾稀一起到峨眉县挑选燕岗机务段作为半工半读劳动基地。

1966年

6月21日,与妻子姜璧荣一道,与半工半读师生乘坐同一车厢前往峨眉参加"文化大革命"。姜璧荣随即更名为姜兵。

6月24日,抵达峨眉车站,步行前往峨眉校区,住工棚。

秋,半工半读的独立大队独立搞革命,作为队长成为独立大队第一个被批斗的对象,加入"牛鬼蛇神"队伍。

9月17日,学校组织3300多名师生赴京参加国庆,接受毛泽东主席的检阅。其因"牛鬼蛇神"的身份无缘参加检阅,被派往峨眉预制板厂抬预制板,留在峨眉进行劳动改造。

1967年

4月,夫人姜兵发电报到峨眉,谎称母亲病危,被准许回到唐山探望母亲。

5月,闲居在唐山,学习缝纫和照相技术。

6月，因参与群众组织"浪遏飞舟"的活动，再次被卷入政治运动。

7月30日，唐山铁道学院发生武斗前夕，翻学校围墙逃至河北保定避难，随后逃往武昌。在外避难三个月。

1969年

10月27日，解除劳改，被派到农宣队，下放唐山郊区，为期一年。

1970年

10月17日，从农宣队回到唐山铁道学院车辆教研室。

年底，被派往四川省合川县档案馆搞外调材料。

1971年

春，从四川合川县档案馆回校后，再次被派往全国十几个城市搞外调材料。

11月，交通部军管会决定，唐山铁道学院留在唐山的全部教职工、家属以及学校的仪器设备图书等立即迁往四川省峨眉县。报名参加第一批迁往峨眉。

1972年

3月1日起，唐山铁道学院更名为西南交通大学。

1974年

7月13日，西南交通大学决定取消教研室，成立教育革命实践队。离开机械系，调往教务处教学方法科，到昆明读书铺考察地质专业实践队教学三个月。

秋冬，到马角坝机务段考察电力机车专业的教学实践，为期近一年。

1975年

夏，到四川各地招收工农兵学员。

1976 年

7月28日，唐山大地震。当天，作为西南交通大学救灾小组一员，奔赴唐山救灾。

7月31日，乘铁道部的两辆汽车进入唐山灾区，一路灾情惨不忍睹。

8月1日—9月10日，在唐山救灾。任救灾工作组秘书，主要负责统计伤亡人数向峨眉校区汇报、分配牛毛毡、进行灾后安置等工作。

9月10日，离开唐山，返回峨眉。

1978 年

9月6日，调往基础课部，任基础课部副主任、党总支副书记。

铁道部计划研制大型机车（即韶山Ⅳ型机车），提出用最新的系统动力学进行计算、优化。

1979 年

5月31日，晋升为副教授。

给本科讲授理论力学课程，集中精力搞教学攻关。

9月，参加铁道部韶山Ⅳ型电力机车论证会议，作了"两轴转向架式机车的横向震动的振型分析及参数研究"的报告，提出用系统动力学来确定参数、分析震型的观点，被铁道部采纳。

1980 年

韶山Ⅳ型机车被铁道部正式立项研制，为课题组成员之一。1985年前后研制出样车，1989年获得国家科技进步奖一等奖。

10月，在全国第二届轮轨关系学术会议上宣读《两轴转向架式机车横向振动的振型分析和参数研究》一文，次年在《中国铁道科学》杂志上发表。

12月1—4日，邀请美国麻省理工学院航空系原副教授、现美国交通运输部波士顿研究中心结构与动力学研究所所长董平来校讲学。全程听课并陪同董平。铁科院选取其与詹斐生合作论文《两轴转向架式机车横向振动的振型分析和参数研究》提交次年 8 月在英国剑桥大学召开的国际车辆系统动力学协会第七届学术讨论会，并被选为会议宣读论文。

1981 年

9 月 5 日，赴英国剑桥参加 IAVSD 国际学术会议，宣读论文 Mathemmatical Model of Two-Axle Bogie Locomotive and Main Results of Numerical Calculation。该文摘要在《V.S.D.》杂志上刊登，在 1982 年出版的论文集中全文发表。此为其在国际学术会议上发表的第一篇学术论文。

9 月 12 日前后，参观考察英国德比铁路研究所，为期 2 周。

9 月 26 日，回国。

10 月，为本科生讲授机械振动部分内容。

1982 年

2 月，招收研究生 1 名。

完成校科研项目"铁路机车车辆非线性稳态曲线通过的简化计算"，同名论文在《西南交通大学学报（自然科学版）》1982 年 3 期发表。

11 月，赴美国麻省理工学院动力学实验室做访问学者，为期 1 年，指导教师为卡尔·赫追克教授。

1983 年

在美期间，完成两项科研课题。第一项为"轮轨蠕滑力的计算模型"；第二项为北美铁道公司出资 6 万美元委托的科研课题"轮轨型面对钢轨磨损的影响"。

在麻省理工学院进修系统动力学及控制方面的课程 8 门。

8 月，参加在美国召开的第八届 IAVSD 国际学术会议，宣读与赫追克、艾根思联合署名的 A Comparison of Altenative Creep Fore Models for Rail Vehicle Dynamics Analysis（铁道车辆动力学分析中各种蠕滑力模型的比较）一文，该文被国际学者称为"沈-赫-叶氏理论"。

10 月 11 日，任应用力学研究所所长。

11月，接受美国指导教师赫追克教授的建议，留美继续在实验室为赫追克教授工作3个月。

1984年

1月，回国。

春，承担校科研课题"轮轨润滑的研究"，同名论文发表于《西南交通大学学报（自然科学版）》1986年2期。

2—6月，讲授理论力学，并为高年级研究生开设系统动力学课程。

9月，开始招收研究生。

12月5日，作为学校英语、俄语翻译和外事顾问前往南斯拉夫考察。

12月30日，结束考察回国。

该年起，主持校科研项目"微机基控制轮轨型面测量仪研制"，与校电气系协作进行，1986年结题。

1985年

6月20日，赴瑞典林撒平大学参加第九届IAVSD国际学术会议，与美籍教授赫追克联名发表论文《轨道涂油对轮轨磨损的影响》。被选为该协会第十届科学委员会委员。会议上荷兰德尔夫特大学教授地帕特建议他搞迫导向转向架研究。会后参观了瑞典皇家工学院。

7月5日，会议结束回国。

9月，继续为高年级研究生开设系统动力学课程。

秋，主持铁道部科技基金项目"迫导向转向架的原理及应用研究"，其理论部分定为米轨火车迫导向转向架的研制。应用部分由西南交通大学、齐齐哈尔车辆工厂、昆明铁路局三家共同主持。

年底，西南交通大学、齐齐哈尔车辆工厂、昆明铁路局三家签订了迫导向转向架研制协作协议。

1986年

为本科生开设选修课系统动力学课程。

5月19日，晋升为教授。

邀请荷兰德尔夫特大学教授地帕特到西南交通大学讲学，主讲内容为非线性振动。

9月，招收研究生2名。联合指导英国博士研究生西蒙·伊夫尼斯基进行非线性动力学研究，为期4个月。

12月1日，从西南交通大学应用力学所调到西南交通大学机械工程二系工作，免去应用力学研究所所长职务。

1987年

5月4—19日，邀请德国柏林工业大学运输研究所赫伯斯特教授前来西南交通大学讲学，主讲车辆动力学，全程陪同并参与。

7月25日，任机械工程二系副主任。

8月底，赴捷克布拉格理工大学参加IAVSD国际学术会议。

9月7日，研制的第一台迫导向转向架试验车C30型4618号敞车落成。

9月5日，赴英国伦敦SOUTHBANK理工大学任客座教授，合作研究车辆系统动力学的动态模拟，继续指导博士研究生伊夫尼斯基完成毕业答辩，同时参加课题"整体橡胶车辆煤矿车辆的研究"至1988年2月。

9月15日，C30型4618号敞车在云南开远铁路局昆明东车辆段投入试验。

10月，赴德国柏林工业大学运输研究所讲学一周，讲学内容为货车迫导向转向架的原理及试验推广情况。

11月，赴荷兰DELFT大学机械功工程系讲学一周，主讲内容为货车迫导向转向架的原理及试验推广情况。

12月，1辆同型号、技术状态相同的常规转向架敞车（C30型4673号车）与试验车编挂在一起在昆河线运行，以便进行对比。后两车很快分开运行。

1988年

2月，从英国回国。

3月14日，任机车车辆研究所所长。开始参与国家重点实验室的申报工作，建议针对高速铁路搞一个像德国慕尼黑那样的滚动振动试验台。其建议被校方认可，更深入地参与国家重点实验室的申报，撰写申报书，负责该项目的国际国内研究状况部分撰写。

3月30日，举行西南交通大学成都挂牌仪式，西南交通大学开始迁往成都。

4月28日—5月4日，在昆河线草坝至璧色寨之间的100M、200M、300M、400M半径弯道和2千米长的直线对迫导向转向架进行试验。

11月，副校长曹建猷力排众议，委托其代表自己与钱清泉等一起去北京参加实验室申报答辩，并顺利通过申报。

12月，西南交通大学成立国家重点实验室筹备组，任组长。负责的第一项工作是挑选实验室振动台的总设计师及实验室成员，共选了22名科研人员。筹备组在峨眉校区行政楼下搭建了临时公棚，开始工作。

在昆明东车辆段对迫导向转向架试验车辆进行整修时，对迫导向转向架进行了小调整，然后再投入试验运行。

提出发展高速铁路的设想。

1989年

4月，撰写牵引动力国家重点实验室可行性研究及英文翻译。

两名专家到现场评估牵引动力国家重点实验室的建设可能性与风险。

5月17日，邀请英国布瑞克教授到西南交通大学讲座，并商谈合作进行科学研究事宜。

6月，国家计委计科技[1989]32号文批准建设牵引动力国家重点开放研究实验室。

6月1日，陪布瑞克赴昆明考察迫导向转向架运行情况。

6月7日，送布瑞克经广州回国。

6月8日，回到峨眉。

暑假，搬迁进入西南交大成都校区。

8月下旬，铁道部派遣其前往加拿大金斯顿皇后大学参加第11届IAVSD国际学术会议，任代表团团长。任IAVSD学术委员，当选第13届大会主席。

其主持的"迫导向转向架的理论与应用"项目在昆明通过验收，成功研制我国第一台零磨损的货车迫导向径向转向架。

遴选为博士生导师，开始指导博士研究生。

开始参与中国是否需要发展高速铁路之争，为"急建派"代表。

1990 年

5月10，带队去四方车辆厂进行试验机械台的论证与设计。设计人员在四方厂考察调研了整整两个月。

5月14日，参加低动力作用转向架项目汇报会。

5月15—16日，邀请专家在四方厂召开试验台的论证会议，专家建议做成整车试验台。

1991 年

8月，赴法国里昂中央大学参加第12届IAVSD国际学术会议，发表论文。在巴黎参观法国高速铁路TGV列车及其制造工厂。

12月30日，当选为中国科学院学部委员。

1992 年

1月4日，人民日报正式公布中国科学院学部委员增选结果，为新增选委员。

1月5日，赴北京参加全国科技大会。

2月11日—15日，赴广州重型机械厂监督机械试验台制造进度。

4月20日，参加中国科学院第六次学部委员会议。

6月21日—7月6日，访问荷兰德尔夫特大学应用数学系及资讯工程系，参加轨道磨损学术会议。会后到曼彻斯特城市大学讲学。

9月初，获得首届政府特殊津贴。

9月16—25日，在北京京西宾馆参加高速铁路会议，同时完成与德国公司电液伺服激振系统的采购谈判。

10月9—10日，参加铁道部召开的迫导向转向架第二次推广会议。

1993 年

2月14—17日，参加高速转向架会议。

2月21日，任第八届全国人大代表，任期5年。

3月，牵引动力国家重点实验室振动滚动台安装成功。

3月15—31日，赴北京参加八届人大第一次会议。

4月，陪教育部副部长韦钰参观牵引动力实验室工地。

4月，铁道部联合国家科委、国家计委、国家经贸委和国家体改委组织专家成立了京沪高铁前期研究课题组，任专家。

4月17日，向孙翔校长汇报第十三届IAVSD学术年会的筹备情况。

4月19日，召开IAVSD学术年会筹备会议，进行分工。

5月9—14日，在西安参加交通运输工程学科组会议。

5月11日，任牵引动力国家重点实验室主任。

7月8日，在北京龙都饭店参加国家自然科学基金重点项目答辩。

7月25日—8月3日，参加科学院学部委员会议。

8月23—27日，任第十三届IAVSD学术委员会主席，在四川成都西南交通大学主持召开IAVSD学术年会，主编出版会议论文集 The Dynamics of Vehicles on Roads and on Tracks。

牵引动力国家重点实验室初步建成，并由铁道部批准开放运行。

9月20—28日，参加国务院学位办学位评审大会。

10月3日，在上海参加1993年高速交通国际学术会议。

10月6—20日，带领5人前往德国进行技术交流，针对德国慕尼黑滚动振动试验台、明登研究所等情况商谈合作研究计划。

10月14—16日，到母校衡东一中参加建校53周年庆祝会。

研制的货车迫导向转向架获铁道部科技进步奖三等奖。

任铁路、公路、水运学科评议组组长。

1994 年

1月18日，牵引动力国家实验室进行首次实验——机车运行蛇形实验（即机车在振动台上出现蛇形运行即表明试验台成功）。实验成功，这是国内首次成功的蛇形试验。

3月4—31日，在北京参加八届人大第二次会议。

6月，当选为中国工程院院士。

赴加拿大温哥华COLUMBIA大学参加国际轮轨接触力学学术会议，为期10天。论文在国际学术期刊WEAR上发表。

7月15日，在大连参加1994年度铁道部有突出贡献中青年专家评审。

11月，试验台进行试验样车激振谱振动标定试验。

12月，国务院批准进行京沪高铁预可行性研究。同月，铁道部成立京沪高铁预可行性研究室，机构放在铁道科学院。作为专家之一，参加了在广州召开的可行性论证会议，提出选出一段线路做200千米时速以上高速列车试验段。其建议被铁道部采纳，铁道部选定山海关到锦州段作为高速列车试验段。

1995年

1月，牵引动力实验室进行可倾车体运动及参数试验。

1月22日—2月18日，完成600万次疲劳试验。

2月，牵引动力室实验室进行25吨轴重大型货车动力性能试验。

3月2—18日，在北京参加八届人大三次会议。

3月25—29日，在上海铁道大学参加高速列车建设论证会。

5月，牵引动力实验室进行160千米/时准高速客车动力学性能试验。

5月，在西南交通大学召开铁路、公路、水运学科组会议。会议提出保卫铁路、公路、水运学科，将航空、管道运输纳入学科范围，建立交通运输工程学科，起草了向国务院学科建议的报告。后该报告得到国务院学位办认可，新的交通运输工程学成为国家一级学科。

6月底，完成国家重点实验室验收总结报告草稿。

7月，牵引动力国家重点实验室进行试验样车动力学性能标定试验。

7月10—15日，参加工程院院士大会。

7月24—26日，在北方交通大学参加科委"九五"科技攻关项目评审会。

8月19日—9月6日，赴美国密芝根大学参加第十四届IAVSD学术会议，并访问美国Argonne国家实验室、科罗拉多州TTC列车试验中心。

10月18—20日，参加西安公路交通大学"211工程"预审会。

10月21—24日，参加全国铁道科学技术大会。

11月2日，牵引动力国家重点实验室正式通过验收。

11月12日，在四川省都江堰参加四川省学位委员会首届学科评议组会议。

1996年

1月10日，向西南交通大学党委请辞牵引动力国家重点实验室主任职务，推荐钱清泉接任，并建议将原参加申报的机车车辆研究所和远动研究所并入国家重点实验室。

1月28日，铁道部下文免去其牵引动力国家实验室主任职务，任命钱清泉担任实验室主任。

1月30日—2月13日，应俄罗斯圣彼得堡国立交通大学之邀，赴俄罗斯圣彼得堡和莫斯科考察交流，并与圣彼得堡国立交通大学签署合作协议。

3月2日，开始翻译卡尔克的《三维弹性体的滚动接触》一书。

3月5—17日，赴北京参加八届人大四次会议，提交尽快修筑京沪高铁的议案。但在全国人大批准的《国民经济和社会发展"九五"计划和2010年远景目标纲要》中，京沪高速铁路的开工被推迟到21世纪，高铁"缓建派"暂时取得了胜利。

4月17—22日，在北京参加院士常委会。

4月23—25日，在北京参加京沪高速铁路研讨会，介绍了俄罗斯建设高铁的计划，提出不用争论、埋头苦干的观点。

6月2—7日，在北京参加两院院士会议。

8月10日，在《科技导报》上发表《论修建京沪高铁势在必行》一文，再度呼吁只有高速铁路才是最优方案，呼吁尽快修建京沪高铁。

9月9—17日，卡尔克和其学生李自力（也曾是沈志云的硕士生）来西南交通大学讲学，全程接待。

10月23日，指导的博士研究生张卫华、张立民通过博士论文答辩，前者的博士论文获评全国百篇优秀博士论文。

12月，赴俄罗斯圣彼得堡交通大学讲学，为期一周。

1997年

3月12日，在北京参加全国八届人大五次会议。

5月，访问美国加州大学伯克利分校机械工程系。

12月26日，作为获奖代表，在北京人民大会堂参加普通高等学校国家级教学成果奖颁奖典礼。

1998年

1月，中共中央、国务院颁布3号文件宣布力争在2000年动工修建京沪高铁，"急建派"获得胜利。

4月，在北京京西宾馆参加国务院学位委员会学科评议组交通运输第七次会议，为交通运输学科评议组召集人。

4月22日，牵引动力国家实验室通过铁道部科技成果奖鉴定，定为世界领先。

5月，赴美国探望女儿。

6月3日，在北京参加中国科学院第九次院士大会。作为"轮轨"力挺派代表人物，参与京沪高铁采用"磁浮"或"轮轨"之争。

6月6日，在北京参加科技委组织的知识经济研讨会。

8月，中国工程院组织50多位院士和专家成立了"高铁与磁浮"咨询小组，任组长。

9月，就京沪线的磁浮与高铁之争，向工程院建议设立"磁浮跟轮轨的比较"的咨询项目。由刘大响院士出面申请，被批准立项。

10月，组织在西南交通大学召开了第一次高速与磁浮的咨询会，与会者包括高铁和磁浮的赞成者与反对者在内共计30余人，双方辩论激烈。

11月，在深圳主持召开第二次咨询会，因摆式列车无法大幅度提速，对于京沪线不能采用现有线路提速来解决交通压力基本达成共识。

12月下旬，在北京大观园饭店主持召开第三次咨询会。在会上提出两点意见：第一，磁浮研究可以，但是没有达到工程化的程度；第二，轮轨不是一个落后的技术。最后决定双方各搞一个试验段。大会决定由其起草咨询报告的轮轨部分。

1999 年

1月13—15日，在西安公路交通大学参加《交通运输工程学》的审定会。

3月31日，中国工程院将关于"磁浮与高铁技术比较"的咨询报告上报国务院，专家论证报告的《磁浮高速列车和轮轨高速列车的技术比较和分析》作为附件。

7月11—19日，随宋健带领的中日友协代表团访问日本，为期7天。

7月下旬，赴莫斯科参加国际重载会议，为期6天。

9月，参加铁道部召开的中国是否马上建磁浮专线的咨询会，发言首先详细介绍了送交国务院的专家咨询报告的诞生过程，其次批驳了磁浮派学者"轮轨乃万恶之源"的激进谬论。

10月8日，在武汉交通科技大学主持国务院学位委员会交通运输工程学科评议组会议，讨论了筹办《交通运输工程学报》及《交通运输工程学》教材编写等问题。

10月24日，率中国工程院组织的考察团赴日本考察高速铁路技术，为期7天。

10月25日上午，在日本福冈参观JR西博多综合车辆所。

10月25日下午，参观川崎重工兵库工程。

10月26日，参观米原大型风洞实验中心，与日本运输省举行研讨会。

10月27日上午，参观JR东日本新干线综合指挥所。

10月27日下午，参加日本北陆新干线饭山隧道。

10月28日，参观日本铁道综合技术研究所，与日本铁道友好推荐协会进行研讨，作了题为"中国铁路的现状及发展"的讲演，向日本铁路运输界介绍我国铁路发展的情况。

10月29日，与日本铁道综合技术所技术官员就高速铁路具体问题进行研讨。

同月，参加第三届全国交通运输领域青年学术会议，任会议指导委员会主任，并作"交通运输工程学科建设的现状与发展"的特邀报告。

12月，赴俄罗斯圣彼得堡交通大学参加190周年校庆，为期6天。

12月，主持建设的机车车辆滚动振动试验台获国家科技进步奖一等奖。

2000年

1月，承担国家自然科学基金重点项目"轮轨滚动接触表面波浪形磨损及接触疲劳的研究"（2000年1月—2003年12月）。

3—6月，赴美国探望女儿。

7月4日，参加成都市科技展览并致辞。

2001年

3月16日，应《华西都市报》邀请作"加强科普教育，提高全民素质，迎接知识经济的挑战"的科普报告。

6月，参与高等学校重点学科评选通讯评议工作。

10月18—21日，在南京航空航天大学参加第四届全国交通运输领域青年学术会议，任指导委员会委员。

10月19日上午，在第四届全国交通运输领域青年学术会议上作大会特邀报告。

2002年

4月27日，获四川省第二届科技杰出贡献奖，奖金40万元。

6月，在北京参加2002年优秀博士学位论文及研究生教学推荐用书专家评审会议，任工科一组专家。

9月5日，在四川大学参加中国科协2002年学术年会，在第8分会场作"入世呼唤加强建设京沪高速铁路"的报告。

10月，参加四川省机械工程学会第八次会员代表大会暨四十周年庆祝大会。

11月，在南京参加2002年、2003年度"跨世纪人才计划"评审。

11月25日，博士研究生金学松的毕业论文获全国百篇优秀博士论文。同时，因指导两篇全国优秀博士论文而获国务院学位委员会颁发的最佳博士生导师奖。

2003年

牵引动力国家重点实验室在国家实验室评估中获得A（A占总数的10%），结论是"实验室在国家建设中发挥了不可替代的作用。"

2004年

4月26日，在西南交通大学牵引动力国家重点实验室作国家自然科学基金重点项目"轮轨滚动接触表面波浪形磨损及接触疲劳的研究"验收汇报。

6月15日，首次建议学校申报轨道交通国家实验室，提出"两高一新"（高速重载、高速磁浮、新型城市轨道交通）的学术思路。

12月18日，参加真空管道高速交通学术报告会，作"关于真空管道高速交通的思考"的报告，提出真空管道运输的新设想。

2005年

8月2日，在成都国际会议展览中心参加"关于规划成渝经济圈及成渝快速轨道交通网的建议"研讨会，并介绍了该建议的起草背景。

2006年

2月，任铁道部"引进消化吸收再创新"专家组组长。

8月10日，参加南京大胜关大桥验收会议。

10月，参加铁道部召开的引进吸收再创新专家签约会，在讲话中提到设立引进吸收再创新项目研究本身是一种创新，必定会收到良好效果。

2007 年

9 月 7 日，参加全国铁路交流会并发言。

11 月 3 日，参加中国工程院装备制造业自主创新工程科技论坛。

2008 年

建议在京津高速铁路通车前进行系统的联动测试，铁道部同意其建议，并交由牵引动力国家重点实验室进行通车前的科研性系统测试。

5 月，给成都市金牛区干部作"我国铁路建设高潮"的学术报告。

6—7 月，牵引动力实验室 40 余人在京津线现场进行测试，收集了大量的一手数据。

7 月 24 日，在四方车辆厂参加高速动车组综合性能评审会。

2009 年

5 月，向中科院院士工作局汇报"六年和十三年的比较——谈我国高速列车的发展战略"，呼吁建设国家轨道交通实验室。

12 月，参加武广高铁的通车验收，任验收组组长。

2010 年

4 月 10—12 日，作为 CRH380 高速列车设计评审会专家组组长，审查该车设计。

9 月，参加沪杭高铁通车验收，任验收组长。

10 月 20—21 日，铁道部在杭州召开专家评审，任组长，对"CRH380 高速列车研制达到 350 千米时速的中间审查"和"应用列车的沪杭高速铁路联调联试成果"进行评审。

2011 年

5 月 20 日，参加第七届西部科学论坛，并作有关中国高速铁路的学术报告。

5 月 25—26 日，参加铁道部组织的京沪铁路验收评估组，参与京沪高铁验收，任移动设备组组长。验收组由国内30名工程界知名院士、专家组成。

6月1日，铁道部公布最新列车运行图。从7月1日起，武广高铁、郑西高铁、沪宁高铁降低速度，采取时速300千米和时速250千米两种速度等级混跑模式，实行两种票价。

6月13日，铁道部宣布将于月底正式开通京沪高铁，时速为300千米、270千米两种。原本设计时速350千米。

7月23日晚20点30分，由北京南站开往福州站的D301次动车组列车运行至甬温线上海铁路局管内永嘉站至温州南站间双屿路段，与前行的杭州站开往福州南站的D3115次动车组列车发生追尾事故，后车四节车厢从高架桥上坠下。事故造成40人（包括3名外籍人士）死亡，约200人受伤。事故发生后，对高速铁路的负面评论甚嚣尘上。

9月27日，在华东交通大学参加第九届交通运输领域青年学术会议，作题为"退一步进两步——论中国高铁的后发趋势"的特邀学术报告，论述铁路降速是退一步，以后肯定可以进两步，用列宁的话来鼓励铁路人不要泄气。

10月10日，向西南交通大学校领导汇报"我为什么要讲'退一步进两步'"。

10月20日，在西南交通大学研究生院向研究生作学术报告"从低谷走向顶峰"。

10月28日，在西南交通大学公共管理学院作"退一步进两步——论中国高铁的发展优势"学术报告。

10月29日，在西南交通大学115周年校庆系列活动的院士论坛上，作题为"相期同造最高峰——谈中国高铁的发展"的报告，指出"7·23"事故不是高速下的事故，与高速铁路无关。

2012年

4月1日，科技部印发《高速列车科技发展"十二五"专项规划》，提出以高速列车谱系化、智能化和节能降耗相关技术为主线，继续发展高速铁路。高速铁路开始走出 7·23 事故阴影。

10 月 25 日前后,与牵引动力国家实验室主任张卫华一道,代表牵引动力实验室与北车大连电力牵引研发中心就电牵研发中心承建的动车组和机车牵引与控制国家重点实验室(北车基地)飞轮黏滑实验系统建设签订合作协议。

11 月下旬,参加北京至武汉高速铁路运营前考察。

2013 年

3 月 2 日,参加牵引动力国家重点实验室的现场评估会。

5 月 25 日,受邀赴贵阳参加第十五届中国科协年会,作"中国高速铁路技术发展"的学术报告。

9 月,分别在西南交通大学犀浦校区、九里校区、峨眉校区给本科生和研究生作"中国人的高铁梦"学术讲座。

附录二 沈志云主要论著目录

论文

[1] 沈志云，詹斐生，卢孝棣. 两轴转向架式机车的数学模型及参数研究[J]. 西南交通大学学报，1981（3）：1-10.

[2] 沈志云. 利用数学模型作机车横向振动的振型分析及参数研究[J]. 铁道科技动态，1981（5）：1-9

[3] 沈志云，卢孝棣，方景阳，等. 两轴转向架式机车横向振动的振型分析和参数研究[J]. 中国铁道科学，1982（1）：18-40.

[4] 詹斐生，沈志云，卢孝棣. 两轴转向架机车的数学模型及其数值计算结果[J]. 铁道学报，1982（2）：1-13

[5] Shen Zhiyun, Zhan Feishen, Lu Xiaodi. Mathmatical Model of Two-Axle Bogie Locomotive and Main Results of Numerical Calculations [J]. *Vehicle System Dynamics*，1981（10）：2-3.

[6] 沈志云. 英国大学一瞥[J]. 教学研究，1982（2）：49-53.

[7] 沈志云. 铁路机车车辆非线性稳态曲线通过的简化计算[J]. 西南交通大学学报，1982（3）：1-12.

[8] Z Y Shen, J K Hedrick, J A Elkins. A Comparison of Alternative Creep

Force Models for Rail Vehicle Dynamics Analysis［J］. *Vehicle System Dynamics*，1983（12）：1-3.

［9］毛家驯，严隽耄，沈志云. 迫导向转向架的原理及应用（上）［J］. 铁道车辆，1985（11）：22-27.

［10］毛家驯，严隽耄，沈志云. 迫导向转向架的原理及应用（下）［J］. 铁道车辆，1985（12）：5-8.

［11］严隽耄，沈志云，王开文. 杠杆式迫导向转向架曲线通过性能的初步分析［J］. 西南交通大学学报，1986（1）：56-64.

［12］沈志云. 论轨道润滑［J］. 西南交通大学学报，1986（2）：1-7.

［13］Z Y Shen, J K Hedrick. The Influence of Rail Lubrication on Freight Car Wheel/Rail Wear Rate［J］. *Vehicle System Dynamics*，1985（14）：1-3.

［14］Shen Zhiyun, Li Chenghui. Bond Graphs in Vibration Analysis of Rail Vehicle Structures［J］. *Bond Graphs*，1987，1（2）:511-515.

［15］沈志云，李成辉. 结构振动分析中的键图法［J］. 西南交通大学学报，1988（4）：22-30.

［16］李植松，沈志云. 键图模拟在轮轨动力学研究中的应用［J］. 西南交通大学学报，1989（1）：36-43.

［17］沈志云. 低动力作用货车转向架动力性能的研究［J］. 西南交通大学学报，1991（1）：5-13.

［18］李自力，沈志云. 两种新型径向转向架动力性能的研究［J］. 西南交通大学学报，1991（1）：61-67.

［19］张卫华，沈志云. 接触网动态研究［J］. 铁道学报，1991（4）：26-34.

［20］沈志云. 国际车辆系统动力学协会情况简介［J］. 铁道学报，1992（1）：46.

［21］沈志云，曾京. 我国迫导向货车转向架的研制［J］. 铁道车辆，1992（1）：1-6.

［22］沈志云. 轮轨磨损的动力学预测及减少轮轨磨损的措施［J］. 铁道

学报,1992(2):64-71.

[23] 张卫华,沈志云. 受电弓动力学研究[J]. 铁道学报,1993(1):24-32.

[24] 沈志云. 第十三届国际车辆系统动力学大会学术交流概况[J]. 国外铁道车辆,1994(1):1-3.

[25] 沈志云. 努力发展车辆系统动力学[J]. 中国科学院院刊,1994(2):161-162.

[26] 沈志云. 西南交通大学牵引动力国家重点实验室[J]. 中国铁路,1994(8):26-29.

[27] 沈志云,严隽耄,曾京,等. 高速客车转向架的动态环境和设计原理[J]. 铁道学报,1994(S1):1-7.

[28] 沈志云. 为我国机车车辆工业的腾飞贡献力量[J]. 铁道车辆,1995(1):1-2.

[29] 沈志云. 轮轨关系研究现状及发展——参加第四届轮轨系统接触力学及磨损国际学术研讨会总结[J]. 铁道车辆,1995(2):1-6.

[30] 张卫华,沈志云. 车辆系统非线性运动稳定性研究[J]. 铁道学报,1996(1):29-35.

[31] 金学松,薛弼一,沈志云. 接触问题的余能原理及其在轮轨滚动接触研究中的应用[J]. 铁道学报,1996(5):30-35.

[32] 沈志云. 高速列车的动态环境及其关键技术[J]. 西南交通大学学报,1996(5):1-7.

[33] 沈志云. 高速铁路建设必须"九五"起步[J]. 中国铁路,1996(8):36-37.

[34] Zhiyun Shen, Zili Li. A fast non-steady state creep force model based on the simmplified theory[J]. WEAR,1996(191):242-244.

[35] 沈志云. 鼓舞鞭策四十年[J]. 神州学人,1997(11):6-7.

[36] 沈志云. 关于高速铁路及高速列车的研究[J]. 振动、测试与诊断,1998(1):1-7.

[37] 金学松,沈志云,陈良麒,等. 单轮对轮轨蠕滑力试验研究[J].

机械工程学报，1998（4）：1-6.

［38］沈志云. 迎接高速铁路发展新高潮［J］. 人民日报，1998-06-04.

［39］沈志云，杨名利. 摆式列车专家研讨会综述［J］. 中国铁路，1998（8）：33-37.

［40］沈志云，钱清泉. 京沪高速铁路建设［J］. 中国工程科学，2000（7）：28-34.

［41］沈志云. 展望21世纪的铁路运输［J］. 小学自然教学，2000（12）：1.

［42］沈志云. 高速磁浮列车对轨道的动力作用及其与轮轨高速铁路的比较［J］. 交通运输工程学报，2001（1）：1-6.

［43］金学松，沈志云. 轮轨滚动接触力学的发展［J］. 力学进展，2001（1）：31-45.

［44］金学松，沈志云. 轮轨滚动接触疲劳问题研究的最新进展［J］. 铁道学报，2001（2）：92-109.

［45］沈志云，张卫华，金学松，等. 轮轨接触力学研究的最新进展［J］. 中国铁道科学，2001（2）：1-14.

［46］沈志云. 京沪高速铁路技术方案的探讨［J］. 交通运输工程学报，2001（2）：10-13.

［47］沈志云. 繁荣交通运输科技研究 促进交通运输科技成果转化——写在《交通运输工程学报》创刊之际［J］. 交通运输工程学报，2001（4）：1.

［48］沈志云. 2001年第四届全国交通运输领域青年学术会议上的讲话［J］. 交通运输工程学报，2001（4）：2.

［49］沈志云. 轮轨高速是最佳选择［J］. 建设科技，2003（5）：56-57.

［50］沈志云，葛昌纯，甘子钊. 2008年奥运会前在北京建成世界上第一条高温超导磁浮列车运行线的建议［J］. 学部通讯，2003（5）：29.

［51］沈志云，葛昌纯. 在我国建设世界上第一条高温超导磁浮列车试运行线的建议［J］. 中国科学院院刊，2004（1）：28.

［52］沈志云. 对磁浮高速列车技术认识的两个错误观点［J］. 交通运输工程学报，2004（1）：1-2.

[53] 吕可维, 曾京, 沈志云. 铁道车辆系统周期解的延续算法[J]. 工程力学, 2004（1）: 174-180.

[54] 沈志云. 高速、重载轮轨接触表面波浪形磨损及接触疲劳的研究[J]. 学术动态, 2004（2）: 19-23.

[55] 沈志云. 我国真空管道高速交通的发展战略和技术方案[J]. 学术动态, 2005（1）: 1-7

[56] 沈志云. 关于我国发展真空管道高速交通的思考[J]. 西南交通大学学报, 2005（2）: 133-138.

[57] 沈志云. 高速列车的动态环境及其技术的根本特点[J]. 铁道学报, 2006（4）: 1-5.

[58] 王勇, 沈志云. 考虑液体晃动的三大件转向架罐车耦合系统动力学性能研究[J]. 中国铁道科学, 2006（4）: 137-138.

[59] 沈志云. 北京奥运催生我国第一条高速铁路[J]. 中国工程科学, 2008（8）: 4-11.

[60] 沈志云. 高速列车的关键技术[J]. 轨道交通, 2008（12）: 34-37.

[61] 沈志云. 论我国高速铁路技术创新发展的优势[J]. 科学通报, 2012（8）: 594-599.

著作

[62] 李自力译, 沈志云、孔祥安校. 三维弹性体的滚动接触[M]. 成都: 西南交通大学出版社, 1993.

[63] Zhiyun Shen. The Dynamics of Vehicles on Roads and on Tracks [M]. Swets and Zeitlinger, 1993.

[64] 沈志云. 交通运输工程学[M]. 北京: 人民交通出版社, 1999.

参考文献

[1] 王晓华，李占才. 艰难延伸的民国铁路[M]. 郑州：河南人民出版社，1993.

[2] 谭其骧. 长水集[M]. 北京：人民出版社，1987.

[3] 西南交通大学校史编辑室. 竢实扬华 桃李春风[M]. 成都：西南交通大学出版社，1996.

[4] 王治来. 史馀忆旧[M]. 北京：北京时代弄潮文化发展公司，2009.

[5] 何云庵. 当祖国召唤的时候——交大（唐山工学院）抗美援朝工程队纪实[M]. 成都：西南交通大学出版社，2010.

[6] 何云庵，李万青. 竢实扬华·自强不息：从山海关北洋铁路官学堂到西南交通大学（下卷）[M]. 成都：西南交通大学出版社，2011.

[7] 单刚，王英辉. 岁月无痕——中国留苏群体纪实[M]. 北京：中央编译出版社，2007.

[8] 沈志华. 中苏关系史纲[M]. 北京：新华出版社，2007.

[9] 谢成枢. 永恒的回忆无悔的年华[M]. 成都：西南交通大学出版社，1997.

[10] 金铁宽. 中华人民共和国教育大事记[M]. 济南：山东教育出版社，1995.

[11] 何东昌. 中华人民共和国教育史[M]. 海口：海南出版社，2007.

[12] 胡绳. 中国共产党的七十年[M]. 北京：中共党史出版社，1991.

[13] 李文耀. 中国铁路变革论：十九、二十世纪铁路与中国社会、经济的发展[M]. 北京：中国铁道出版社，2005.

[14] 张卫华. 机车车辆动态模拟[M]. 北京：中国铁道出版社，2006.

[15] 何梁何利基金评选委员会. 何梁何利奖1999[M]. 北京：中国科学技术出版社，2000.

后记

2013年9月,我们有幸承担了"沈志云院士学术成长资料采集工程"项目。沈志云院士是深受西南交通大学教职工们喜爱的和蔼的长者,是位很亲民的科学家。能够承担这个项目,我们深感荣幸。这一年多以来,我们怀着无比虔诚的心情,竭尽全力投入到项目的进行中。现在,工作接近尾声,我们才得以松了一口气。

采集过程中,得到了中国科协、四川省科协的领导和专家的多方指点和帮助。沈志云所在单位——西南交通大学的何云庵副书记、蒲云副校长等领导,西南交通大学宣传部,西南交通大学峨眉校区校办、宣传部等部门给予了多方协助。沈志云院士的母校——衡东第一中学也热情地接待了我们,帮我们找档案、扫描档案资料,并赠送我们衡东一中的校史资料。

此外,沈志云院士的家人、亲友、同事、学生等都热情地接受了我们的采访,让我们了解了沈志云院士的众多侧面和往事。沈志云88岁的姐姐沈健纯不仅很高兴地接受了我们的访谈、回忆了姐弟俩的趣事,而且帮我们总结了沈志云成功的原因,思路清晰,分析深刻。沈志云的中学同学、湖南师范大学教授王治来也很爽快地接受我们的访谈,在他的眼里,中学时代的沈志云是埋头读书的好学生。沈志云的老朋友中南大学原校长古士文教授为了接受我们的访谈，专程赶回长沙。沈志云的同事翟婉明院士也拨冗接受了访谈。

采集工作也得到了沈志云院士的大力配合和帮助。沈志云院士接受了我们深入的访谈，连续4天不顾疲劳面对摄像机，讲述他的成长历程。只要我们有问题，他总不厌其烦地予以详细解答。他亲自修改我们的传记文稿，逐字逐句地阅读修改了四遍。还为书稿作序。序言发给我们后，沈院士还不停地字斟句酌，先后四次发电邮给我们，指出要修改的字词。从他身上，我们真切地感受到了认真、严谨的治学态度。

在采集过程中，采集小组成员团结协作。田永秀作为采集小组主持人负责全面工作，叶家艳负责资料的整理编目，曹文瀚扫描了西南交通大学的沈志云档案并建目，李子重翻译了俄文资料。第一章为汪澎、田永秀合作完成，第二章为汪澎撰写，其余各章及年表等为田永秀撰写，全书由田永秀统稿修改。

采集工作和书稿的顺利推进得到了很多人的热情帮助，在此一一拜谢。由于水平有限，难以全面准确地把握沈志云院士精彩的经历和丰富的精神世界，对此深感歉意，敬请批评指正。

沈志云院士学术成长资料采集小组
2016年1月于西南交通大学荣杏园

老科学家学术成长资料采集工程丛书
已出版（76种）

《卷舒开合任天真：何泽慧传》　　《此生情怀寄树草：张宏达传》
《从红壤到黄土：朱显谟传》　　　《梦里麦田是金黄：庄巧生传》
《山水人生：陈梦熊传》　　　　　《大音希声：应崇福传》
《做一辈子研究生：林为干传》　　《寻找地层深处的光：田在艺传》
《剑指苍穹：陈士橹传》　　　　　《举重若重：徐光宪传》

《情系山河：张光斗传》　　　　　《魂牵心系原子梦：钱三强传》
《金霉素·牛棚·生物固氮：沈善炯传》《往事皆烟：朱尊权传》
《胸怀大气：陶诗言传》　　　　　《智者乐水：林秉南传》
《本然化成：谢毓元传》　　　　　《远望情怀：许学彦传》
《一个共产党员的数学人生：谷超豪传》《没有盲区的天空：王越传》

《含章可贞：秦含章传》　　　　　《行有则　知无涯：罗沛霖传》
《精业济群：彭司勋传》　　　　　《为了孩子的明天：张金哲传》
《肝胆相照：吴孟超传》　　　　　《梦想成真：张树政传》
《新青胜蓝惟所盼：陆婉珍传》　　《情系梁菽：卢良恕传》
《核动力道路上的垦荒牛：彭士禄传》《笺草释木六十年：王文采传》

《探赜索隐　止于至善：蔡启瑞传》《妙手生花：张涤生传》
《碧空丹心：李敏华传》　　　　　《硅芯筑梦：王守武传》
《仁术宏愿：盛志勇传》　　　　　《云卷云舒：黄士松传》
《踏遍青山矿业新：裴荣富传》　　《让核技术接地气：陈子元传》
《求索军事医学之路：程天民传》　《论文写在大地上：徐锦堂传》

《一心向学：陈清如传》　　　　　《铃记：张兴钤传》
《许身为国最难忘：陈能宽传》　　《寻找沃土：赵其国传》
《钢锁苍龙　霸贯九州：方秦汉传》《虚怀若谷：黄维垣传》
《一丝一世界：郁铭芳传》　　　　《乐在图书山水间：常印佛传》
《宏才大略：严东生传》　　　　　《碧水丹心：刘建康传》

《我的气象生涯：陈学溶百岁自述》　《我的教育人生：申泮文百岁自述》
《赤子丹心 中华之光：王大珩传》　《阡陌舞者：曾德超传》
《根深方叶茂：唐有祺传》　《妙手握奇珠：张丽珠传》
《大爱化作田间行：余松烈传》　《追求卓越：郭慕孙传》
《格致桃李半公卿：沈克琦传》　《走向奥维耶多：谢学锦传》
《躬行出真知：王守觉传》　《绚丽多彩的光谱人生：黄本立传》
《草原之子：李博传》

《宏才大略 科学人生：严东生传》　《探究河口 巡研海岸：陈吉余传》
《航空报国 杏坛追梦：范绪箕传》　《胰岛素探秘者：张友尚传》
《聚变情怀终不改：李正武传》　《一个人与一个系科：于同隐传》
《真善合美：蒋锡夔传》　《究脑穷源探细胞：陈宜张传》
《治水殆与禹同功：文伏波传》　《星剑光芒射斗牛：赵伊君传》
《用生命谱写蓝色梦想：张炳炎传》　《蓝天事业的垦荒人：屠基达传》
《远古生命的守望者：李星学传》